心の問題と
家族の法律相談

離婚・親権・面会交流
DV・モラハラ・虐待・ストーカー

森法律事務所
代表弁護士 **森 公任**
副代表弁護士 **森元 みのり** ［著］

精神保健指定医
酒田 素子 ［医事監修］

日本加除出版株式会社

は し が き

　本書は，解決困難な家事事件の背景には，当事者の「心の問題」があるのではないかという視点をもったうえで，紛争の原因について考察し，解決や対策について検討を試みた書籍です。

　我々弁護士が，離婚・親子関係・男女関係・相続に関する紛争解決に関わる際，多くの事例では，当事者に当初は何らかの心の葛藤はあるものの，時間の経過や法的手続の進行に伴い，だんだんと気持ちが整理されていき，最終的には円満な解決に至れるものがほとんどです。

　しかし，中には，DVやモラハラ，紛争が長期化・先鋭化する親権・監護権争いや面会交流，児童虐待，ストーカー被害，相続人間の感情的な対立が激しい遺産分割など，一筋縄ではいかない解決困難な案件に直面することもあります。そして，これらの難航する案件では，当事者のパーソナリティの偏りや発達の問題（自閉症スペクトラムなど）が，紛争の背景にあると思われる場合があります。また，当事者が依存症やうつ病などの精神疾患に苦しんでおり，それが早期円満な紛争解決を妨げている場合もあります。

　さらには，紛争解決にあたる援助者が，当事者の「心の問題」に気づかず，知らず知らずのうちに紛争に巻き込まれていき，援助者自身がメンタルヘルスの問題を抱えることや，最悪のケースでは当事者や援助者の傷害・殺害にまで至るケースもあります。

　もちろん，当事者の「心の問題」に踏み込まず，淡々と法的な対策を講じていくことも可能ですし，法律の専門家であっても精神医療の専門家ではない弁護士が，当事者の「心の問題」に踏み込んでいくべきではないという考え方もあるでしょう。しかし，当事者の「心の問題」に目を向けることで，紛争の無用な長期化・複雑化を避けられたり，援助者が紛争に巻き込まれなくなったりすることができるケースもあるはずです。

　今まで，当事者の「心の問題」から紛争の原因を考察し，その対策について論じた文献は，あまり多くなかったように思います（この点，「ケース研

究」が長年この問題に取り組んできた代表例ではないでしょうか）。当事務所は，当事者の「心の問題」に関心を持ち，案件を通じて考察した内容を，ブログなどを通じてかねてより発信してきましたが，この度，このテーマに正面から取り組んだ本書の執筆機会をいただきました。本書が，解決困難な案件に携わる方々の参考になり，少しでも多くの事案でよりよい解決がされれば幸いです。

　なお，本書の設例における「心の問題」については，設例の設定を前提とした一般的な特徴を述べたものであり，同種の事例の当事者が設例同様の「心の問題」を抱えているわけではありません。同様に，設例内の法律的な解説については，設例の設定を前提とするもので，すべての同種の事例にあてはまるものではないことをご了承ください。

　また，本書執筆にあたり，医学に関わる部分は，精神科医・精神保健指定医である酒田素子医師に監修していただきました。難しい精神医療の問題について，執筆者の稚拙な質問にも丁寧にお答えいただき，分かりやすく解説していただいたことに改めて感謝を申し上げます。もちろん，文責は全て執筆者である我々にあります。

　末筆になりましたが，執筆者の業務を陰で支えてくださった当事務所の他の弁護士及びスタッフ並びに執筆者の家族，そして執筆依頼から今日まで，我々の執筆作業を温かく支援してくださった日本加除出版編集部の岩尾奈津子さんに心から厚く御礼申し上げます。

　平成 29 年 11 月

森法律事務所

代表弁護士　　森　　公任

副代表弁護士　森元みのり

弁護士　　西脇理映

弁護士　　舟橋史恵

凡　　例

　本書では，適宜，以下の略語を用いました。その他の略語等については，慣例によります。

◇判例略語◇

　最大判……………………………最高裁判所大法廷判決
　最判………………………………最高裁判所判決
　大判………………………………大審院判決
　高判………………………………高等裁判所判決
　高決………………………………高等裁判所決定
　地判………………………………地方裁判所判決
　家審………………………………家庭裁判所審判

◇出典略語◇

　民集………………………………最高裁判所（又は大審院）民事判例集
　集民………………………………最高裁判所裁判集民事
　民録………………………………大審院民事判決録
　家月………………………………家庭裁判月報
　判時………………………………判例時報
　判タ………………………………判例タイムズ

◇判例言及の場合の省略方法◇

　最判昭 35・3・22 民集 14・4・525　＝最高裁判所昭和 35 年 3 月 22 日
　判決・最高裁判所民事判例集 14 巻 4 号 525 頁

目　次　**v**

目　　次

第 1 章　はじめに

1　心の問題と家族のトラブル ……………………………………… 2
2　心の問題が紛争の背景にある場合の心構え …………………… 4
3　具体的な留意点 …………………………………………………… 5
　(1)　正しく理解し慎重に判断する　5
　(2)　偏見をもたない　6
　(3)　一線を画する　7
　(4)　適切な手続を選択する　8
　(5)　自分の身も守る　9

第 2 章　家族のトラブル　法的解説

第 1　離婚 ——————————————————————— 12
1　離婚総論（実体面） ……………………………………………… 12
　(1)　離婚原因　12
　　ア　離婚原因とは
　　イ　不貞行為（民法 770 条 1 項 1 号）
　　ウ　悪意の遺棄（民法 770 条 1 項 2 号）
　　エ　3 年以上の生死不明（民法 770 条 1 項 3 号）
　　オ　回復の見込みのない強度の精神病（民法 770 条 1 項 4 号）
　　カ　その他婚姻を継続し難い重大な事由（民法 770 条 1 項 5 号）
　　キ　離婚請求棄却事由（民法 770 条 2 項）
　　ク　有責配偶者からの離婚請求
　(2)　親権者・監護者　16
　　ア　親権者
　　イ　監護者
　　ウ　親権者・監護者指定の判断基準
　(3)　面会交流　18
　　ア　面会交流とは

vi 目　次

イ　面会交流の認容基準
ウ　面会交流の方法
エ　心の問題がある場合の面会交流の注意点
(4)　婚姻費用・養育費　20
ア　婚姻費用・養育費とは
イ　具体的な算定
ウ　始期・終期
エ　心の問題がある場合
(5)　財産分与　22
ア　財産分与とは
イ　心の問題がある場合の修正
(6)　離婚慰謝料　23
(7)　年金分割　24

2　離婚総論（手続面）·· 24
(1)　離婚の方法　24
(2)　裁判所における各手続　25
ア　調停
イ　審判
ウ　人事訴訟
(3)　夫婦関係調整調停　29
(4)　婚姻費用分担の調停・審判　30
ア　手続
イ　効力
(5)　面会交流調停・審判　30
ア　概要
イ　調査官調査
ウ　心の問題がある場合の調査官調査の注意点
エ　履行確保の方法
(6)　養育費請求の調停・審判　32
ア　概要
イ　効力
(7)　監護者指定・子の引渡し調停・審判　33
ア　概要
イ　家事事件手続法上の保全処分（審判前の保全処分）
ウ　調査官調査
エ　心の問題がある場合の調査官調査の注意点
(8)　財産分与・年金分割の調停・審判　34
ア　財産分与

目　次　*vii*

　　イ　年金分割（請求すべき按分割合に関する処分）
　(9)　離婚慰謝料　35
　⑽　保護命令　36
　　ア　保護命令とは
　　イ　要件
　　ウ　内容
　　エ　手続
　　オ　決定

第2　子ども虐待 ——————————————————— 41
1　子ども虐待とは ··· 41
　(1)　身体的虐待　41
　　ア　定義
　　イ　具体例
　(2)　性的虐待　41
　　ア　定義
　　イ　具体例
　(3)　ネグレクト　42
　　ア　定義
　　イ　具体例
　(4)　心理的虐待　42
　　ア　定義
　　イ　具体例
2　子ども虐待への法的対応 ·· 43
　(1)　虐待発見の端緒　43
　(2)　調査（安全確認）　43
　(3)　親子分離　44
　　ア　一時保護
　　イ　同意による施設入所（3号措置）
　　ウ　家庭裁判所による子どもの里親委託又は児童福祉施設等への入所の承認
　　エ　民法上の手続
　　オ　刑事処分
　(4)　在宅指導　46

第3　男女関係にまつわるトラブル ——————————— 47
1　不貞行為の相手方に対する慰謝料請求 ························· 47
　(1)　不貞行為と慰謝料　47
　(2)　慰謝料支払義務を負わない場合　47

viii　目　次

2　婚約破棄 ……………………………………………………………………… 48
(1)　婚約とは　48
(2)　既婚者との間に婚約は成立するか　48

3　ストーカー ……………………………………………………………………… 49
(1)　規制の対象となる行為　49
(2)　つきまとい等の対象者　51
(3)　警察に相談した場合の流れ　51
(4)　違反した場合の処罰内容　52

4　インターネット上のトラブル ……………………………………………… 52
(1)　インターネット上の名誉毀損・プライバシー権侵害　52
　　ア　削除要請
　　イ　損害賠償請求
　　ウ　インターネット上の名誉毀損・プライバシー権侵害の被害を受けた場合の注意点
(2)　リベンジポルノ　55
　　ア　私事的画像記録
　　イ　処罰の対象となる行為
　　ウ　画像の削除要請

第4　相続 ───────────────────────── 57
1　遺産相続の基礎 ……………………………………………………………… 57
(1)　相続人の範囲と順番　57
　　ア　配偶者
　　イ　第1順位の血族：子
　　ウ　第2順位の血族：直系尊属
　　エ　第3順位の血族：兄弟姉妹
　　オ　代襲相続人
(2)　相続分　59
　　ア　指定相続分と法定相続分
　　イ　法定相続分割合
(3)　相続放棄・限定承認・単純承認　60
　　ア　相続放棄
　　イ　限定承認
　　ウ　単純承認

2　遺産分割の基礎 ……………………………………………………………… 61
(1)　遺産分割協議　61
　　ア　遺産分割協議書の作成
　　イ　特別代理人の選任

目　次　**ix**

　(2)　遺産分割調停　62
　　ア　具体的相続分の算定
　　イ　特別受益の算定
　　ウ　特別寄与の算定

第3章　家族のトラブル　関係する心の問題

1　はじめに ……………………………………………………………… 68

2　統合失調症　Schizophrenia ……………………………………… 68

　(1)　概要　68
　(2)　症状　69
　　ア　陽性症状と陰性症状
　　イ　三つのステージ
　(3)　治療法　70

3　気分障害　Mood Disorders ……………………………………… 71

　(1)　うつ病性障害（うつ病，単極性うつ）Depressive Disorders　71
　　ア　概要
　　イ　うつ状態の症状
　(2)　双極性障害（躁うつ病）Bipolar Disorders　73
　　ア　概要
　　イ　躁状態の症状
　(3)　従来のうつ病・躁うつ病の治療法　74
　　ア　概要
　　イ　うつ病の薬物療法
　　ウ　躁状態の薬物療法
　(4)　新型うつ病　75
　　ア　概要
　　イ　従来のうつ病との違い

4　不安障害　Anxiety Disorders …………………………………… 75

　(1)　強迫性障害（強迫神経症）Obsessive-Compulsive Disorder　75
　　ア　概要
　　イ　症状
　　ウ　治療法
　(2)　重度ストレス反応，外傷後ストレス障害（PTSD）Posttraumatic
　　Stress Disorder　77

x 目 次

　　ア　概要
　　イ　症状
　　ウ　治療法

5　適応障害　Adjustment Disorders ……………………………… 78
　(1)　概要　78
　(2)　症状　79
　(3)　治療法　79

6　解離性障害　Dissociative Disorders …………………………… 80
　(1)　概要　80
　(2)　症状　80
　(3)　治療法　81

7　パーソナリティ障害　Personality Disorders ………………… 82
　(1)　パーソナリティ障害とは　82
　　ア　概要
　　イ　類型
　　ウ　治療法
　(2)　反社会性パーソナリティ障害　Antisocial Personality Disorder　83
　　ア　定義
　　イ　主な特徴
　　ウ　背景要因
　　エ　治療法
　(3)　境界性パーソナリティ障害　Borderline Personality Disorder　85
　　ア　定義
　　イ　主な特徴
　　ウ　背景要因
　　エ　治療法
　(4)　自己愛性パーソナリティ障害　Narcissistic Personality Disorder　86
　　ア　定義
　　イ　主な特徴
　　ウ　背景要因
　　エ　治療法

医師からひとこと　家事事件とパーソナリティ障害〜「操作性」とは ――― 87
　　　　　　　　　境界性パーソナリティ障害の診断〜親しくなってから豹変す
　　　　　　　　　るのはなぜ？ ―――――――――――――――――――― 88

8　依存症 ………………………………………………………………… 89
　(1)　アルコール依存症　Alcohol Dependence　89
　　ア　概要
　　イ　アルコール依存症のサイン

目　次　*xi*

　　ウ　治療法
　(2)　いわゆるギャンブル依存症（病的賭博）　Pathological Gambling　92
　　ア　概要
　　イ　ギャンブル依存症のサイン
　　ウ　治療法
9　発達障害 ……………………………………………………………………………… 93
　(1)　広汎性発達障害　Pervasive Developmental Disorders　93
　　ア　自閉性障害　Autistic Disorder
　　イ　アスペルガー障害　Asperger's Disorder
　　ウ　特定不能の広汎性発達障害　Pervasive Developmental Disorder Not
　　　Otherwise Specified
　(2)　注意欠陥／多動性障害（ADHD）　Attention-Deficit/Hyperactivity
　　Disorder　95
　　ア　概要
　　イ　主な特徴
　　ウ　治療法

第4章　家族のトラブル　解決・対策の指針

1　離婚と当事者の心の問題 …………………………………………………………… 100
　(1)　パーソナリティ障害　100
　　ア　DV・モラルハラスメントの加害者（主に男性）
　　イ　DV・モラルハラスメントの加害者（主に女性）
　(2)　依存症　102
　(3)　気分障害　103
2　離婚と子どもの心の問題 …………………………………………………………… 105
　(1)　離婚が子どもに及ぼす影響　105
　　ア　離婚一般
　　イ　子の発達段階と別居や紛争に対する反応
　　ウ　紛争性の高い場合
　(2)　葛藤がある中での面会交流　108
　　ア　子の反応
　　イ　「子の福祉」の両面
　　ウ　「安定した監護環境と良質な養育」のニーズ
　　エ　「双方の親との愛着形成」のニーズ

xii 目　次

オ　具体的対応
カ　避けるべき言動
キ　子の視点からの解決
(3)　当事者間の紛争性を高めないために　112
ア　不必要に相手を攻撃しない
イ　条件闘争的にならない
ウ　連絡方法を工夫する
エ　子どもを巻き込まない
オ　当事者の特性に合わせた対応をする
(4)　子に精神の障害又は疾患がある場合　115
3　遺産分割と当事者の心の問題 ………………………………… 117
(1)　老年期うつ病　117
(2)　ひきこもり　117
(3)　パーソナリティ障害等　118
(4)　相続人の意思能力：特に認知症　119

第5章　設　例

設例1　男性からのDVと監護権・離婚・面会交流 ──────── 122

関係する心の問題 ●パーソナリティ障害，うつ，ストレス反応

1　DV加害者のパーソナリティ傾向，トラウマなど ……………… 128
2　DV被害者のうつ，ストレス反応など …………………………… 129
3　DV家庭で育つ子どもたちへの影響 ……………………………… 130
Q1　子どもの監護について解決するにはどのような手続があります
か。監護権はどのように判断されますか。　131
Q2　離婚は認められますか。離婚原因の主張・立証にあたり気をつ
けることはありますか。　135
Q3　面会交流についてはどのようなことに留意する必要があります
か。　138

設例2　女性からのDVと保護命令・離婚・親権・面会交流 ──── 145

関係する心の問題 ●境界性パーソナリティ障害

1　女性のDV加害者のパーソナリティ傾向 ………………………… 150
医師からひとこと　境界性パーソナリティと親密性 ──────── 151

目　次　*xiii*

ボーダーラインカップル —————————— 152
破たんの経緯 ————————————————— 152
　Ｑ１　保護命令は発令されますか。　153
　Ｑ２　監護権についてはどのように判断されますか。　155
　Ｑ３　離婚は認められますか。　156
　Ｑ４　親権についてはどのように判断されますか。　158
　Ｑ５　面会交流についてはどのように対応すればいいですか。　159
　Ｑ６　財産的条件についてはどのように判断されますか。　162
医師からひとこと　境界性パーソナリティと親子関係 —————— 163

設例３　モラルハラスメントと別居・離婚・面会交流 ————— 165

関係する心の問題●自己愛性パーソナリティ障害

１　モラルハラスメントと自己愛性パーソナリティ傾向 ————— 170
２　自閉症スペクトラムとモラルハラスメント ——————— 171
３　被害者のうつ，ストレス反応など ————————— 172
医師からひとこと　自己愛性パーソナリティ障害と親密性 ———— 173
　Ｑ１　別居に関する留意点はどのようなことでしょうか。　174
　Ｑ２　離婚についてどのように進めるのがよいでしょうか。　177
　Ｑ３　面会交流についてはどのようなことに留意する必要があります
　　　か。　183

設例４　依存症と別居・離婚・面会交流 ———————— 187

関係する心の問題●ギャンブル依存症

１　ギャンブル依存症と家族 ————————————— 192
２　アルコール依存症と家族 ————————————— 192
　Ｑ１　子どもを引き取るためにはどうしたらいいですか。　193
　Ｑ２　子どもの監護者になるために重要な要素はどんなことですか。
　　　196
　Ｑ３　面会交流はできますか。　199
　Ｑ４　離婚はできますか。親権はどのように判断されますか。　201
医師からひとこと　ギャンブル依存症と親子関係 —————— 203

xiv   目　次

設例5　双極性障害と婚姻費用・離婚・財産分与 ——————— 205

関係する心の問題 ● 気分障害（うつ病，双極性障害）

1　うつ病性障害 ·· 208
2　双極性障害 ··· 209
　　Q1　夫から婚姻費用をもらうことはできますか。　210
　　Q2　夫と離婚をすることはできますか。　211
　　Q3　夫に対する慰謝料請求は認められますか。　214
　　Q4　財産分与の判断において夫の病気は影響がありますか。　215

設例6　うつ病・強迫性障害と離婚・親権・面会交流・財産分与 ——— 216

関係する心の問題 ● うつ病，産後うつ，強迫性障害

1　気分障害 ··· 219
2　強迫性障害 ··· 220
　　Q1　妻と離婚をすることができますか。　221
　　Q2　親権はどうなりますか。　224
　　Q3　妻は私が家に戻るまで子どもと面会をさせないと言っています。
　　　　私は子どもに会う手段はありますか。　225
　　Q4　財産分与において妻の病気は考慮されますか。　226

設例7　子に障害がある場合の離婚・親権・財産分与・養育費（離婚請求
　　　　される側に子がいる場合）————————————————— 228

関係する心の問題 ● 自閉性障害

1　自閉性障害の子と夫婦関係 ·· 231
2　自閉性障害の子への離婚の影響 ·· 231
　　Q1　夫からの離婚請求は認められますか。　232
　　Q2　離婚が認められる場合，親権者について裁判所はどのように判
　　　　断しますか。　235
　　Q3　仮に離婚になった場合，財産分与において長女の障害は考慮さ
　　　　れますか。　237
　　Q4　養育費について，長女の障害による費用加算は認められますか。
　　　　また，長女は成人しても自立はできないと思います。成人をして
　　　　からも養育費をもらえますか。　239
医師からひとこと　自閉性障害を持つ子どもの支援者 ——————— 241

目　次　**xv**

設例8　子に広汎性発達障害がある場合の離婚・親権・面会交流（離婚請求する側に子がいる場合）――――――――――――――― 242

関係する心の問題 ● **広汎性発達障害**

1　発達障害の子と夫婦関係 ――――――――――――――― 248
2　発達障害の子と面会交流 ――――――――――――――― 248

Q1　別居する時に気をつけた方がよいことはありますか。　250

Q2　親権者はどのように決まりますか。面会交流の調停では，どのようなことに気をつければいいですか。　253

Q3　調査官調査では，どんなことに気をつければよいでしょうか。257

Q4-1　（子が面会交流に積極的なケース）面会交流を実施する際は，どんなことに気をつければよいですか。　259

Q4-2　（子が面会交流に消極的なケース）間接交流とは，どういうものですか。　262

医師からひとこと　**子が精神症状として表現する家族の機能不全** ―――― 263

設例9　子ども虐待と親権・監護権 ―――――――――――――― 264

関係する心の問題 ● **パーソナリティ障害，発達障害等**

1　子ども虐待のリスク要因 ――――――――――――――― 268
2　虐待を受けた子どもたちの症状 ――――――――――――― 268

医師からひとこと　**虐待を見抜く―「何かおかしい」という直感** ――― 270

Q1　実母から祖父母に親権又は監護権を移すことはありますか。271

Q2　実父への親権者変更は認められますか。　275

設例10　男性からのストーカー行為 ――――――――――――― 279

関係する心の問題 ● **パーソナリティ障害**

1　パーソナリティ障害 ――――――――――――――――― 283
2　ストーカーと自己愛性パーソナリティ障害 ――――――――― 283

Q1　元彼が自宅や会社に来たり，電話やメールをしたりするのを止めさせたいです。　284

Q2　ストーカー行為があったことを証明するためには，どのような証拠を集めればいいでしょうか。　286

Q3　示談についてはどう考えたらいいですか。　287

xvi　目　　次

設例11　女性からのストーカー行為 —————————————— 290

関係する心の問題 ● パーソナリティ障害

1　異性関係とパーソナリティ障害 ————————————— 296
2　境界性パーソナリティ障害 ——————————————— 296

Q1　不貞相手が自宅に押し掛けてきたため，妻に不貞が知られてしまいました。妻とは離婚しなければいけないのでしょうか。　297

Q2　妻からD子への慰謝料請求は認められますか。D子からC男に対する婚約破棄を理由とする慰謝料請求は認められますか。　298

Q3　自分名義で借りている家に，不貞相手が住んでいます。不貞相手とは別れたので，もう関わりたくないのですが，どうしたらいいですか。　301

医師からひとこと　**境界性パーソナリティ障害と気分障害及びその他の精神障害** —————————————————————————————— 303

設例12　遺産分割 ——————————————————————— 305

関係する心の問題 ● 老年期うつ病，ひきこもり

1　遺産分割と老年期うつ病，住居確保の問題 —————————— 309
2　遺産分割とひきこもり ———————————————— 310
3　遺産分割とその他のパーソナリティの問題 —————————— 310

Q1　生活費の支給は特別受益になりますか。　311

Q2　介護は特別寄与となりますか。　314

Q3　被相続人の家に無償で住んでいたことは特別受益になりますか。　315

Q4　示談金を被相続人に支払ってもらったことは特別受益になりますか。　315

Q5　学費は特別受益になりますか。　316

医師からひとこと　**反社会性パーソナリティ障害と自己愛性パーソナリティ障害** —————————————————————————————— 318

著者紹介 ————————————————————————————— 321
参考文献 ————————————————————————————— 322

第 1 章

はじめに

　家族のトラブルの解決に関わった実務家の中には，その背景には当事者の心の問題があると感じたことのある方が多いのではないでしょうか。

　本章では，心の問題がどのように家族のトラブルと関係するか，解決にあたってどのようなことに配慮できるか，具体的な検討（第2章以下）の前に概要を解説します。

1 心の問題と家族のトラブル

　弁護士が，家族や男女関係に関する法律相談（本書では「家族のトラブル」と呼びます）を受ける時，当事者のうつ病・依存症などが離婚原因として挙がっていること，当事者や子どもがパーソナリティ障害・発達障害などの診断を受けている又はその傾向が疑われること，家族のトラブルに晒された当事者が重度ストレス反応・うつの症状を呈することなどがあります。このように紛争の背景にある（と思われる）何らかの精神の障害や疾患のことを，本書では「心の問題」と呼びます。

　どのような方でも家族のトラブルを抱えることはあります。家族のトラブルを抱えたからといって，自分又は家族の誰かに心の問題があるのではないかと解釈する必要はありません。

　しかし家族の誰かが心の問題を抱えると，それが家族のトラブルにつながることが多いことも事実です。

　精神的な問題が家族のトラブルに直結するケースとしては，民法 770 条 1項 4 号で「配偶者が強度の精神病にかかり，回復の見込みがないとき」が離婚原因として挙げられていることが典型例でしょう。コミュニケーションを取ることが困難であるほどの強度の精神疾患であれば，婚姻関係の根幹である夫婦の意思疎通とそれによる信頼関係が成り立ちませんから，病気にかかった配偶者への看病や離婚後の備えを尽くしたといえるときには離婚が認められています。

　それ以外にも，精神的な問題に起因する不貞，浪費，転職・休職・失業，他者との衝突，自殺未遂などが家庭内トラブルにつながることがあります。

　また，精神的な問題が間接的に家族の紛争につながるケースもあります。例えば，子どもの障害に対する父母間の育児方針の相違が離婚に発展する場合です。次のような流れを想像してみてください。

第1章　はじめに　**3**

　円満な夫婦に待望の第一子が誕生しました。しかし３年後，子どもが自閉性障害と診断されます。

　妻はショックを受けますが，この子のために何ができるかと調べ尽くした情報から「自閉性障害の子に対応した療育を提供しているこの教室に通わせたい」と夫に資料を見せます。しかし夫は「別にどちらでもよい」「お金が足りるか分からない」といった返事です。

　妻には夫が子どもの障害から目を背け，関わり合いになることを避けているように思えます。それで妻は，障害を抱える子だからこそ父親の存在が通常以上に大切であると力説し，夫にも妻と同レベルの関わり合いを求めます。しかし夫としては，妻が子どもの療育に入れ込みすぎているように感じ，どんどんお金を使われてはたまらないという警戒心もあります。

　夫としても子どもに最善の環境を整えたい気持ちは同じで，だからこそ一生懸命に働いているのに，いつも妻からは感謝どころか「努力が足りない」というメッセージしか来ず，要求ばかりが次から次へと繰り出されます。妻と話し合おうとしても，「子どものことは母親である自分がいちばんよく分かっている」「あなたは子どものためにすべてを犠牲にできないのか」と言われると，反論できません。こうして夫婦間のすれ違いが重なり，溝が深まってゆきます。

　とうとう，夫が離婚を希望して別居し，「妻に日々責め立てられる生活には耐えられない。このままでは精神的に限界で仕事にも支障が出てきている。子どもへの責任は果たす意思があるので養育費は最大限支払う。だから離婚をしてほしい」と申し出ます。

　妻は「自閉性障害の子どもを捨てて出て行くなど人として最低である。これまでも子どもに向き合ってほしいと頼み続けたのに応じてくれなかったのだから，離婚後の養育費の支払いなど決して信用できない。だから離婚には絶対に応じられない」と反応します。

　このようなケースで，子どもだけでなく夫婦の一方又は双方にコミュニケーションの問題があり，それがさらに紛争を悪化させている場合もあります。

　以上のように心の問題が家族のトラブルにつながる場合もあれば，家族のトラブルから精神的な問題が発生する場合もあります。家族は本来，愛情と信頼に基づく最も密接な人間関係であり，家庭は安らぎと休息の場であるはずです。それが逆に，対立や不信に彩られた不安定な関係又は場所となるなら，人間としての基本的な必要が満たされず，日々，苦痛や緊張を感じるこ

4　第1章　はじめに

とになります。これは大きなストレスとなって心身に重くのしかかり，とき
に何らかの精神的な問題を生じることも不思議ではありません。

　このように，心の問題が直接又は間接に家族のトラブルと関連しているこ
とは多いものです。

2　心の問題が紛争の背景にある場合の心構え

　心の問題が紛争の背景にある（と思われる）ケースには，その問題に精神
科等の診療を経て明確な診断名がつけられている場合と，そうでない場合が
あります。

　最近よく耳にする「パーソナリティ障害」は，正式な診断がついているこ
とは滅多にありません。しかし当事者の話を聞いていると，何らかのパーソ
ナリティ障害，又は障害に達する範囲ではなくてもパーソナリティの偏りも
しくはその傾向が背景にあるのではないかと思われることはよくあります。
例えば，妻が大量の飲酒，薬の過剰服用，危険運転，2階からの飛び降り，
リストカット，不貞，浪費などを繰り返す。夫が職場の人と必ず対立して職
を転々とする，通りすがりの人とも喧嘩をして警察沙汰になる，妻子にも暴
力を振るう。こうした話を聞くと，その妻は境界性パーソナリティではない
か，その夫は反社会性パーソナリティではないか，といったことが素人なり
に頭に浮かびます。

　心の問題が紛争の背景にある（と思われる）場合でも，離婚原因があるか
ないか，親権はどちらに帰属するかといったことを，心の問題を特に考慮に
入れず，一般的な法律の枠組に当てはめて淡々と判断し処理することもでき
ます。

　しかし，家庭問題は人の最もプライベートな部分に関わる繊細な問題であ
り，その解決方法によって当事者のその後の人生を左右する重大な問題でも
あります。そして，心の特性又は状態によっては，一般論で正しいとされる
解決が合わないこともあるかもしれません。解決の内容だけでなくプロセス
も重要です。当事者の個性に合わせたプロセスを選択できるかどうかで，比

第1章　はじめに　5

較的早期に円満な解決を迎えられるか，逆に紛争が拡大して泥沼化してしまうかが左右されることもあります。ですから，心の特性や状態を考慮に入れて進め方を選択したり，取り決める内容を検討したりする方が，より良い解決を導くことができる可能性があります。例えば，この当事者の場合は協議による解決が適しているのか，それとも裁判手続を利用することが適しているのか，という選択には，当事者の個性を考慮に入れる必要があるでしょう。さらに，この事案ではどのような面会交流の定め方が適切かという判断にも，両親と子ども，それぞれの個性が深くかかわってきます。

　そのようなわけで，心の特性や状態を考慮に入れて解決方法を模索したいものですが，他方において素人が勝手に診断名をつけ，その思い込みに基づき偏った方向に暴走してしまうのも危険なことです。可能であれば専門医に相談し，なるべく客観的な情報をその医師に提供した上でアドバイスを得ましょう。

3　具体的な留意点

　心の特性や状態を念頭に置いて解決に当たるといっても，具体的にはどのような点に気をつけるとよいのでしょうか。一概には言えませんが，ある程度共通すると思われる留意点を以下に挙げてみます。

(1)　正しく理解し慎重に判断する

　「骨折している」「発熱している」といった客観的に診断できる症状とは異なり，心の問題は目に見えず，複数の診断名を兼ね備えていることもあり，短期間では症状の一部しか表れないこともあるため，医師でも判断が難しいものです。ですから特定の疾患であると決めつけたり，その疾患であると他の関係者（例えば裁判官，調停委員など）にも同意してもらうことにこだわったりせず，あくまでも可能性の一つとして念頭に置くことが安全でしょう。

　一方，医師の診察を経て診断名が確立している場合には，関係する援助者（例えば，弁護士など）としても，その症状について信頼できる文献等を調査

し，それなりに知識を深めた上で解決に当たることが必要です。

当事者を援助している福祉機関・医療機関・教育機関などがある場合，それらの機関との連携を取ることも有益です。当事者からの話だけを聞くよりも，複数の柔軟な視点から，より良い選択肢が見えてくるかもしれません。例えば，「子どもが自閉性障害だから環境の変化は禁物であり，離婚は決して応じられない。万が一離婚になるとしても住み慣れた自宅から出て行くことはできない」と妻が主張しているものの，判決では離婚が認められてしまう可能性が高く，かつ自宅を夫から妻に財産分与として譲渡することも実現困難というとき，単に離婚拒否や自宅獲得に固執するよりも，もしかすると，転居を前提として，その準備を早めに整えることやその中でできるだけ子どもの安心できる環境を維持することに視点を切り替え，離婚自体の紛争を激化させないほうが子どもにとって有益であると担当医は考えるかもしれません。事情が許せば，適切と思われる場合に関係諸機関と連携を取ることも検討しましょう。

(2) 偏見をもたない

心の問題を理解し，法律問題の解決に当たって考慮に入れることと，その問題について偏見を持つこととは明確に区別されます。

精神疾患というとどうしても，一般とは違う思考や行動をする人というイメージがあり，消極的感情を抱いたり，きちんと向き合うことを避けたりしがちです。しかしその問題を抱える本人も，社会に馴染めず生きづらさを感じていることや，悪気があるわけではないのに人から怒られたり嫌がられたりしてばかりで傷ついていることもあります。それゆえにこそ，偏見や差別には敏感になっています。

また，先にも述べたように，最も親密で信頼できるはずだった家族とのトラブルを抱えることは大きなストレスとなります。当事者は，援助者に相談に来る前から，深く悩み傷ついています。その状況で，感情的になりやすい，話がまとまらない，バランスの取れた決断ができないといった精神状態になることは誰しもありうることです。そうした当事者の状態に対し，援助者が

腹を立てたり敬遠したりしてしまうなら，当事者との信頼関係は築けません
し，解決も遠のいてしまします。

　ですから，心の問題を持つ人を個人として尊重することを根幹に，その方
の物事の考え方，認知の仕方などの特性を正しく理解し，それを受け止めて
事に当たるようにしましょう。

(3)　一線を画する

　援助者として，当事者の心情に共感を示すことも大切ですが，その一方で
客観的な視点を保つよう一線を画することも必要です。

　疾患の種類によっては，認知にゆがみが生じており，客観的には事実でな
いことを真実であると信じ込んでいることもあります。その話を援助者まで
信じ込んで解決に当たってしまうと，方向を誤りかねません。

　また，精神的な問題ゆえに，感情の起伏の激しさ（又は平坦さ）が一般的
な感情表現とは異なることもあります。それに援助者が振り回されてしまう
と，これもまた客観的に指し示すべき方向性を見失うことになります。

　上に述べたような点は，心の問題を抱えた人が依頼者である場合と紛争の
相手方である場合，さらに援助者が心の問題を抱えた当事者たちの仲介役と
して間に入る場合のいずれの場面にも当てはまります。

　パーソナリティ障害の依頼者を援助する場合は，共依存にならないという
注意点もあります。ときにパーソナリティ障害を抱える方は独特の魅力があ
り，同情を引き付けることがあります。援助者の職種にある方は人助けが専
門なのですから，つい手助けしてあげたくなり，気がつくと依頼者のペース
に呑み込まれている，ということもありえます。依頼者の期待に過剰に応え
ようとし，援助者まで一線を越えた行動に出てしまい，後に自分の身に災難
を招くこともありますので，入れ込み過ぎは禁物です。また，依頼者をなだ
めようと「今回だけは特別に」という態度を取ることは，かえって依頼者を
混乱させますので，できないことは最初からできないと言うべきです。

　紛争の相手方にパーソナリティ障害が疑われる場合，相手方からどこまで
やりおおせるか試されることや，挑発的な行動や，嫌なところをうまく突い

8　第1章　はじめに

てくる議論をされることがあるかもしれません。一度つけこまれると，ずるずると相手に踏み込まれ続けることがあります。挑発に乗ると，いつのまにか自分まで脱線して足をすくわれることにもなりかねません。

　援助者が感情的になってしまうことも禁物です。当事者の独特の考え方や反応につい苛立ちを覚え，それをそのまま出してしまうと，本論とは関係ない言葉尻を捕らえた論争に発展してしまったり，その後どれほど当事者のことを思ったアドバイスをしても聞き入れてもらえないなど，解決が遠のいてしまいます。

　ですから，援助者の側としては，できないことはできないとはっきり示すこと，「常識」「法律」を固持して一貫性を保つこと，客観的な立ち位置を確保しておくこと，感情的にならないことなどが大切です。

(4)　適切な手続を選択する

　これは心の問題を抱える方に限りませんが，心の問題の種類によってはその症状の一環として認められることとして，事実とは異なる認識・記憶を有していること，被害感情・処罰感情などが通常以上に強いこと，独自の理論や価値判断にこだわって他の意見に耳を貸さないことなどがあります。特にパーソナリティ障害の方が，援助者の介入を必要とするほどの人間関係のトラブルを抱えてストレスを覚えているシーンとなると，そのような傾向が顕著に観察されます。

　例えば紛争の相手方が自己愛性パーソナリティ障害であると判断できる場合，残念ながら話合いでの解決が難しいことが予想されますので，早い段階で裁判所での手続を検討すべきです。協議で穏便な解決を目指そうとするあまり，相手方の激しい感情，一方的な理屈，執拗な要求などに屈し，考えてもいなかったような不本意な条件に同意してしまっているケースも相当数あります。「裁判をすると相手方の怒りを余計に掻き立てるのではないか」と心配される当事者もいますが，いずれにしても不合理な怒りを（例えば単に別居した，離婚を希望したというだけの理由で）既に買っているのであれば，さらに裁判をすることを思いとどまる必要はありませんし，裁判をしなかっ

たことで相手方から感謝されるわけでもありません。裁判所の手続を利用することにより，相手方にも，裁判所の目がある，あまり無謀な行動に出ると自分に不利になる，法律に則って判断がされるので相手方の理屈を押し通すことができない，といった意識を持ってもらう方が安心でしょう。

　もちろん，そのような難しい事案は決して多くはなく，裁判よりも協議や調停のほうが適するケースのほうが一般的です。

　発達障害をもつ方との関係などでは，コミュニケーションの方法を工夫することによって，こじれていた話合いがうまくいくようになることもあります。一般的には当たり前と思われる「言わずもがな」なことが意外に分かっていなかったという場合には，それをきちんと説明することで納得してもらえることもあります。

　当事者がうつであれば裁判所での手続が過度の負担にならないかという配慮も必要となってきますし，ときには手続を保留して治療を優先させたほうが結果的には早期解決に向かうこともあるかもしれません。障害を持つ子を監護している親に対して強硬に離婚請求を進めることや，心の問題を抱える監護親や子に対して面会交流に関する裁判手続を強硬に進めることなども，必ずしも適切ではないといえるでしょう。

　このように，当事者の特性を考慮に入れた手続選択はとても大切です。

(5)　自分の身も守る

　先に述べたことと重なりますが，援助者は，依頼者の利益のために最善を尽くすとはいえ，依頼者の矛先又は相手方の攻撃が援助者に向きそうなときには，現実的な方策を取ることも必要です。相手方はもちろんのこと，仮に依頼者であったとしても，暴力に対しては警察を呼ぶことをためらうべきではありません。

　例えば依頼者が，自分の要求を通すため，違法又は不当な手段を使うよう弁護士に要請し，これに応じないときに「そのせいで負けた」などとして弁護士を訴えてくる場合が考えられます。また，DV加害者の夫が，妻の代理人弁護士について，「悪徳弁護士が妻を唆して金を巻き上げようとしている」

10　第 1 章　はじめに

「あの弁護士は妻と不貞関係にある」などと妄想を繰り広げ，弁護士に対する懲戒・訴訟・名誉毀損等のほか，最悪の場合は傷害・殺害に至るケースもあるところです。

　ですから，繰り返しになりますが，できないことはできないと言うこと，一線を画すること，適切な手続を選択することなどは非常に大切です。また，時には複数で担当することが防御になります。

第 2 章

家族のトラブル
法的解説

心の問題と家族のトラブルについて知るためには，前提となる法律知識が欠かせません。
　本章では，離婚，子ども虐待，男女トラブル，相続において発生しうるさまざまな問題について，法律の観点から解説します。

第1 離婚

1 離婚総論（実体面）

　離婚が認められるためには，離婚原因が必要になります。この章では，民法770条1項が定める離婚原因と離婚に付随する問題（親権・監護権，面会交流，婚姻費用・養育費，財産分与，年金分割，慰謝料等）を概説します。

(1) 離婚原因

ア 離婚原因とは

　民法770条1項には，「夫婦の一方は，次に掲げる場合に限り，離婚の訴えを提起することができる。」と規定されています。
　その内容は，以下のとおりです。
　1号　配偶者に不貞な行為があったとき。
　2号　配偶者から悪意で遺棄されたとき。
　3号　配偶者の生死が3年以上明らかでないとき。
　4号　配偶者が強度の精神病にかかり，回復の見込みがないとき。
　5号　その他婚姻を継続し難い重大な事由があるとき。
　上記の1号から4号の事由がある場合であっても，同条2項によって「一切の事情を考慮して婚姻の継続を相当と認めるときは，離婚の請求を棄却することができる」とされています（5号については同条2項の適用範囲外です）。

イ 不貞行為（民法770条1項1号）

　不貞とは，自由な意思に基づいて配偶者以外の者と性交を行うことをいいます（最判昭和48・11・15民集27・10・1323）。判例・通説では性交に限定すると解されています。ただ，性交に至らない場合でも，配偶者以外の者との親密な交際は，5号に該当して，有責行為とされる場合があります。
　不貞を理由に離婚訴訟を提起され，不貞を行った配偶者がうつ病などの精

第 1　離婚　*13*

神疾患があったり，障害のある子を監護していて離婚により苛酷な状況になってしまうような場合，民法 770 条 2 項により離婚請求が棄却される場合があるか問題になります。しかし，実務上は同条 1 項 4 号の事案を除いてほとんど同条 2 項による裁量棄却はなされない傾向にあります。

ウ　悪意の遺棄（民法 770 条 1 項 2 号）

悪意の遺棄とは，正当な理由なく民法 752 条の同居・協力・扶助義務を履行しないことをいいます。

配偶者に身体障害や精神障害があるにもかかわらず，十分な看護をせず，離婚を迫って別居を強行し，生活費も送金していないというような場合は，悪意の遺棄にあたるといえます（浦和地判昭 60・11・29 判タ 596・70）。

また，悪意の遺棄にはあたらないとしても，同居・協力・扶助義務違反が認められる場合には，同条 1 項 5 号の離婚原因が認められることがあります。

エ　3 年以上の生死不明（民法 770 条 1 項 3 号）

生死不明とは，生存の証明も死亡の証明もできない場合をいいます。単なる行方不明とは区別されます。被告の生死が不明のため，調停は前置せず（家事事件手続法 257 条 2 項ただし書），離婚訴訟が提起され，公示送達によって訴状が送達されます。

オ　回復の見込みのない強度の精神病（民法 770 条 1 項 4 号）

同号の離婚が認められるためには，配偶者が①強度の，②精神病にかかり，③回復の見込みがない，という 3 要件が必要です。ただし，医学的な判断そのものではなく，最終的には裁判官が判断する法的概念です。裁判例では，統合失調症の例が多いです。

4 号の離婚が認められるか否かについて，裁判例では次のような「具体的方途論」と呼ばれる考え方が用いられています。

〈具体的方途論〉

妻が統合失調症で入院中，昏迷状態にあり，治癒の見込みがないという事案において，「単に夫婦の一方が不治の精神病にかかった一時をもって直ちに離婚の訴訟を理由ありとするものと解すべきでなく，たとえかかる場合においても，諸般の事情を考慮し，病者の今後の療養，生活等についてできる

14　第2章　家族のトラブル　法的解説

かぎりの具体的方途を講じ，ある程度において，前途にその方途の見込のついた上でなければ，ただちに婚姻関係を廃絶することは不相当と認めて，離婚の請求は許さない法意であると解すべきである」（最判昭33・7・25民集12・12・1823）と判示して，民法770条2項により離婚請求を棄却したものがあります。

　また，妻が禁治産宣告（現行の後見開始決定）を受け，実父が後見人となり，心因性精神病で入院していて回復の可能性がほとんどない事案で，夫が自己の資力で可能な限り将来の療養費を支払う意思を表明している場合において具体的方途の論理を維持しながら，意思の表明だけで「方途の見込み」があるとして，離婚を認容したものがあります（最判昭45・11・24民集24・12・1943）。

　この判例については，強制力のない「意思の表明」のみで「方途の見込み」があるといってよいのかについて評価は分かれています。

　裁判例は，4号の精神病離婚の場合，具体的方途論を用いて病者の生活に配慮をしながら離婚を認める方向にあるといえます。したがって，実際の訴訟では，離婚後の生活費や療養費の負担，保護者や看護者の存在，病院や施設等の受入状況や看護態勢が十分かどうか等の離婚後の病者の生活状況が審理の重要なポイントになります。離婚を求める側は，情報を集めるなどして具体的に立証をする必要があるでしょう。

カ　その他婚姻を継続し難い重大な事由（民法770条1項5号）

　民法770条1項5号は破綻主義に基調にした，抽象的離婚原因といわれています。1号から4号までの具体的離婚原因が存在しない場合でも，「婚姻を継続し難い重大な事由」があれば，離婚が認められます。「婚姻を継続し難い重大な事由」とは，婚姻関係が破綻し回復の見込みがないことです。

　配偶者に精神疾患がある場合の裁判例として，以下のものがあります。

• 植物状態で心神喪失の状況にある妻との離婚を認めた例（横浜地横須賀支判平5・12・21家月47・1・140）。

• 妻が統合失調症に罹患しているが意思能力を欠くほどではなく，4号には該当しないが，妻の粗暴で家庭的でない言動に破綻の原因があるとして，

第 1 離婚 *15*

5 号により離婚が認められた例（東京高判昭 57・8・31 判時 1056・179）。

- 夫の躁うつ病はかなり回復しているので 4 号の「強度の精神病」にはあたらないが，夫の乱暴な態度と妻の冷淡な態度から，5 号による離婚を認めた例（東京高判昭 63・12・22 判時 1301・97）。
- 妻のうつ病の治癒やうつ病に対する夫の理解が深まれば，婚姻関係の改善も期待できるとして，婚姻の破綻を認定しなかった事例（名古屋高判平 20・4・8 家月 61・2・240）。

キ　離婚請求棄却事由（民法 770 条 2 項）

　裁判所は，民法 770 条 1 項 1 号から 4 号までの事由がある場合であっても，一切の事情を考慮して婚姻の継続を相当と認めるときは，離婚の請求を棄却することができます。

　離婚を認めることが相手方にとって苛酷である場合には，本項によって離婚が棄却される場合があります。精神病離婚（4 号）の場合に，本項を適用して離婚を棄却した裁判例があります（最判昭 33・7・25 民集 12・12・1823）。ただし，それ以外の離婚原因（1～3 号）の場合では，裁判所は本項の適用に消極的な傾向にあります。なお，民法 770 条 1 項 5 号の場合には，同条 2 項の適用はありません。

ク　有責配偶者からの離婚請求

　婚姻関係の破綻が認められても，有責配偶者（婚姻の破綻について有責性のある当事者）からの離婚請求は信義則（民法 1 条 2 項）に反するとして認められない場合があります。

　有責配偶者からの離婚請求が認容される考慮要素は，次の 3 点になります（最大判昭 62・9・2 民集 41・6・1423）。

①別居期間が両当事者の年齢および同居期間との対比において相当の長期間に及ぶこと

②未成熟の子が存在しないこと

③相手方配偶者が離婚により精神的・社会的・経済的に極めて苛酷な状態に置かれる等離婚請求を認容することが著しく社会正義に反するといえるような特段の事情の認められないこと

16　第2章　家族のトラブル　法的解説

　もっとも，時代の変遷とともに有責配偶者からの離婚請求が認容されるか否かも変わってきており，10年弱の別居期間であったり，未成熟子がいる場合でも離婚が認容されるケースも出てきています。ただ，障害のある子が存在するような場合は，上記③の「特段の事情」の判断において離婚請求を棄却する場合が多いといえるでしょう（東京高判平19・2・27判タ1253・235，東京高判平20・5・14家月61・5・44，高松高判平22・11・26判タ1370・199）。

(2)　親権者・監護者

ア　親権者

　協議離婚に際して，父母の一方を親権者と定めなければなりません（民法819条1項）。親権者の指定は，離婚の要件です。

　実際には，夫婦関係調整調停（離婚）の申立時に離婚に付随して親権者の指定を申し立てます。離婚訴訟においては，附帯処分として親権者の指定を申し立てます。判決離婚又は審判離婚では裁判所が親権者を指定します（民法819条2項，家事事件手続法284条）。

イ　監護者

　協議離婚に際して，子の監護をすべき者を定めなければなりません（民法766条1項）。通常は，親権者と監護者は同一となります。離婚時や離婚後に親権者とは別に監護者を定めるのは，親権と監護権を分属させる場合ですが，裁判所は分属に消極的です。父母間によほどの信頼関係や協力関係がない限り，分属によりトラブルが発生することが多く子の福祉にとって望ましくないからです。

　民法766条は別居中の場合にも類推適用され，監護者指定の事件は別居中のケースが多くあります。

ウ　親権者・監護者指定の判断基準

(ア)　親権者・監護者の指定においては，子の利益を最優先して考慮されなければならないとされています（民法766条1項，819条6項）。なお，親権者の指定においては，将来にわたるより長期的な視野が必要になります。

　　実務上は，以下のような考慮事情の総合判断によって決定されます（二

宮周平・榊原富士子「離婚判例ガイド（第3版）」193頁（有斐閣，2015））。

〈父母側の事情〉

　　監護能力，監護体制，監護の実績（継続性），（同居時の）主たる監護者，子との情緒的結びつき，愛情，就労状況，経済力，心身の健康，性格，生活態度，直接子に対してなされたか否かを問わず暴力や虐待の存否，居住環境，保育あるいは教育環境，親族等監護補助者による援助の有無，監護補助者に任せきりにしていないか，監護開始の違法性の有無，面会交流についての許容性（フレンドリー・ペアレントルール）等。

〈子の側の事情〉

　　年齢，性別，心身の発育状況，従来の養育環境への適応状況，監護環境の継続性，環境の変化への適応性，子どもの意思，父母および親族との情緒的結びつき，きょうだい関係等。

(イ)　父又は母に心の問題がある場合

　主に「監護能力」が問題になります。例えば，父又は母が心の問題で入院中かつ回復の見通しも立っていないというような場合は，監護能力に問題があり，親権者や監護者としての適格性が否定される可能性が高いと思われます。通院・加療中である場合には，症状の程度や監護体制，監護補助者の援助の有無などを総合的に判断して適格性について判断されます。

　また，父又は母にパーソナリティ障害等があり，直接子どもに対してなされたか否かを問わず暴力行為や虐待行為がある場合も親権者・監護者としての適格性が問題視されるといえるでしょう。

(ウ)　子どもに心の問題がある場合

　子どもに心の問題がある場合，できる限り離婚を避けて安定した生活ができる方が子どもの症状にとっては望ましいといえるでしょう。しかし，それでも父母の離婚が避けられない場合，親権者を父母のいずれかに指定しなければならず，その際，居住環境や監護体制を含む監護環境，子の環境の変化への適応性，監護親との情緒的結びつきが重要なポイントになります。一般的には，子どもに心の問題がある場合，安定した生活環境や，監護親との結びつきは，そのような問題がない場合よりも重視されるとい

えます。子どもに心の問題がある場合，環境の著しい変化によって症状が悪化してしまう場合が多くあります。監護環境，監護体制（監護親の他，実家の父母等の監護補助者，担当医，精神保健福祉士，学校との連携）なども重要になってきます。

（3） 面会交流

ア　面会交流とは

別居親が，子どもと会ったり，手紙，電話，メールなどで交流することを面会交流といいます。協議離婚をする場合は，「父又は母と子との面会及びその他の交流」を協議により定め，協議が調わないとき，協議ができないときは，家庭裁判所が定めます（民法766条）。

イ　面会交流の認容基準

面会交流が認められる明確な基準はありませんが，近時の裁判所は，子の福祉に反する特段の事情がない限り，面会交流を認める傾向にあります。子どもは双方の親から愛情や関心を持ってもらっているということで安心感が得られ，健全な成長につながると考えられているからです。

面会交流が子の福祉を害する特段の事情があるかについては，子どもや父母の心身の状況，子どもの監護状況，子どもの意思・年齢，父母の葛藤の程度，申立の目的，別居親との距離などを総合して判断がなされます。

別居親から子どもに虐待があったり，別居親が子どもを連れ去るおそれ，別居親から同居親に対する暴力があった事案においては，面会交流は制限されるでしょう（東京家審平14・5・21家月54・11・77，東京家審平14・10・31家月55・5・165）。

他方，父母の葛藤が高い場合であっても，面会交流が子の福祉に反しない場合は，第三者が連絡調整をしたり，面会に立ち会うなどして直接的な面会交流を実施する工夫がなされる場合もあります。面会交流援助をしている民間機関の職員の立会いや指示に従うことを審判の主文で命じる例もあります（東京高決平19・11・7家月60・11・83，東京高決平25・6・25家月65・7・183）。

ウ 面会交流の方法

　面会交流には，実際に子どもと別居親が会って交流する直接的な交流と，手紙，ビデオ，メール，写真の送付等による間接的な交流があります。

　両親の葛藤が高かったり，現時点では子どもが直接交流をすることに拒否的な場合等には，間接交流にとどめた方がよいと裁判所が判断する場合もあります（さいたま家審平19・7・19家月60・2・149）。間接的な交流を経て将来的に直接的な交流へと発展していくケースも多くあります。

　もっとも，DVや児童虐待がある場合には，間接的な交流も子どもや同居親の生活を脅かし，子どもの心身に負担を与えるおそれがあるため，不適切な場合もあります。

エ 心の問題がある場合の面会交流の注意点

(ア)　同居親に心の問題がある場合

　同居親に面会交流に対して拒否的な態度がある場合，同居親の意向を無視して面会交流を実施しても，継続的な面会交流につながらない可能性があります。

　面会交流は親同士の信頼関係がないと実施が困難ですので，同居親に対して，面会交流の意義を説明しつつ，同居親や子どもにとって無理のない範囲で面会交流が実施できるように，場合によっては面会交流を援助している第三者機関や親族等の協力を得られるようにした方がよいでしょう。

(イ)　別居親に心の問題がある場合

　心の問題により通院や加療中の場合，症状によっては面会交流を控えざるをえない場合もあるでしょう。別居親に精神的な不安定さがある場合には，面会交流が子どもに負担になるおそれがあり，直接的な面会交流は控えるべき場合もあります。

　また，面会交流は子どもの利益のために実施されるべきものですが，中には自分の権利意識のみを優先させたり，面会交流を勝ち負けや交渉の手段として利用する別居親も見受けられます。このような場合には，面会交流は子の利益のために実施するものという視点にたち，紛争の相手方の無理な要求に対して毅然とした対応が必要になるでしょう。

20　第2章　家族のトラブル　法的解説

(ｳ)　子どもに心の問題がある場合

　面会交流は，子どもの利益のために実施されるべきものですので，子どもにとって負担になる方法での面会交流は避けるべきといえます。例えば，子どもが同居親と離れることに不安を抱いているような場合には，同居親同席のもとでの面会を実施する等の工夫が必要でしょう。また，別居親には，子どもの心の問題についての十分な理解と柔軟な対応が求められます。

(4)　婚姻費用・養育費

ア　婚姻費用・養育費とは

　「婚姻費用」とは夫婦間で分担する家族の生活費のことで（民法760条），「養育費」とは両親間で負担する未成熟子の生活費のことです（民法766条）。これらの生活費は，扶養義務（民法752条，877条1項）に基づき発生します。夫婦・親子間の扶養義務は「生活保持義務」と呼ばれており，相手の生活レベルと自分の生活レベルと同等に維持することが求められています。これに対し，親族間の通常の扶養義務は，「生活扶助義務」といって，相手の生活レベルを自分の生活レベルと同等にする必要まではありません。

　未成熟子とは，自ら稼働して生活費を得るという独立した経済生活をする能力を備えていない子をいいます。通常は，成年に達する前（20歳未満）の子を未成熟子としていますが，20歳未満でも稼働して経済的に自立をしている者は除かれます。20歳以上でも未成熟子と認められる場合もあります（大学在学中の子や病気療養中の場合等）（東京高決平12・12・5家月53・5・187）。

イ　具体的な算定

　実務上は，東京・大阪養育費等研究会による「簡易迅速な養育費等の算定を目指して―養育費・婚姻費用の算定方式と算定表の提案」（判タ1111・285以下）が平成15年に公表されて以来，裁判所ではこの算定表を利用して算定が行われています。算定表で考慮されていない特別な事情（子の私立学校の学費，医療費，住宅ローン等）については，具体的事案に即して個別に判断されます。

ウ　始期・終期

　婚姻費用の分担の始期は，「請求時」とされる場合が多いです。当事者間で請求がなされかつ証明できる場合はその請求時から，証明がない場合は調停や審判の申立時からとする例（大阪高決昭62・6・24家月40・1・184，横浜家審平24・5・28家月65・5・98等）が多いです。婚姻費用分担の終期は，別居解消もしくは離婚成立までとなります。

　養育費支払義務の始期は，未成熟子の要扶養状態にある時（別居時や出生時）からとも考えられますが，過去に遡って多額の負担を命じることが義務者にとって酷になる場合もあるので，裁判実務では調停又は審判申立時から，申立時以前に請求した場合はその請求時からとする例が多くあります。

　養育費支払義務の終期は，子が成人に達する20歳までの分とする場合が多いですが，「大学を卒業する月まで」とする例（東京家審平18・6・29家月59・1・103）もあります。

　20歳以上でも持病や障害があったり，大学在学中や浪人中等自立した生活ができない子が未成熟子と認められる場合もあります。

エ　心の問題がある場合

㋐　親に心の問題がある場合

　婚姻費用や養育費の算定のためには双方の収入の認定が必要になり，多くの事例では源泉徴収票や確定申告書によって認定されます。しかし，例えば義務者に心の問題があり休職や休業をしている場合，前年度の収入資料によって収入の認定がされるかが問題になりますが，現時点では前年度並みの収入を得られないことが明らかである場合は，現時点での収入を基礎に収入認定がされると思われます。

　また，権利者に収入がなくても稼働能力がある場合は賃金センサス（厚生労働省が毎年調査している「賃金構造基本統計調査」）等により推計がされる場合がありますが，権利者に心の問題があり，就労ができない場合は，推計はされないでしょう。

㋑　子どもに心の問題がある場合

　子どもに心の問題があり，医療費や特別な教育費がかかる場合等には，

22 第2章 家族のトラブル 法的解説

算定表で考慮されている経費を超える特別な事情があるとして，考慮されると思われます。具体的には，父母双方の収入に応じて按分して負担するケースがあります（平成20・8東京家庭裁判所調停（ケース研究304・123））。

養育費支払義務の終期は，通常は成人するまでですが，心の問題により自立が困難な場合には一括して解決をするのが子の福祉に資するという考え方もあります。もっとも，いつ自立ができるのかというのは明確な基準がなく，将来の子どもの生活状況，父母の生活や就労状況は不透明であるため，個々のケースに応じて終期が決定されるものと思われます。調停や和解においては，終期は20歳までとし，20歳以降も父母双方が子どもに対して責任を分担するといった趣旨の約束条項を入れる場合もあります。

なお，子ども自身から親に対し扶養請求の申立てをすることができるので（民法877条1項），成人をした後に養育費が支払われなくなった場合，成人をした子どもから親に対して直接扶養請求をすることもできます。

(5) 財産分与

ア 財産分与とは

財産分与とは，離婚した夫婦の一方が他方に対して，財産の分与を求めるものです（民法768条1項）。財産分与には，①夫婦が婚姻中に協力して形成した財産の清算（清算的財産分与），②離婚後の扶養（扶養的財産分与），③離婚の慰謝料（慰謝料的財産分与）という三つの性質があります。

中心となるのは①の清算的財産分与です。実務上は，夫婦いずれの名義であるかにかかわらず，婚姻中（婚姻時から財産分与の基準時まで）に夫婦の協力によって形成した財産を2分の1ずつ分ける場合がほとんどです（いわゆる2分の1ルール）。②の扶養的財産分与は財産分与や慰謝料によっても離婚後の生活が困難と予想される場合に考慮される補充的なものです。③の慰謝料的財産分与は，別途，慰謝料請求がなされる場合が大半ですので，実務上はあまり問題にはなりません。

イ 心の問題がある場合の修正

清算的財産分与や慰謝料でも離婚後の生活が困難な場合，扶養的財産分与

第1　離婚　**23**

が問題になります。財産分与の請求者自身に心の問題があり就労ができな
かったり，子どもに心の問題があるために監護親が就労できない場合，離婚
後の扶養を考慮する場合があります。

　具体的な分与金額や方法は個々の事例によって異なりますが，一時金とし
てまとまった金額を分与する場合，定期給付という形で分与をする場合，離
婚後も一定期間自宅に無償で居住させる場合等さまざまな方法があります。

　当事者や子どもに心の問題がある場合，日常生活の安定が症状に大きく影
響することが多いため，離婚後の居住場所は重大な問題になります。住宅
ローンの問題や財産分与義務者の資力の問題にもよりますが，心の問題を
負った当事者の離婚後の生活に配慮をした柔軟な解決が望まれます。

(6)　離婚慰謝料

　離婚慰謝料には，離婚原因となった個別の有責行為（不貞・暴力・悪意の
遺棄等）から生じる精神的苦痛の慰謝料と，離婚そのものによる精神的苦痛
の慰謝料があります。しかし，実務では必ずしも両者を明確に区別せずに処
理されている場合も多くあります。

　心の問題に起因する言動で婚姻関係が破綻した場合，離婚慰謝料請求をす
ることができるかが問題になります。

　次のような裁判例があります。

- 「婚姻破綻の原因が妻の情緒不安定で衝動的な行動を繰り返したことに
  あっても，それは妻の精神病質もしくは未成熟性の性格によるもので，倫
  理上道義上の非難の対象にはなりえない」として，夫からの慰謝料請求を
  否定した事例（東京高判昭 51・8・23 判時 834・59）。

- 「夫が婚姻前 2 年間は安定して職業生活を続けていたから，婚姻前に躁う
  つ病であることを告げなかったとしても不法行為にはならないが，婚姻後，
  服薬の事実を妻に発見され，妻から追及されたのにひたすら隠し続け，自
  殺行為という婚姻生活を破壊する行為に出たのは，夫として婚姻生活を維
  持するために当然尽くすべき義務を故意に懈怠したもので不法行為にあた
  る」とし，両当事者の資力と社会的地位などを考慮し夫に慰謝料 1000 万

24 第2章 家族のトラブル 法的解説

円の支払を命じた事例（東京地判昭 61・8・26 判時 1217・83）。

（7） 年金分割

年金分割制度とは，離婚した場合に，婚姻期間中の厚生年金記録（標準報酬月額・標準賞与額）を当事者間で分割することができる制度です。

配偶者間に収入格差がある場合，離婚後の老齢年金の受給額にも格差が生じるため，多い方の年金保険料納付記録を分割して少ない方へ移転し，離婚時に格差を是正するものです。離婚時に年金分割の手続をすると，分割を受ける側は自己の年金納付記録になるため，将来年金受給開始時には手続を要しません。

2008 年 4 月以降の婚姻期間分のうち，配偶者が 3 号被保険者である期間については，配偶者の一方からの請求により，自動的に分割されます（当然分割）。

分割割合は夫婦間の合意又は裁判により決まります。裁判例のほとんどが「按分割合 50％」を命じています。

2　離婚総論（手続面）

（1）　離婚の方法

離婚の方法には，①協議離婚（民法 763 条），②調停離婚（家事事件手続法 244 条），③審判離婚（家事事件手続法 284 条），④和解・認諾離婚（人事訴訟法 37 条 1 項），⑤裁判離婚（民法 770 条）があります。

協議離婚ができない場合，家庭裁判所で離婚の手続をとることになりますが，いきなり離婚訴訟を提起することはできず，まず離婚調停を経なければならないとされています（調停前置主義。家事事件手続法 257 条）。家庭に関する問題は，まずは話合いによる解決が望ましいと考えられているからです。ただし，裁判所が事件を調停に付することが相当でないと認めるときはこの限りではありません（家事事件手続法 257 条 2 項ただし書）。例えば，相手方が行方不明等で調停に出席しないことが明らかな場合などです。なお，審判

離婚はほとんど利用されていません。

調停で離婚の合意ができない場合は，調停は不成立となり，離婚を求める側は改めて離婚訴訟を提起することになります（人事訴訟法2条1号）。

(2) 裁判所における各手続

ア 調停

(ア) 調停事件とは

調停事件は，①家事事件手続法別表第2に掲げる事項に関する調停（別表第2調停），②特殊調停，③一般調停に分かれます。

①別表第2調停には，婚姻費用の分担，養育費の請求，親権者の変更，財産分与請求，年金分割，遺産分割などがあります。これらの事件が調停として申し立てられ，調停が成立しなかった場合には，自動的に審判に移行します。調停を申し立てずに，いきなり審判を申し立てることもできますが，裁判官がまず話合いによって解決を図る方がよいと判断した場合には，調停に付されます。

②特殊調停には，協議離婚の無効確認，親子関係不存在確認，嫡出否認，認知などがあります。

③一般調停とは，別表第2調停と特殊調停を除いた事件をいい，離婚や夫婦関係の円満調整などがあります。

(イ) 調停の手続

調停では，裁判官1人と調停委員2人以上で構成される調停委員会が，当事者双方から事情を録取したり，意見を聴いて，双方が納得して問題を解決できるように，助言やあっせんをします。調停委員は，民間の良識のある人から選ばれ，通常は男女各1人ずつが配置されます。子の問題を扱う場合には，専門的知識を有している家庭裁判所調査官が同席をする場合があります。

調停は，裁判所の一室で行われます。裁判官は，他の事件も並行して担当しているため，当事者は，調停期日の際に専ら調停委員（調査官立会いの場合は調査官も含む）と話をすることになります。1回の調停時間はお

よそ２時間程度です。

　当事者は「申立人」と「相手方」と呼ばれ，交互に30分程度調停室に入って調停委員と話をします。調停では，秘密は守られますが，紛争の相手方に伝えてほしくないことや秘匿事項については，調停委員にその都度伝えるようにした方が安全です。

　また，DV の案件や精神的に不安定な当事者のケース等で，紛争の相手方と同席をしたり顔を合わせると危険があったり体調が悪くなるおそれがある場合等は，事前に裁判所にその旨伝えておきましょう。裁判所の方で，双方の呼出時間や帰る時間を異にする，待合室の階数を分ける等の配慮をしてくれます。

　調停では，事実確認は行われますが，双方の言い分が異なる際に，調停委員会がどちらの言い分が正しいかや白黒はっきりさせるようなことはしません。調停委員会は，当事者双方の調整役であり，事実認定や法的判断をする役割はないからです。

　調停のメリットは，当事者の話合いにより事案の性質にそった柔軟な解決に至りやすいこと，話合いにより自らが解決するので当事者も順守する意欲が高まること，不服申立てがないため早期解決に結びつきやすいこと等があります。

　他方で，早く解決したいばかりに相手方からの過度な要求に応じてしまう，長期的な視野を欠いてしまうという場合もあるので注意が必要です。また，何とか話合いで解決をしたいと長々と調停を続けても，結局話合いによる解決の糸口が見つからない場合もあります。

　当事者本人は話合いによる解決を希望する場合も多いですが，事案の性質や紛争の相手方の態度から調停を不成立にする見極めも必要になります。

(ウ)　調停の効力

　調停事件において合意が成立すると，その合意が調停調書に記載されます（特殊調停事件においては合意に相当する審判となります）。その記載は，確定した判決と同一の効力があります。養育費請求や財産分与請求など給付事項を定めた場合に支払がなされない場合には，調停調書を債務名義と

して，強制執行の手続をとることが可能です。

　別表第2調停事件が不成立となった場合は，審判手続に移行します。つまり，婚姻費用や養育費請求，財産分与請求などは調停が不成立になると審判手続に移行します。

　特殊調停事件が不成立になった場合は，改めて家庭裁判所に人事訴訟を提起する必要があります。

　一般調停事件が不成立になった場合は，改めて家庭裁判所に人事訴訟を提起する必要があります。つまり，離婚調停が不成立になった場合は，審判に移行するのではなく，改めて離婚訴訟を提起する必要があります。

㈜　調停に代わる審判

　調停が不成立の場合でも，裁判所が当事者の様々な事情を考慮して，審判の形での解決を示すことが妥当であると判断した場合は，調停に代わる審判の形で結論が示されることもあります。

　例えば，離婚自体には合意があるが，養育費などをめぐって意見が対立して調停が成立しない場合などに裁判所が相当と認めるときは，当事者双方のために衡平に考慮して，職権で，事件の解決のために必要な審判をすることができます（家事事件手続法284条1項）。

　この審判に対して2週間以内に当事者から異議が申し立てられずに確定した場合，審判は確定判決と同一の効力があり，意義が申し立てられた場合には，その審判は効力を失います（家事事件手続法286条，287条）。

イ　審判

㈠　審判事件とは

　審判事件には，家事事件手続法別表第1に掲げる事項に関する事件（別表第1事件）と同法別表第2に掲げる事項に関する事件（別表第2事件）があります。

　婚姻費用の分担，養育費の請求，財産分与，親権者の変更，遺産分割等，当事者間が対立して争う性質の事件は，別表第2事件として扱われます。

　これらの事件が審判として申し立てられても，裁判官の判断により，まず話合いによる解決を図る方がよいとして調停に付される場合もあります

28 第2章 家族のトラブル 法的解説

（付調停）。

(イ) 審判の手続

　審判は，話合いにより解決をする調停とは異なり，裁判官が当事者から提出された書類や家庭裁判所調査官が行った調査の結果等の資料を基に判断し決定します。この決定を「審判」といいます。

　この決定に不服がある場合は，2週間以内に，不服申立てをして高等裁判所に再度判断をしてもらうことができます（即時抗告）。不服の申立てをしないで2週間が過ぎた場合や高等裁判所で不服申立てが認められなかった場合には，審判は確定をします（特別抗告や許可抗告はできますが確定遮断効はありません）。

(ウ) 審判の効力

　確定した審判は確定判決と同一の効力があり，法的な義務が発生します。金銭の支払を目的とする審判が確定し，支払義務がある人が支払わない場合には，強制執行の手続をとることが可能です。

　面会交流審判が確定し，正当な理由なく面会交流が実施されない場合に間接強制等の強制執行の手続をとることができる場合もあります。

ウ　人事訴訟

(ア) 人事訴訟とは

　人事訴訟とは婚姻関係，親子関係その他の身分関係の形成又は存否の確認を目的とする訴えをいいます（人事訴訟法2条）。代表的なものは離婚訴訟です。

　離婚訴訟では，未成年の子どもがいる場合の離婚後の親権者の指定は必ず同時になされなければなりません（民法819条2項）。

　そのほかに，財産分与や養育費，年金分割などについても離婚と同時に申し立てることができ，この場合，裁判所はこれら附帯申立事項についての判断をしなければなりません（人事訴訟法32条1項）。離婚訴訟とともに，離婚に伴う慰謝料を求めることもできます。

(イ) 人事訴訟の手続

　夫婦や親子等の関係についての争いは，まず調停により話合いで解決を

するのが適当と解されているため，訴え提起の前に調停の申立てが必要になります（調停前置主義・家事事件手続法257条）。

人事訴訟の手続は，民事訴訟の一種なので，基本的には民事訴訟の審理手続と同じ手続です。ただ，参与員が審理や和解に立ち会い意見を述べたり，子どもの問題については家庭裁判所調査官が調査をする場合があります。

(ウ)　人事訴訟の終了

離婚訴訟では，和解により離婚に至る場合も多くあります。和解では判決と異なり，事案に即した柔軟な解決をすることが可能です。例えば，離婚後の面会交流について具体的に決めたり，子どもの学費の負担割合を決めたり，自宅不動産の売却時期や分与の方法を具体的に決めるということも可能です。

認諾離婚は，子の監護者の指定その他子の監護に関する処分又は財産の分与に関する処分をすることを要しない場合に限られます（人事訴訟法37条1項）。

和解離婚・認諾離婚に至らない場合，判決離婚となり，この場合民法770条に定める離婚原因が認められる場合に，離婚が認められます。

金銭の支払を目的とする判決が確定し，支払義務がある人が支払わない場合には，強制執行の手続をとることが可能です。和解調書も確定した判決と同一の効力があります。

次に，各手続について概説します。

(3)　夫婦関係調整調停

夫婦関係調整調停には，離婚調停と円満調整調停があります。

離婚調停では，離婚のほか，付随申立てとして，親権者の指定，面会交流の方法，養育費の支払，財産分与の支払，慰謝料の支払，年金分割を求めることができます。通常は，これらの付随事項もあわせて申し立てます。

親権者の指定や面会交流の方法などが争点の場合，家庭裁判所の調査官が調停に同席する場合が多いです。

30　第2章　家族のトラブル　法的解説

　離婚調停が不成立になる場合，離婚を求める側は改めて離婚訴訟を提起する必要があります。離婚調停は一般調停であり，家事事件手続法の別表第2事件とは異なり，自動的に審判に移行することはありません（調停に代わる審判がなされる場合もありますが，件数は少ないです）。

(4)　婚姻費用分担の調停・審判

ア　手続

　婚姻費用は，家事事件手続法39条別表第2・2項の事件であり，家庭裁判所の調停・審判事項です（家事事件手続法244条）。調停が不成立になった場合，審判手続に移行します。

　夫婦関係調整調停と同時又は別に婚姻費用分担調停を申し立てた場合，通常は同一の期日が指定され，両方の件について話合いが行われます。

イ　効力

　婚姻費用分担の調停調書や審判は確定判決と同一の効力があります。したがって，不払いがある場合には強制執行（差押え）が可能です。

　そして，給料その他継続的給付に係る債権に対する差押えの効力は，差押えの後に受けるべき給付に及び（民事執行法151条），婚姻費用等扶養義務に係る債権については，その一部の不履行があるときは，期限未到来の分についても過去の不履行分の差押えと同時に差し押さえることができます（民事執行法151条の2）。

　したがって，調停調書で合意をした婚姻費用や，審判で確定した婚姻費用について不払いがある場合，1回の差押えにより，毎月の給与等から，将来分の婚姻費用についても継続して取り立てることができます。

(5)　面会交流調停・審判

ア　概要

　面会交流は，家事事件手続法39条別表第2・3項の事件であり，家庭裁判所の調停・審判事項です（家事事件手続法244条）。調停が不成立になった場合，審判手続に移行します。別居中（離婚前）でも申立てができます。

第1 離婚 *31*

イ 調査官調査

面会交流の可否や内容について当事者間に争いがある場合には，家庭裁判所調査官により，当事者（父母）の聞き取り調査や子どもの聞き取り調査，試行的面会交流等が行われる場合があります。

試行的面会交流とは，家庭裁判所の一室で，別居親と子どもが面会交流をし，その様子を調査官や当事者，代理人がマジックミラー越しに見て観察をすること等をいいます。部屋には，おもちゃやぬいぐるみ，ホワイトボードや箱庭などが置いてあることが多いです。

調査官の事実の調査の結果は，「調査報告書」という書面にまとめられ，調査結果と調査官の意見が記載されます。この調査報告書が裁判官に提出されます。調査官の意見は，争点の審理に大きな影響を与えます。

ウ 心の問題がある場合の調査官調査の注意点

当事者（父母や子ども）に心の問題がある場合，症状によって対応は異なりますが，調査自体が過度の負担にならないように，症状や性格，子どもの年齢等を踏まえて十分な配慮をする必要があります。

試行的面会交流は当事者にとって大変緊張する機会でもあると思われます。特に子どもに心の問題がある場合には，子どもは慣れない環境や久しぶりに別居親に会うことから不安を感じている場合もあります。

代理人も事前に裁判官や調査官と相談をして，当日の段取りや調査方法等も含めて負担軽減について配慮を求めるように働きかける必要があるでしょう。

エ 履行確保の方法

(ア) 履行勧告

調停・審判・判決で面会交流が認められた場合で不履行があれば，家庭裁判所に履行勧告を申し立てることが可能です。しかし，履行勧告には強制力はなく，実効性としては不十分といわれています。

(イ) 間接強制

間接強制とは，執行裁判所が債務者に対し，債務の履行を確保するために相当と認める一定の額の金銭を債権者に支払うべき旨を命ずる方法をい

います。

面会交流において間接強制を命じる場合，給付の特定性が問題になります。最高裁は，面会交流に間接強制が認められる場合の給付の特定性の基準として，①面会交流の日時又は頻度，②各回の面会交流時間の長さ，③子の引渡しの方法等が具体的に定められていることと判示しました（最決平成25・3・28民集67・3・864）。

面会交流では，子どもの成長や予定に応じて柔軟な対応をする必要も出てくるため，具体的な日時・場所・方法については協議をするという内容で調停合意する場合も多くありますが，最近では，将来的に不履行があった場合に備えて，日時や頻度，時間，引渡し方法等を具体的に決めるケースも増えています。

（6）　養育費請求の調停・審判

ア　概要

離婚成立前は，夫婦関係調整調停申立事件（離婚）において，付随申立てとして行います。離婚調停成立時に，養育費も一緒に決めるのが一般的です。

離婚調停が不成立になった場合は，離婚訴訟を提起しその際に養育費請求の附帯申立てをします。離婚を認容する際には，裁判所は養育費についての裁判をする必要があります（人事訴訟法32条1項）。

離婚成立後に養育費請求をする場合は，養育費請求の調停又は審判の申立てをします（家事事件手続法39条，別表2・3項，244条）。養育費請求調停が不成立になると，審判手続に移行します。

イ　効力

養育費に関する調停調書や審判は確定判決と同一の効力があります。したがって，不払いがある場合には強制執行（差押え）が可能です。

そして，給料その他継続的給付に係る債権に対する差押えの効力は，差押えの後に受けるべき給付に及び（民事執行法151条），婚姻費用と同様に養育費もその一部の不履行があるときは，期限未到来の分についても過去の不履行分の差押えと同時に差し押さえることができます（民事執行法151条の2）。

第1 離婚 **33**

したがって，調停調書で合意をした養育費や，審判で確定した婚姻費用について不払いがある場合，1回の差押えにより，毎月の給与等から，将来分の婚姻費用についても継続して取り立てることができます。

(7) 監護者指定・子の引渡し調停・審判 ────────────

ア 概要

別居中又は離婚後の父母間で，子の監護者を指定する必要性があると思われる事案では，子の監護者指定や引渡し請求を求める手続をします。

具体的な手続としては，家庭裁判所に対して，子の監護に関する処分として，子の監護者指定や子の引渡しの調停もしくは審判の申立てをします（民法766条，家事事件手続法39条，別表2・3項，244条）。

監護親からの請求では，子の監護者指定の申立てとなり，非監護親からの請求では，子の監護者指定と子の引渡請求を同時にします。

紛争の相手方と話合いの余地がないような場合には，審判の申立てから始めた方がよいでしょう。ただし，裁判官の判断により調停に付される場合もあります。調停が不成立の場合には，審判手続に移行します。

イ 家事事件手続法上の保全処分（審判前の保全処分）

子どもが違法に連れ去られる等緊急性がある事案においては，子の監護者指定や子の引渡しの申立てを本案として，審判前の保全処分として子の監護者指定や子の引渡しの仮処分を申し立てる場合があります（家事事件手続法105条）。

保全処分の手続は，「急迫の事情があるときに限り」（家事事件手続法115条，民事保全法15条），「債権者に生ずる著しい損害又は急迫の危険を避けるためこれを必要とするとき」（家事事件手続法115条，民事保全法23条2項）に発することができます。

子どもが違法に連れ去られた事案や，現状の監護では子どもに害悪が発生していることが明らかな事案等では，本案と同時に保全処分を申し立てる必要があります。

34　第2章　家族のトラブル　法的解説

ウ　調査官調査

　親権者・監護権者の指定が争点になる事案では，裁判官の調査命令により家庭裁判所調査官による「事実の調査」がなされる場合が多くあります（家事事件手続法58条）。家庭裁判所調査官は，専門的知見に基づき，子どもの監護状況の調査や，子どもの意向調査などを行います。

　具体的な調査内容は，父母からの聞き取り，子どもからの聞き取り，学校・幼稚園・保育園の担任等からの聞き取り，監護補助者からの聞き取り，家庭訪問等です。子どもからの聞き取りには，年齢や性格に応じて，絵を描いてもらったり，心理テストをする等して，聞き取り以外の方法からアプローチする場合もあります。

　実務上，事実の調査に先立ち，監護親と非監護親に，親権者指定の判断のために必要な事項をまとめた陳述書の提出が求められることが多くあります。項目は，「監護親又は非監護親の生活状況」，「経済状況」，「子の生活状況」，「子の監護方針」，「その他参考となる事項」等です。関係資料（収入の資料，母子健康手帳，連絡帳や通知表，住居の間取り等）の提出も求められます。

　調査官の事実の調査の結果は，「調査報告書」という書面にまとめられ，調査結果と調査官の意見が記載されます。この調査報告書が裁判官に提出されます。調査官の意見は，争点の審理に大きな影響を与えます。

エ　心の問題がある場合の調査官調査の注意点

　当事者（父母や子ども）に心の問題がある場合，症状によって対応は異なりますが，調査自体が過度の負担にならないように，症状や性格，子どもの年齢等を踏まえて十分な配慮をする必要があります。代理人も事前に裁判官や調査官と相談をして，調査方法等も含めて負担軽減について配慮を求めるように働きかける必要があるでしょう。

(8)　財産分与・年金分割の調停・審判 ─────────

ア　財産分与

　離婚成立前は，夫婦関係調整調停申立事件（離婚）において，付随申立てを行います。離婚調停が不成立になった場合は，離婚訴訟に附帯して財産分

与を申し立てます（人事訴訟法32条1項）。離婚を望まない被告であっても，離婚請求が認容される場合に備えて予備的に財産分与を申し立てることもできます（予備的財産分与の申立て）。

離婚成立後は，離婚のときから2年以内であれば財産分与の調停や審判の申立てができます（家事事件手続法39条，別表2・4項，244条）。財産分与の調停が不成立になった場合は，審判手続に移行します。

財産分与の請求期間は，離婚のときから2年以内であり，時効期間ではなく除斥期間とされています（民法768条2項ただし書）。

イ　年金分割（請求すべき按分割合に関する処分）

離婚成立前は，夫婦関係調整調停申立事件（離婚）において，付随申立てを行います。離婚調停が不成立になった場合は，離婚訴訟に附帯して年金分割を申し立てます（人事訴訟法32条1項）。離婚を望まない被告であっても離婚請求が認容される場合に備えて予備的に年金分割を申し立てることもできます。

離婚成立後は，年金分割の調停や審判の申立てをします（家事事件手続法39条，別表2・15項，244条）。年金分割の調停が不成立になった場合は，自動的に審判に移行します。

年金分割の手続期限は，離婚時より2年間です（厚生年金保険法78条の2の2）。合意や審判又は判決があっても，離婚日より2年以内に厚生労働大臣に対して標準報酬の改定請求をしないと権利を失いますので，注意が必要です。

(9)　離婚慰謝料

離婚調停において付随申立てとして，離婚の慰謝料請求や不貞行為の慰謝料請求等をすることができます。

離婚訴訟の請求原因である事実によって生じた損害賠償請求の訴えは，離婚訴訟との併合提起が可能です（人事訴訟法17条1項）。例えば，離婚自体慰謝料のほか，不貞行為の慰謝料請求，不貞相手に対する慰謝料請求，離婚原因となった暴力行為による損害賠償請求等は併合して審理することができ

36　第2章　家族のトラブル　法的解説

ます。

　また，個別の違法行為による損害賠償は，不法行為に基づく損害賠償として，別途地方裁判所や簡易裁判所に提起をすることも可能です。

(10)　保護命令

ア　保護命令とは

　保護命令とは，被害者の生命又は身体に危害を加えられることを防ぐため，裁判所が，被害者の申立てにより，身体に対する暴力や生命等に対する脅迫を行った配偶者に対し，一定期間，被害者又は被害者の子や親族等への付きまとい等の禁止や，被害者とともに生活の本拠地としている住居からの退去等を命じる裁判をいいます（配偶者からの暴力の防止及び被害者の保護等に関する法律10条。以下「DV防止法」といいます）。

イ　要件

①申立人が「被害者」にあたること（DV防止法10条1項）

　「被害者」とは配偶者・元配偶者（法律婚・事実婚）から身体に対する暴力又は生命等に対する脅迫」を受けた者，及び，離婚あるいは婚姻取消しをした元配偶者から，婚姻中に「身体に対する暴力又は生命等に対する脅迫」を受けた者に限ります。

②生命又は身体に重大な危害を受けるおそれが大きいこと（DV防止法10条1項）

　これは被害者が殺人や傷害等の被害を受けるおそれをいいます。

③被害者の申立て（DV防止法10条1項）

　被害者による申立てに限定されています。親族等が被害者に代わって申立てをすることはできません。

④配偶者暴力支援センター又は警察（生活安全課）の職員に相談したり援助もしくは保護を求めた事実があること（DV防止法12条1項5号）

⑤④の事実がない場合には，DV防止法12条1項1号から4号までに掲げる事項についての被害者の供述書面を作成し，公証人に認証を受けたものを申立書に添付すること（DV防止法12条2項）

ウ　内容

(ア)　被害者への接近禁止命令（DV防止法10条1項1号）

命令の効力が生じた日から起算して6か月間，被害者の住居（当該配偶者と共に生活の本拠としている住居を除く）その他の場所におけるつきまとい，又は被害者の住居，勤務先その他その通常所在する場所の付近をはいかいしてはならないことをいいます。

(イ)　退去命令（DV防止法10条1項2号）

被害者と配偶者がともに生活の本拠としている住居から，配偶者を2か月間退去させること及び当該住居の付近をはいかいしてはならないこといいます。

(ウ)　電話等禁止命令（DV防止法10条2項）

被害者に対する面会要求，電話等を禁止する命令をいいます。対象は「被害者」に限ります。

禁止される内容は，以下のとおりです。

① 「面会要求」（1号）

② 「行動を監視している旨の告知等」（2号）

③ 「著しく粗野な言動又は乱暴な行動」（3号）

④ 「連続電話，ファックス送信，メール送信等」（4号）

⑤ 「緊急やむを得ない場合を除く午後10時から午前6時までの電話等」（5号）

⑥ 「汚物，動物の死体その他の著しく不快又は嫌悪の情を催させるような物の送付等」（6号）

⑦ 「名誉を害する事項の告知等」（7号）

⑧ 「性的羞恥心を害する事項の告知等」（8号）

電話等禁止命令は上記の各号のいずれの行為も禁止する内容の命令を発するものであり，各号の行為の一部に限定して禁止する内容の命令を発することはできません。また，電話等禁止命令は単独で発せられるものではなく，被害者への接近禁止命令を前提として発せられます。

(エ)　未成年の子への接近禁止命令（DV防止法10条3項）

被害者が DV 防止法 10 条 1 項の被害者への接近禁止命令の発令要件を満たしている場合で，被害者がその同居をしている成年に達しない子に関して配偶者と面会することを余儀なくされることを防止するため必要がある場合には，子への接近禁止命令の発令も可能です。

本項は，配偶者が被害者の子を連れ去り，自身の監護下に置くと被害者が子を連れ戻すために配偶者との接近を余儀なくされるため，被害者への接近禁止命令の実効性を確保するために設けられました。

ここにいう「面会」とは直接会うことであり，電話等で連絡を取るにとどまる場合は含まれません。また，子が 15 歳以上であるときは，その同意（書面による）が必要です。

(オ)　被害者の親族等への接近禁止命令（DV 防止法 10 条 4 項）

被害者が DV 防止法 10 条 1 項の被害者への接近禁止命令の発令の要件を満たしている場合で，被害者の親族その他被害者と社会生活において密接な関係を有する者の住居に押し掛けて著しく粗野又は乱暴な行動を行っていることその他の事情があることから被害者がその親族等に関して配偶者と面会することを余儀なくされることを防止するため必要があると認められる場合には，被害者の親族等への接近禁止命令の発令も可能になりました。

被害者への接近禁止命令の実効性を確保するために設けられました。

「親族」等からは，被害者と同居している子と配偶者と同居している者は除外されます。また，親族等の書面による同意が必要です。

エ　手続

保護命令申立てに係る事件については，速やかに裁判をするものとされています（DV 防止法 13 条）。

申立てをすると，裁判官による申立人本人又は代理人との面接（審尋）が行われます。同様に，相手方にも審尋の期日が設けられます。相手方の審尋期日は，裁判所が申立書を受理してから 1 週間程度後の運用になっています。審尋は，非公開で行われます。

オ　決定

　保護命令の申立てを認容する決定（保護命令）は，相手方に対する決定書の送達又は期日における言渡しにより効力が生じます（DV防止法15条2項）。

　裁判所書記官は，速やかに，保護命令が発令された事実と命令の内容を申立人の住所又は居所を管轄する警視総監又は警察本部長に通知します（DV防止法15条3項）。支援センターに相談をした事実があれば，支援センターにも保護命令発令の事実と命令内容が通知されます（DV防止法15条4項）。

　保護命令は刑事罰により担保されており，保護命令に違反すると刑事罰が課せられます（1年以下の懲役又は100万円以下の罰金・DV防止法29条）。

第2章　家族のトラブル　法的解説

【調停・審判・訴訟】

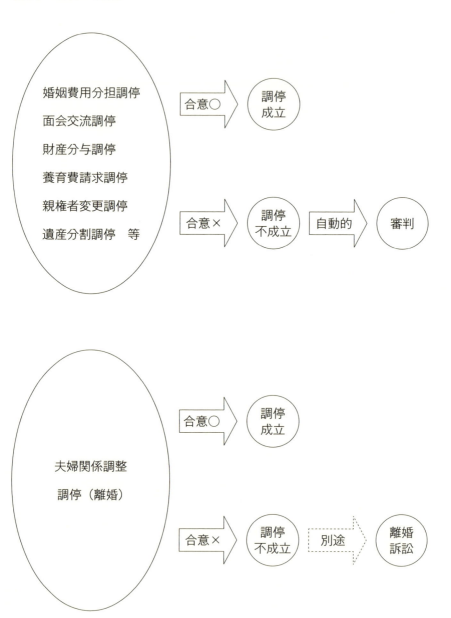

第2 子ども虐待

1 子ども虐待とは

　子ども虐待とは，子どもの福祉を害する行為すべてを指します。「児童虐待の防止等に関する法律」（児童虐待防止法）では，保護者がその監護する18歳未満の子どもについて行う行為として以下の四つの類型が定義されており，それぞれの具体的な例は以下のとおりです（厚生労働省「子ども虐待対応の手引き」）。

(1) 身体的虐待

ア 定義

「児童の身体に外傷が生じ，又は生じるおそれのある暴行を加えること」（児童虐待防止法2条1号）

イ 具体例

　殴る，蹴る，首を絞める，投げ落とす，激しく揺さぶる，火傷を負わせる，溺れさせる，縄などにより一室に拘束するなど

(2) 性的虐待

ア 定義

「児童にわいせつな行為をすること又は児童をしてわいせつな行為をさせること」（児童虐待防止法2条2号）

イ 具体例

　子どもへの性交又は性的行為，性器や性交を見せること，ポルノグラフィの被写体にすることなど

(3) ネグレクト

ア 定義

「児童の心身の正常な発達を妨げるような著しい減食又は長時間の放置，保護者以外の同居人による前二号又は次号に掲げる行為と同様の行為の放置その他の保護者としての監護を著しく怠ること」（児童虐待防止法2条3号）

イ 具体例

適切な食事を与えない，ひどく不潔にする，家に閉じこめる，子どもの意思に反して学校等に登校させない，重大な病気になっても病院に連れて行かない，自動車の中に放置する，保護者の同居人が **(1)**・**(2)**・**(4)** に掲げる行為と同様の行為を行っているのを放置することなど

(4) 心理的虐待

ア 定義

「児童に対する著しい暴言又は著しく拒絶的な対応，児童が同居する家庭における配偶者に対する暴力（配偶者（婚姻の届出をしていないが，事実上婚姻関係と同様の事情にある者を含む。）の身体に対する不法な攻撃であって生命又は身体に危害を及ぼすもの及びこれに準ずる心身に有害な影響を及ぼす言動をいう。……）その他の児童に著しい心理的外傷を与える言動を行うこと」（児童虐待防止法2条4号）

イ 具体例

言葉による脅し，人格を傷つける暴言，無視や拒否的な態度，他のきょうだいとは著しく差別的な扱いをすること，家庭内で配偶者に対し暴力をふるうこと，きょうだいに虐待行為を行うことなど

いずれも，子どもの人権を侵害し，子どもの心身の成長及び人格の形成に重大な影響を与える行為であり，「しつけ」等の理由で正当化されるものではありません。

第2 子ども虐待　*43*

2　子ども虐待への法的対応

　子ども虐待に対する法的対応については，主に児童福祉法・児童虐待防止法といった法律に定められています。また，民法や刑法による対応がなされる場合もあります。

（1）　虐待発見の端緒

　虐待を発見した者は児童相談所等に通告する義務が課せられています（児童福祉法25条，児童虐待防止法6条）。児童の福祉に関係する職業従事者は児童虐待の早期発見に努めなければならないものとされています（児童虐待防止法5条）。

　これに基づき，子どもの通園・通学先や通院先，警察，親族や近隣住民などからの通告，子ども本人からの相談，虐待を行っている本人からの相談が児童相談所や地方自治体に寄せられます。虐待通告の対象は，「児童虐待を受けたと思われる児童」ですので，通告者の主観で子ども虐待と思われるような事実があれば，通告しても責任を問われることはありません。

　通告を受けると，まずは「緊急受理会議」が開催され，虐待の有無及び程度，子どもの状況などから緊急性が判断されます。

　緊急性の高い事案では一時保護等に動きますし，緊急性が高くない場合でも担当者を決めてその後の調査等をすることになります。

（2）　調査（安全確認）

　虐待の事実や子どもの状況を把握するため，児童相談所が，自宅訪問，子ども本人と保護者との面接，関係者や関係諸機関からの聞き取りなどを行います。虐待はときに子どもの生死に関わるため，「48時間ルール」といって，通告から48時間以内に子どもの安全確認をすることが要請されています。事案によっては自宅への立入調査（児童虐待防止法9条1項）が行われます。虐待の疑いがあるのに出頭要求や立入調査を拒否した場合は臨検・捜索（児童虐待防止法9条の3第1項）が行われることもあります。立入調査等に際し

44 第2章 家族のトラブル　法的解説

ては警察官が同行することもあります（児童虐待防止法10条）。

　調査の結果を踏まえ，その後の援助方針が定められることになります。

(3)　親子分離

ア　一時保護

　調査の結果，子どもの安全を確保するためにはいったん親子を分離しなければならないと判断される場合，一時保護（児童福祉法33条）が行われます。児童相談所の一時保護所に入所させるほか，乳幼児であれば乳児院，病気を抱える子であれば病院，家庭環境を確保することが望ましい場合は里親などに一時保護委託がなされることもあります。一時保護は原則として2か月を超えない期間とされており，必要な場合に限り延長ができます。

イ　同意による施設入所（3号措置）

　親権者の同意があるときは，子どもをファミリーホームや里親に委託したり，乳児院，児童養護施設，障害児入所施設，情緒障害児短期治療施設，児童自立支援施設に入所させたりすることができます（児童福祉法27条1項3号・4項）。

ウ　家庭裁判所による子どもの里親委託又は児童福祉施設等への入所の承認

　虐待によって子どもの福祉が著しく害されており，このままでは子どもの福祉が損なわれるおそれがあるものの，親権者が児童福祉施設への入所等を拒んでいるときには，都道府県又はその委任を受けた児童相談所長が，子どもの住所地を管轄する家庭裁判所に申し立てて，原則として2年を超えない期間，家庭裁判所の承認のもと，子どもの里親委託又は児童福祉施設等への入所等を実施することがあります（児童福祉法28条）。

エ　民法上の手続

　事案に応じ，親権喪失，親権停止，親権者変更，監護者指定，養子縁組等の手続が用いられる場合もあります。

　虐待の程度が著しく，将来にわたり親子関係の改善が期待できない場合には，親権喪失審判がされることもあります。例えば，深刻な性的虐待や激し

い暴力が継続してきたような事案です。

そこまでではなくても，親権者による親権の行使が不適当であり子の利益を害しているときは，2年を超えない期間を定めて親権停止審判がなされることもあります。審判例では，軽度精神発達障害等のある未成年者が，特別支援学校に進学するにあたり，療育手帳の取得等を行わなければならないにもかかわらず，親権者がこれに応じないため，保全事件で親権者の職務の執行停止を認め，本案においても親権の停止を認めた事案があります（千葉家館山支審平 28・3・17（家庭の法と裁判9・115)，千葉家館山支審平 28・3・31（家庭の法と裁判9・115))。

虐待をしていない方の親が子を監護できる場合は，親権者変更，監護者指定等の手続によることもできます。

いずれの場合も，子が医療行為を必要としている等，緊急性の高いときには審判前保全処分が用いられることもあります。

養子縁組により虐待親以外の親族等が新たな親権者となることも可能です。ただし，15歳未満の子については親権者の代諾が必要ですし，未成年者の養子縁組については自己又は配偶者の直系卑属を養子にする場合のほかは家庭裁判所の許可が必要です。

養子縁組の中でも，実親側との親族関係を終了させる特別養子縁組という制度がありますが，実親による監護が著しく不適当であることその他特別の事情があり，かつ子の利益のため特に必要があるときにしか認められません。

この特別養子縁組についても緊急性が高い場合は審判前保全処分の制度が用意されています。

オ　刑事処分

虐待親について殺人罪，暴行罪，傷害罪，監禁罪，保護責任者遺棄罪，性犯罪等の刑事的責任を問うことがあります。虐待親の行為が一定限度を超えたものであれば刑事処分が相当となりますが，未成熟子にとって親が刑事罰に処されることが利益になるとは限らないという難しい問題が生じます。

（4）　在宅指導

　虐待の内容や程度が親子分離を必要とするほどではなく，保護者自身も監護の不適切さについてある程度の認識を持ち，周囲の援助を受け入れて改善に取り組む意思が認められる場合には，在宅指導による援助がなされます。援助の方法には，児童相談所への親子通所指導，定期的な家庭訪問等があります。

　虐待に対しどのような方策を取るにしても，子どもが自立するまで良好な養育環境が整えられるよう，地域の福祉機関や教育関係者などが連携して子どもと保護者を多角的に支えていくことが目指されています。

第3 男女関係にまつわるトラブル **47**

第**3** 男女関係にまつわるトラブル

1 不貞行為の相手方に対する慰謝料請求

（1） 不貞行為と慰謝料

　不貞行為とは，自由な意思に基づいて配偶者以外の者と性的関係を結ぶことをいいます（最判昭48・11・15民集27・10・1323）。

　不貞行為は，民法770条1項1号により，離婚原因とされています。また，不貞行為を行った配偶者に対しては，他方の配偶者から慰謝料請求をすることもできます。

　さらに，他方の配偶者は，不貞行為の相手方に対しても，民法709条に基づき，慰謝料請求をすることができます。最高裁判所は，「夫婦の一方の配偶者と肉体関係を持った第三者は，故意又は過失がある限り，……他方の配偶者の夫又は妻としての権利を侵害し，その行為は違法性を帯び，右他方の配偶者の被った精神上の苦痛を慰藉すべき義務がある」と判示し，不貞行為は，夫又は妻としての権利を侵害する行為としています（最判昭54・3・30民集33・2・303）。

（2） 慰謝料支払義務を負わない場合

　では，不貞行為があった場合に，不貞行為の相手方が常に慰謝料支払義務を負うかというと，そうではありません。不貞行為の相手方が慰謝料支払義務を負う理由は，婚姻共同生活の平和を害したことにあるため，不貞行為の時点ですでに婚姻共同生活の平和が存在しない場合，すなわち，婚姻関係がすでに破綻していたような場合には，特段の事情がない限り，慰謝料支払義務を負いません。

　最高裁判所は，「配偶者ある者と肉体関係を持つことがその配偶者に対する不法行為となるのは，婚姻共同生活の平和の維持という権利又は法的保護

48　第2章　家族のトラブル　法的解説

に値する利益を侵害する行為だからであって，婚姻関係がすでに破綻していた場合には，特段の事情のない限り，不法行為責任を負わない。」としています（最判平8・3・26民集50・4・993）。

2　婚約破棄

(1)　婚約とは

　婚約とは，将来において婚姻することを目的とする契約です。婚約に基づき，婚姻をすることを強制はできませんが，当事者の一方が正当な理由なく違約した場合には，相手方に対し，損害を賠償する責任を負います（大判大4・1・26民録21・49）。

(2)　既婚者との間に婚約は成立するか

　配偶者があることを知って，将来その婚姻が解消した場合に互いに婚姻すべき旨の予約は，無効であるとされています（大判大9・5・28民録26・773）。

　ただし，妻子ある男性が，独身女性との間で不貞行為に及んだ事案において，裁判所は，「両者の関係は善良の風俗に反するものとして，その存続を法的保護の対象とはなしえない筋合いであり，両者の離別を，婚姻要約の不履行ないし内縁関係の不当破棄そのものとして構成することは許されない」としながらも，女性の男性に対する慰謝料請求は，「女性が男性に妻のあることを知りながら情交関係を結んだとしても，情交の動機が主として男性の詐言を信じたことに原因している場合で，男性側の情交関係を結んだ動機，詐言の内容程度及びその内容についての女性の認識等諸般の事情を斟酌し，女性側における動機に内在する不法の程度に比し，男性側における違法性が著しく大きいものと評価できるときには」貞操等の侵害を理由として許されるとしました（名古屋高判昭59・1・19判タ523・168参照，最判昭44・9・26民集23・9・1727参照）。

　最近の裁判例でも，妻子ある男性と独身女性との間の交際について婚約の

成立は認めなかったものの，近い将来妻と離婚するという虚偽の言辞により性交渉を伴う交際を継続した男性の行為は，虚偽の事実を告げて女性を欺罔し，真実に基づく意思決定を阻害して多大な精神的苦痛を与えた不法行為に該当するとした事案があります（東京地判平25・4・17ウエストロージャパン）。

　以上より，既婚者との間に婚約の成立が認められる可能性は低いですが，「近い将来離婚する」と嘘をついて交際する行為は，既婚者側に悪質性がある場合，不法行為に該当する可能性があります。

3　ストーカー

　ストーカー行為等の規制等に関する法律（以下，「ストーカー規制法」といいます）は，特定の者に対する恋愛感情その他の行為の感情又はそれが満たされなかったことに対する怨恨の感情を充足する目的で，つきまとい等をして，相手方に身体の安全，住居等の平穏若しくは名誉が害され，又は行動の自由が著しく害される不安を覚えさせることを禁止しています（ストーカー規制法2条，3条）。

（1）　規制の対象となる行為

　「つきまとい等」として規制の対象となる行為は，下記の八つの行為です（ストーカー規制法2条1項各号）。

① つきまとい，待ち伏せし，進路に立ちふさがり，住居，勤務先，学校その他その通常所在する場所（住居等）の付近において見張りをし，又は住居等の付近をみだりにうろつくこと。

　　例：尾行する，家まで押しかける，家の周りをうろうろする

② その行動を監視していると思わせるような事項を告げ，又はその知り得る状態に置くこと。

　　例：家に帰った直後に「おかえり」とメールがくる

③ 面会，交際その他の義務のないことを行うことを要求すること。

例：別れたのに復縁を迫る，プレゼントを無理やり渡す

④　著しく粗野又は乱暴な言動をすること。

　　例：「死ね」などの罵声を浴びせる，家の前で大声を出す

⑤　電話をかけて何も告げず，又は拒まれたにもかかわらず，連続して，電話をかけ，ファクシミリ装置を用いて送信し，若しくは電子メールの送信等をすること。

　　例：無言電話，何度もメールをする，SNS（LINE，Facebook，Twitterなど）で何度もメッセージを送ってくる

⑥　汚物，動物の死体その他の著しく不快又は嫌悪の情を催させるような物を送付し，又はその知り得る状態に置くこと。

　　例：猫の死骸を宅配便で送ってくる

⑦　その名誉を害する事実を告げ，又はその知り得る状態に置くこと。

　　例：誹謗中傷するビラを近所にまく

⑧　その性的羞恥心を害する事項を告げ若しくはその知り得る状態に置き，又はその性的羞恥心を害する文書，図画，電磁的記録に係る記録媒体その他の物を送付し若しくはその知り得る状態に置き，又はその性的羞恥心を害する電磁的記録その他の記録を送信し若しくはその知り得る状態に置くこと。

　　例：卑猥な画像や言葉を送ってくる

　ただし，規制の対象となるのは，上記①〜⑧の行為を，「相手方に身体の安全，住居等の平穏若しくは名誉が害され，又は行動の自由が著しく害される不安を覚えさせる」態様で行った場合ですので，たとえば，好きな人に告白するために学校の前で待ち伏せするような行為すべてが，直ちに規制の対象になるわけではありません。

　つきまとい等を，同一の相手に対し，反復して行った場合は，「ストーカー行為」にあたります（ストーカー規制法2条3項）。ただし，上記①〜④の行為，⑤の電子メールの送信等については，身体の安全，住居等の平穏若しくは名誉が害され，又は行動の自由が著しく害される不安を覚えさせるような方法により行われる場合に限られます。

第3　男女関係にまつわるトラブル　51

（2）　つきまとい等の対象者

つきまとい等の対象者は，恋愛感情を抱く特定の者のみならず，当該特定の者の配偶者，直系若しくは同居の親族その他当該特定の者と社会生活において密接な関係を有する者も含まれます（ストーカー規制法2条1項柱書）。

そのため，例えば，元交際相手の家族に，復縁を取り持ってほしいと執拗に迫る行為や，元交際相手の新しい交際相手に嫌がらせをする行為なども，規制の対象となりえます。

（3）　警察に相談した場合の流れ

つきまとい等の行為があった時は，早めに警察に相談しましょう。警察に相談した場合の対応は，次のとおりです。

① 　警告（ストーカー規制法4条）

被害者は，つきまとい等につき，警察に相談に行って，加害者に二度とつきまとい等をしないよう警告をしてほしいと申し出ることができます。申出を受けた場合，警察署長等が，加害者に対し，つきまとい等をやめるよう警告します。

② 　禁止命令（ストーカー規制法5条）

多くの加害者は，警告によりつきまとい等を止めますが，中には，警告を受けても止めない者もいます。

加害者が，警告を受けたにもかかわらず，つきまとい等を止めなかった場合には，被害者の申出又は，公安委員会の職権で，加害者に対し，「つきまとい等をやめなさい」と禁止命令を行います。

③ 　仮の命令（ストーカー規制法6条）

上記①警告の申出を受けた段階で，相談を受けたつきまとい等の行為が，ストーカー規制法2条1項1号の行為（つきまとい，待ち伏せ，進路に立ちふさがる，住居等の付近で見張る，住居等の付近をみだりにうろつく）があり，今後も繰り返されるおそれがあり，かつ，緊急の必要性がある場合は，警告を経ないで，仮の禁止命令を行います。

④ 　告訴（刑事訴訟法230条）

52　第2章　家族のトラブル　法的解説

警告，禁止命令という流れを経ることなく，ストーカー行為をした加害者を処罰してほしいと求めることも可能です。

(4)　違反した場合の処罰内容

ストーカー行為をした者には，1年以下の懲役又は100万円以下の罰金が科されます（ストーカー規制法18条）。

加害者が，禁止命令に違反し，再びつきまとい等を行った場合には，2年以下の懲役又は200万円以下の罰金が科されます（ストーカー規制法19条，5条1項1号）。

4　インターネット上のトラブル

男女関係のトラブルが生じると，嫌がらせで相手の悪口や個人情報をインターネット上に書き込んだり，交際中に撮った相手の性的な写真をインターネット上で公開したりするケースが発生しています。以下では，このようなトラブルに対し取りうる法的手段について概要を解説します。

(1)　インターネット上の名誉毀損・プライバシー権侵害

インターネット上で悪口や個人情報を勝手に書き込まれた場合の法的手段としては，①書き込まれた情報の削除を求める，②損害賠償を請求する，という方法があります。

ア　削除要請

(ア)　書き込んだ人物への削除要請

情報を書き込んだ人物が，実名で書き込んでいる場合など，誰が書き込んだか判明している場合は，当該人物に対し，削除を要請する方法があります。なお，書き込んだサイトによっては，書き込まれた情報を削除する権限がサイトの管理者にあり，書き込んだ人物が削除できない場合もあります。

(イ)　サイトの管理者などへの削除要請

書き込んだ人物が特定できない場合，書き込んだ人物に削除権限がない場合，書き込んだ人物が任意に削除する見込みが少ない場合などは，サイトの管理者や，当該情報が保存されているサーバーの管理者に対し，削除を要請する方法があります。削除要請は，「プロバイダ責任制限法関連情報 Web サイト」（http://www.isplaw.jp/）で公開されている「送信防止措置手続」に関連する書式を用いる方法のほか，情報を書き込まれたサイトが用意している問合せ手続に則って行う方法，裁判（仮処分）による方法があります。

イ　損害賠償請求

誰が書き込んだか判明している場合は，当該人物に対し損害賠償請求をすることが可能ですが，インターネット上の書き込みは匿名でなされることも多く，まずは書き込んだ人物の特定が必要となる場合があります。

(ア)　発信者情報開示請求

特定電気通信役務提供者の損害賠償責任の制限及び発信者情報の開示に関する法律（以下，「プロバイダ責任制限法」といいます）4条は，開示関係役務提供者（例：サイトの管理者，当該情報が保存されているサーバーの管理者，インターネットサービスプロバイダなど）に対し，保有する書き込んだ人物に関する情報（発信者情報）の開示請求ができる場合について規定しています。

(イ)　開示請求ができる場合

① 　特定電気通信による情報の流通

特定電気通信とは，不特定の者によって受信されることを目的とする電気通信の送信で，公衆によって直接受信されることを目的とする電気通信の送信を除く，とされています（プロバイダ責任制限法2条1号）。

裁判例では，インターネット掲示板，ウェブサイト，YouTube などの動画共有サイト，Twitter や Facebook などの SNS などが，特定電気通信とされています。

② 　侵害情報の流通によって開示請求者の権利が侵害されたことが明らかである

開示請求者の名誉，プライバシー，その他の人格権，著作権などの知的財産権など，書き込まれた情報によって権利が侵害されていることが明白であることが必要とされています。

③　発信者情報の開示を受けるべき正当な理由がある

書き込んだ人物を特定して削除請求をしたい，損害賠償請求をしたい，などの理由があることが必要です。

㈢　開示請求ができる情報

開示請求ができる情報は，プロバイダ責任制限法の総務省令で以下のとおり定められています。

①　発信者その他侵害情報の送信に係る者の氏名又は名称

②　発信者その他侵害情報の送信に係る者の住所

③　発信者の電子メールアドレス

④　侵害情報に係る IP アドレス　※1

⑤　侵害情報に係る携帯電話端末等からのインターネット接続サービス利用者識別符号

⑥　侵害情報に係る SIM カード識別番号　※2

⑦　侵害情報が送信された年月日及び時刻

　　※1　IP アドレスとは，インターネットに接続されるコンピュータを識別するため，各コンピュータに割り振られる数字列のことです。

　　※2　SIM カードとは，携帯電話番号などの契約者情報が書き込まれた IC カードのことです。

㈣　経由プロバイダへの発信者情報開示請求

ウェブサイト管理者が発信者の氏名や住所などを把握していなければ，前述の発信者情報開示請求だけでは，書き込んだ人物を特定することができません。

もっとも，ウェブサイトに書き込んだコンピュータを特定できる IP アドレスと送信された年月日・時刻が判明すれば，当該コンピュータがインターネットに接続するために経由したプロバイダに対し，さらに発信者情報開示請求を行うことにより，氏名や住所を把握できる可能性があります。

経由プロバイダがどこであるかを調べるにあたっては，whois というインターネット上で IP アドレスから登録者の情報を検索できるサービスを利用します。

ウ　インターネット上の名誉毀損・プライバシー権侵害の被害を受けた場合の注意点

被害を受けた場合は，早めに対処しなければ，上記の法的手段が奏功しない場合があります。例えば，情報が拡散してしまうと，すべてを削除するのは難しくなります。また，IP アドレスなどのアクセスログは，一定期間が経過すると削除されてしまうこともあります。被害に気付いたら，早めに弁護士などの専門家に相談しましょう。

(2)　リベンジポルノ ─────────────

元交際相手や元配偶者が，交際中に撮影した性的な画像を，撮影された人の同意なくインターネット上で公開する行為をリベンジポルノといいます。私事性的画像記録の提供等による被害の防止に関する法律（以下，「リベンジポルノ被害防止法」といいます）は，このようなリベンジポルノなどの行為を防止し，処罰するために制定されました。

ア　私事的画像記録

私事的画像記録とは，下記①〜③のいずれかが撮影された画像データのことです。ただし，グラビア写真やアダルトビデオなどのように，撮影対象者が，第三者が閲覧することを分かって同意した上で撮影したものは除かれます（リベンジポルノ被害防止法 2 条 1 項）。

①　性交又は性交類似行為に係る人の姿態

②　他人が人の性器等（性器，肛門又は乳首）を触る行為又は人が他人の性器等を触る行為に係る人の姿態であって性欲を興奮させ又は刺激するもの

③　衣服の全部又は一部を着けない人の姿態であって，殊更に人の性的な部位（性器等若しくはその周辺部，臀部又は胸部）が露出され又は強調されているものであり，かつ，性欲を興奮させ又は刺激するもの

イ　処罰の対象となる行為

リベンジポルノ被害防止法で処罰の対象となるのは以下の行為です。なお，いずれも被害者の告訴がなければ加害者を裁判にかけることができない親告罪にあたります（リベンジポルノ被害防止法3条4項）。

① 公表罪

第三者が撮影対象者を特定できる方法で，インターネットを通じて私事的画像記録を不特定又は多数の者に提供した者は，3年以下の懲役又は50万円以下の罰金が科されます（リベンジポルノ被害防止法3条1項）。私事的画像記録が保存されたUSBメモリなどの記録媒体や，現像された写真など（私事的画像記録物）を不特定若しくは多数の者に提供し，又は公然と陳列した者も，3年以下の懲役又は50万円以下の罰金が科されます（リベンジポルノ被害防止法3条2項）。

撮影対象者の顔がはっきり分かるような性的画像はもちろんのこと，画像からは撮影対象者の顔が分からなくても，名前など誰を写しているのか分かる情報と一緒に性的画像を提供し，公然と陳列する行為も，処罰の対象となります。

② 公表目的提供罪

公表させる目的で，私事的画像記録又は私事的画像記録物を提供した者は，1年以下の懲役又は30万円以下の罰金が科されます（リベンジポルノ被害防止法3条3項）。

ウ　画像の削除要請

私事的画像記録が公開されたことによって被害を受けた撮影対象者は，インターネットサービスを提供するプロバイダに対し，私事的画像記録を削除するよう要請することができます。

第4 相続

1 遺産相続の基礎

(1) 相続人の範囲と順番

　相続とは，死亡した人である被相続人の遺産を相続人が承継することです。

　誰が相続人になるかは，法律で決められており，①被相続人の配偶者と②被相続人の血族が相続人になります。

　配偶者は必ず相続人になるのに対し，血族は順位が決まっています。第1順位が被相続人の子，第2順位が父母，第3順位が兄弟姉妹です。

ア　配偶者

　配偶者は，必ず相続人になります（民法890条）。ただし，正式に婚姻をしていることが必要で，内縁の配偶者に相続権はありません。内縁の配偶者が，被相続人に永年連れ添い，苦労をともにした場合でも，相続できません。

イ　第1順位の血族：子

　子がいるときは，血族では子が唯一の相続人となります（民法887条1項）。

　子が被相続人よりも先に死亡したときは，後述のごとく，その子の子，被相続人からみて孫が相続人になります。これを代襲相続人といいます。更にその孫も被相続人より先に死亡しているときは，その孫の子，つまりひ孫が相続人になり，順次下っていきます（民法887条2項・3項）。

　なお，胎児は，本来は，まだ生まれていないのですが，相続に関しては，胎児は生まれたものとみなされ，相続権があります（胎児の出生擬制，民法886条）。

ウ　第2順位の血族：直系尊属

　血族で子やその代襲相続人がいないときは，血族では，被相続人の直系尊属である父母が相続人となります。父母が二人ともいないときは，祖父母が相続人となります。これも，順次遡っていきます（民法889条1項1号）。

相続人の範囲と順番

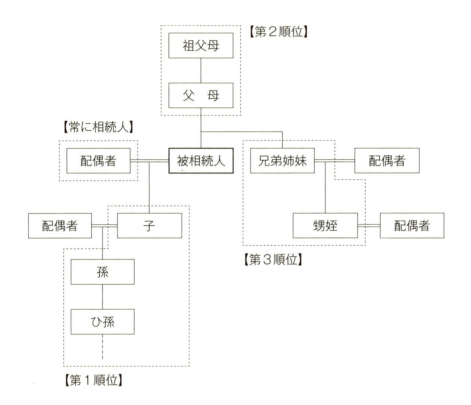

エ 第3順位の血族：兄弟姉妹

被相続人に子・孫等の直系卑属，父母，祖父母等の直系尊属がいないときは，血族では兄弟姉妹が相続人となります（民法889条1項2号）。兄弟姉妹の間に，順位はありません。兄弟姉妹が相続時，すでに死亡しているときは，その子が代襲相続人になりますが，代襲相続は一代限りで，再代襲はありません（民法889条1項2号，2項，887条2項）。

オ 代襲相続人

本来，相続人になるはずだった血族が，被相続人よりも先に死亡し，あるいは相続欠格（民法891条）・相続廃除（民法892条）によって相続人たる資格を失ったとき，その子や孫が代わって相続人になります（民法887条2項，

第4　相続　*59*

3項）。これを代襲相続といい，代わって相続人になった血族を代襲相続人，被相続人よりも先に死亡した血族を被代襲相続人といいます。

　第1順位の代襲は，無限に続きますが（民法887条3項），兄弟姉妹の場合は，一代限り，つまり，被相続人の甥，姪に限られます（民法889条1項2号，2項，887条2項）。

(2)　相続分

ア　指定相続分と法定相続分

　相続人が複数いるときに，各相続人の受ける相続財産の割合を相続分といいます。民法は，被相続人が遺言で相続分を指定できるものとしています。遺言で定められた相続分を指定相続分といいます（民法902条）。相続分の指定がないときは，民法900条に規定された各相続人の相続分に従うこととなります。これを法定相続分といいます。

イ　法定相続分割合

　法定相続分の割合は，実際に誰が相続人になるかで変化します。

〔配偶者・子〕

　配偶者と子供が相続人の場合は，配偶者が2分の1，子が2分の1です（民法900条1号）。子が二人いるときは，その2分の1の相続分を二人で均等に分けますから，二人の子の相続分は各4分の1ということになります（民法900条4号本文）。

〔配偶者・直系尊属〕

　配偶者と直系尊属が相続人の時は，配偶者が3分の2，直系尊属が3分の1です（民法900条2号）。父母が相続人となるときは，その3分の1の相続分を父母の二人で均等に分けますから，父母の相続分は各6分の1ということになります（民法900条4号本文）。

〔配偶者・兄弟姉妹〕

　配偶者と被相続人の兄弟姉妹が相続人の時は，配偶者が4分の3，兄弟姉妹が4分の1です（民法900条3号）。兄弟姉妹が複数いるときは，兄弟姉妹間では，均等に分けます（民法900条4号本文）。ただ，兄弟姉妹間でも，被

60 第2章 家族のトラブル 法的解説

相続人と父母の双方を同じくする全血兄弟と父母の一方だけが同じ半血兄弟
では相続分が異なり、半血兄弟の相続分は全血兄弟の相続分の半分となりま
す（民法900条4号ただし書）。

法定相続分割合				
配偶者		血族		
配偶者	2分の1	第1順位	子	2分の1
配偶者	3分の2	第2順位	直系尊属	3分の1
配偶者	4分の3	第3順位	兄弟姉妹	4分の1

〔代襲相続人〕

　代襲相続人の相続分は、被代襲相続人が受けるべきであったものと同じと
なります。代襲相続人が複数いるときは、被代襲相続人の受けるべきであっ
たものを、民法900条の規定に従って分けることとなります（民法901条）。

(3)　相続放棄・限定承認・単純承認

ア　相続放棄

　相続が発生しても、必ず相続しなければならないというわけではなく、相
続人は、相続開始を知ってから3か月以内なら相続放棄ができます（民法
915条1項）。負債が資産より多い場合、あるいは遺産が僻地等にあり管理が
大変な資産の場合などは、相続放棄を選ぶ方が多いでしょう。相続人は、被
相続人の住所地を管轄する家庭裁判所に相続放棄申述書を提出することで相
続放棄ができます（民法938条、883条、家事事件手続法201条1項、別表第1
の95）。

　ただし、相続放棄をしても、次の相続人が遺産管理を始めるまでは遺産を
管理する必要があります（民法940条）。

　相続放棄をすれば、その相続人は、最初から相続人ではなかったとみなさ
れるので、その相続人の子や孫は代襲相続人にはなれません（民法939条、
887条2項）。

　相続放棄をした相続人がいれば、他の同順位の血族のみが相続人となり、

同順位の相続人がいないときは，次順位の相続人が相続人となります。

イ　限定承認

相続によって得た相続財産の範囲で被相続人の債務を負担するというのが限定承認です（民法922条）。相続人は，全相続人で，相続開始を知ってから3か月以内に，被相続人の住所地を管轄する限定承認申述書を裁判所に提出します（民法923条，924条，915条1項，883条，家事事件手続法201条1項，別表第1の92）。単独での限定承認は認められません。

限定承認をすると債務はいったん相続しますが，責任が相続財産の限度に限られることになります。

ウ　単純承認

相続開始を知ってから3か月以内に相続放棄，限定承認をしないときは，一身専属権を除いて，被相続人の資産も負債も全て相続したものとみなされます（民法921条2号，896条）。そのとき，相続人が複数いる場合，その相続財産は，原則として，相続人全員が共有することになります（民法898条）。

2　遺産分割の基礎

共有にある相続財産は，相続人間で遺産分割をすることになります。しばしば問題になる相続紛争の多くは，何をどう分けるかという遺産分割をめぐる紛争です。

（1）　遺産分割協議

遺産分割は相続人全員で行う必要があります。相続人に行方不明者がいるときは不在者財産管理人を，家庭裁判所から選任してもらいます（民法25条1項）。遺言で禁じられていなければ，全員の合意により，債務以外はどのようにも分割でき，相続分は関係ありません（民法907条1項）。

ア　遺産分割協議書の作成

遺産分割協議ができれば，必ず，遺産分割協議書を作成します。後日，遺産分割協議書にそって銀行預金の払戻請求をしたり，相続登記をしたりする

62　第2章　家族のトラブル　法的解説

ことを考えたら，できれば実印を押印して印鑑証明書を添付した方がよいでしょう。

イ　特別代理人の選任

　夫が亡くなり，妻と未成年の子が相続人の場合，妻と子は，遺産の配分をめぐって形式的には利益が対立しますので，妻は子の親権者として行動することはできません。妻が多く相続すれば子の相続分は減るという関係に立つからです。また，親が相続人ではなく，未成年の子だけが相続人の場合も，未成年の子が複数いれば，子同士の利益が対立しますので，親は全員の子の親権者として行動することはできません。これは，親権者ではなく未成年後見人の場合も同じ問題が生じます。

　そこで，このような場合，親権者（又は未成年後見人）は，家庭裁判所に特別代理人の選任を請求し，この選任された特別代理人が，子の代理人として遺産分割に参加します（民法826条，860条）。このような特別代理人を選任しないまま遺産分割協議を成立させても，遺産分割協議は無効になります。

（2）　遺産分割調停 ───────────────

　協議しても話がまとまらないときや，協議ができないときは，家庭裁判所に遺産分割の調停を申し立てることになります（民法907条2項）。

ア　具体的相続分の算定

　遺産分割調停や審判でも，合意があれば，各人の相続分とは関係なく自由に分割できますが，協議が困難なときは，指定相続分か法定相続分を基準として，各相続人の配分を決めることになります。

　例えば，遺産総額が2000万円で，相続人が2名，各人の相続分が2分の1ずつのときは，それぞれ1000万円ずつ遺産を相続します。

　ただし，遺産分割にあたり，被相続人から，生前，いろいろと経済的援助をしてもらった相続人がいる場合，これを全く考慮しないのは不公平です。例えば，相続人Aは，生前，被相続人から1000万円の贈与を受けている。にもかかわらず，何ももらっていない場合と同様に遺産を相続できるのは不公平です。

第4　相続　*63*

　また，相続人の中には，被相続人の財産形成に尽力した相続人もいます。
この場合，何もしなかった他の相続人と相続分が平等というのも不公平です。

　そこで，この不公平を是正するために，特別受益，特別寄与の制度が定められています。

　この特別受益，特別寄与を考慮して定められた相続分を具体的相続分といいます。遺産分割は，この具体的相続分を基準に分割します。

イ　特別受益の算定

　被相続人から相続人に対し，生前，多額の贈与があったときは，これを全く考慮しないと遺産相続にあたり不公平な結論になります。そこで民法は，贈与等のうち，遺産の前渡しと認められる贈与等は，遺産分割時の計算にあたって持ち戻して計算することにしています（民法903条）。

　例えば，

①相続人Ａ・Ｂの２名で相続分は各２分の１，遺産総額は2000万円の場合なら，Ａ・Ｂの相続分は各1000万円です。

②しかし，生前，Ａが被相続人から，遺産の前渡しとして1000万円をもらっていたら，これを遺産の2000万円に加えて，つまり持ち戻して3000万円の遺産と一応考えます。

③これを各人の相続分で割ると，各1500万円になります。

④Ａは，この1500万円のうち，1000万円は，すでに遺産の前渡しを受けていますから，今回の相続では2000万円の遺産のうち500万円しか相続できません。

⑤逆にＢは，2000万円のうち，1500万円を相続できます。

　ただし，被相続人から相続人に対する，何らかの経済的利益の付与全てが特別受益になるのではなく，特別受益になるのは，「遺贈又は婚姻若しくは養子縁組のため若しくは生計の資本としての贈与」（民法903条）と「相続させる遺言による相続」に限定されています。

　「遺贈」「相続させる遺言による相続」と異なり，「婚姻若しくは養子縁組のため若しくは生計の資本としての贈与」は，その範囲が明確ではありません。

しかし、「婚姻若しくは養子縁組のため」の贈与は、立法当時の分家的な慣習を前提としており、そのような風習のない現在では、実務上、これらの贈与に該当する特別受益は、滅多にありません。

実務で問題になるのは、もっぱら、「生計の資本としての贈与」に該当するかどうかです。これは、以下の2要件に該当するかどうかで判断します。

① 「遺産の前渡しとしての生計の資本」に該当する。

② 「親族間の扶養的金銭援助を超える」金額である。

遺産の前渡しですから、例えば、被相続人のアパートに無償で住んでも、それは「遺産の前渡しがあった」といえず、特別受益にはなりません。

また、小遣い程度のお金を渡しても、「親族間の扶養的金銭援助を超える」金額でない以上は、特別受益といえません。これに対し、住宅購入に際し、多額の資金贈与があれば、特別受益になりえます。

特別受益があっても、被相続人が、「遺産分割にあたっては特別受益は持ち戻さずに計算してほしい」と希望すれば、遺産分割にあたっては考慮されません。これを「持戻し免除の意思表示」といいます（民法903条3項）。この持戻し免除の意思表示は、黙示でもよいとされています。

ウ　特別寄与の算定

相続人には、相続分の他に寄与分という権利もあります。共同相続人中に、財産の維持又は増加に特別な寄与があったときは、本来の相続分の他に寄与の割合に応じた寄与分を家庭裁判所で付与してもらい、この本来の相続分に寄与分を合算した額を、その相続人の相続分とします（民法904条の2）。

例えば、

① 相続人A・Bの2名で相続分は各2分の1、遺産総額は2000万円の場合なら、A・Bの相続分は各1000万円です。

② しかし、生前、Bが被相続人の財産形成に多大な貢献をし、その金額が1000万円だったとします。

③ そうすると、遺産2000万円のうち、1000万円は、Bの寄与分であり、Bが取得すべきですから、遺産分割の対象になるのは、残りの1000万円ということになります。

第4　相続　**65**

④残りの1000万円をAとBで分けると，各500万円の取り分になります。

⑤Aは，500万円の遺産を取得し，Bは，相続分の500万円の他に寄与分の1000万円を加えた1500万円を相続することになります。

　この寄与分は，以下の五つの類型があります。

①療養看護型特別寄与

　　相続人が病気療養中の被相続人の療養看護に従事した場合です。

②家業従事型特別寄与

　　相続人が家業に従事した場合です。

③金銭等出資型特別寄与

　　相続人が被相続人に対し，財産上の利益を給付した場合です。

④扶養型特別寄与

　　相続人が被相続人を扶養し，被相続人が出費を免れた場合です。

⑤財産管理型特別寄与

　　相続人が被相続人の財産を管理することで財産の維持又は増加に寄与した場合です。

　いずれの類型も，扶養義務の範囲を超えた「特別な」寄与であることが要求されます。また，その寄与行為と現存する遺産の維持又は増加に因果関係が要求されます。

第 3 章

家族のトラブル
関係する心の問題

　家族のトラブルの背景となる心の問題について正しい知識を身につけることは，トラブル解決の有益な手段となります。

　本章では，家族のトラブルの背景となりうるさまざまな心の問題について，医療の観点から解説します。

68 第3章 家族のトラブル 関係する心の問題

1 はじめに

　本章では，第5章の設例で紹介する「関係する心の問題」について，概要を解説します。精神の障害や疾患について網羅的に解説したものではなく，家庭の法律相談の中で比較的よく遭遇するであろうものを挙げました。

　精神の障害や疾患は，本人に病識がないことも多く，すべての症状を短期間で把握するのが難しく，さらに複数の障害や疾患を併発している事例もあるため，正確な診断は専門医でも難しいところではありますが，それぞれの障害や疾患の基本的な特徴を理解しておくことは有益です。

　精神の障害や疾患の分類方法は，ICD-10，DSM-V などがありますが，本書では，読みやすさを重視し，『精神傷害の診断・統計マニュアル第4版』（DSM-IV）の精神及び行動の障害の分類及び名称をなるべく用いることとし，場合によっては，一般的な用語も用いることとしました。また，理解がしやすいように噛み砕いた表現をしているところも多々ありますので，正確な診断を受けるためには，専門医の受診をお勧めします。

2 統合失調症　Schizophrenia

（1）概要—————————————————————

　さまざまな心の働きが，まとまりづらくなってしまう疾患です。根本には，「自我」の問題があります。幻覚・妄想という症状が特徴的ですが，幻覚・妄想のないケースもあり，幻覚・妄想がないからといって統合失調症でないとはいえません。

　脳内物質のバランスが乱れることが関係することが分かっていますが，詳しい発症の仕組みはまだ分かっていません。発症の原因は，素因と環境の両方が関係しているといわれており，素因の影響が約3分の2，環境の影響が約3分の1とされています。もともと素因のあった人が，進学・就職・結婚・離婚・出産などの人生の転機をきっかけに発症することが多いようです。

　統合失調症は，100人に1人の割合で起こるといわれています。発症は，

第3章 家族のトラブル 関係する心の問題 **69**

10代後半から30代が多く，特に，10代後半から20代前半が最も多いです。中学生以下の発症，40歳以降の発症は稀ですが，女性では30代になってから，又は出産を機に発症するケースもしばしば見受けられます。男：女＝1.4：1で男性に多いとされています。

（2）　症状

ア　陽性症状と陰性症状

　発症前にはなかった状態が現れる陽性症状と，発症前にあった機能が損なわれる陰性症状があります。

（ア）　陽性症状

　　陽性症状としては，幻覚や妄想が主な症状です。

　　幻覚とは，あるはずのない声が聞こえたり，ものが見えたりすることをいいますが，幻視の症状が出ることはめったになく，幻聴が聞こえる人が多いです。幻聴が，本人を非難する内容であったり，命令や指令をする内容であったりする場合，本人が幻聴に従って行動してしまうこともあります。幻聴を聞いてニヤニヤ笑ったり，幻聴と会話してブツブツ独り言を呟いたりすることもあります。

　　妄想は，「自分の行動はすべて監視されている」「自分はスパイに狙われている」など，明らかに誤った内容を真実と思ってしまうことです。本人は，真実だと確信しているので，周りが誤りだと訂正することは困難です。

　　幻覚や妄想が起こる背景には，神経の過敏さと強い恐怖感があります。身の回りの情報（特に人の視線や話し声）に過敏で，さらにその情報を自分と関連づけてしまう結果，自分を非難する内容の幻聴（例えば「お前は馬鹿だ」など）や，「監視されている」「狙われている」といった被害的な内容の妄想を抱いたりします。外界の刺激のフィルタリング機能が低下している（失われている），外界と自身との境界が曖昧になっている，と考えると理解しやすいかもしれません。

（イ）　陰性症状

　　陰性症状としては，感情の起伏がなくなる，自分の殻に閉じこもる，意

欲が低下するなどがあります。

　陰性症状は，陽性症状に比べて目立たないため，陽性症状がない，あるいは過去に陽性症状があったけれど落ち着いたという場合であっても，陰性症状を見逃さずに治療をすることが大切です。

イ　三つのステージ

　統合失調症は，典型的な幻覚・妄想型の場合，時間の経過とともに，病状が変化していきます。①急性期，②消耗期，回復期の三つのステージがあります。ただし，統合失調症は，慢性疾患であるため，回復をしても治療を中断したり，大きなストレスに晒されたりすることにより，再燃することも多いです。

① 　急性期

　　幻覚や妄想などの症状が現れます。精神的な興奮が激しい時期です。

② 　消耗期

　　急性期にエネルギーを使い切って，幻覚や妄想などの症状が静まりますが，元気がなく，よく眠ったり，子どものように振る舞ったりします。

③ 　回復期

　　ゆっくりと回復していく期間です。少しずつ，やりたいことができるようになりますが，回復への焦りも出てきます。

　　この時期に適度な社会的役割を与えられることや，社会の中で居場所を見つけられるか否かが，予後を大きく左右します。

　　また，実際には回復期に至らず，幻覚・妄想が続いたり，消耗期に陰性症状が目立つようになり，そのまま無為，自宅閉居（ひきこもり）になるケースも多いです。

（3）　治療法

　薬を使った薬物療法と，専門家と話したりリハビリテーションを行う心理社会療法の組合せで治療が行われます。

　薬物療法で主に使われる薬は，抗精神病薬です。薬には，①幻覚や妄想を和らげる，②気持ちを落ち着かせる，③意欲を持ち上げる，の三つの作用が

あります。

心理社会療法では，まず疾病教育を行い，自身の問題（疾患）への理解を促し，ストレスへの対処の仕方を学んだり，対人コミュニケーションの練習をしたりします。本人の生活のしづらさや社会性（社会生活機能）を改善するのが目標で，その手段はさまざまです。対人交流や集団参加に慣れるためにデイケアに通ったり，就労の準備のため作業所に通ったりすることもあります。

また，家族会や家族教室といった家族のサポートや家族教育の機会も提供されています。

3　気分障害　Mood Disorders

気分障害は，大きく「うつ病」と「躁うつ病」の二つに分けられます。躁うつ病の患者のうつ相の症状は，うつ病とほぼ同じなので，躁エピソードの有無を確認しなければ正しい診断が下せません。両者は，共通する部分も多いですが，異なる疾患で，治療方針や処方薬が異なります。また，「新型うつ病」など，従来のうつ病，気分障害の概念では説明しがたい病態も出てきており，従来のうつ病に対する治療法がそのまま当てはまらない場合もあるようです。

なお，DSM-IV では，気分障害について，より細かい分類と診断基準が示されています。

（1）　うつ病性障害（うつ病，単極性うつ）　Depressive Disorders

ア　概要

脳の機能低下であり，さまざまな身体の不調，精神の不調が現れます。早朝に目が覚めてしまい，寝起きが，一番調子が悪く，夕方ころにはだんだん元気になってくるというパターンの人が多いです。多くの人は，最初からうつ病の病識を持っているわけではなく，体調不良，不眠，食欲不振などの身

72　第3章　家族のトラブル　関係する心の問題

体症状を何とかしたいというきっかけで，病院にかかることが多いです。

イ　うつ状態の症状

(ア)　身体症状

①　睡眠障害

　　寝つきが悪い，眠れない，眠れたとしても早朝に起きてしまう（早朝覚醒）。睡眠不足なのに睡眠が続かない。女性の場合は，過眠をきたすケースも多いです。

②　食欲の変化

　　食欲が落ちて体重が減ってしまうことが多く，稀に過食になる人もいます。

③　からだのだるさ

　　体調不良が続き，何か身体的な病気にかかっているのではないかと疑うようになります。

④　その他

　　頭痛，胸痛，背部痛，吐き気，便秘，性欲減退など，人によってさまざまな症状が現れます。

(イ)　精神症状

①　関心・興味の減退

　　今まで好きだった趣味や遊びに関心が持てなくなります。

②　意欲・気力の減退

　　疲れやすく，何事も面倒で億劫になります。関心・興味の減退と相まって，今まで夢中になっていた趣味や遊びがどうでもよくなります。入浴，整容など普段当たり前のようにしていたことでも億劫に感じ，できなくなることもあります。

③　知的活動能力の減退

　　仕事の能率が上がらず，ぼんやりとしてしまって，簡単な書類仕事ですら手がつけられないような状態になります。字は見えても内容として入らない，音・声は聞こえていても内容として入らないということがあります。認知の歪みが生じて何事も悪い方に解決してしまい，現実的な

検討・判断ができなくなります。

④　その他

無力感，劣等感，自責感，罪悪感，不安，自信喪失，焦燥感などを感じる人がいます。死にたいという気持ち（希死念慮）が高まり，実際に自殺を試みることがあります。特に，早期と回復期に自殺の危険が大きいです。

㈡　日内変動

身体症状・精神症状が，朝目を覚ました時に最も悪く，次第によくなり，夕方から深夜には相当回復します。

（2）　双極性障害（躁うつ病）　Bipolar Disorders ─────

ア　概要

基本的にはうつ病と共通しますが，うつ状態のほか，躁状態が現れます。双極性障害にはⅠ型とⅡ型があります。Ⅰ型は躁とうつがみられるタイプ，Ⅱ型は軽躁とうつが見られるタイプです。Ⅱ型は，躁状態が見逃されやすく，単極性のうつと誤診されることがあるため注意が必要です。

なお，躁病者は，うつ病者以上に病識がないので，治療を受けさせるのが難しくなる場合があります。

イ　躁状態の症状

気分が高揚し，開放的になります。多幸的で，気分がいいのですが，願望が妨げられた時には苛立たしさを示します。

自尊心が肥大化し，騒がしく尊大で攻撃的になり，誇大妄想が出ることもあります。睡眠欲求が減少し，少しの睡眠でも疲れを感じません。普段よりも多弁で，昼夜を問わずひっきりなしに電話をかけまくったり，早口で大声で何時間もしゃべり続けたりします。よく分からないアイデアや考えが次々とわき，会話が支離滅裂になることもあります。注意力が散漫になったり，自信過剰になって到底無理な計画を立てて実行しようとしたりします。また，開放的な気分，根拠のない楽天主義などが原因で，金遣いが荒くなり高価な物や不要な物をいくつも買ったり，無分別に性的関係を結んだりします。

74 第3章 家族のトラブル 関係する心の問題

このような躁状態は，いつか終わり，抑うつ状態に移行します。抑うつ状態に移行すると，躁状態の時にしたことを恥じ，後悔します。

(3) 従来のうつ病・躁うつ病の治療法

ア 概要

気分障害の治療には，薬物療法が効果的です。心理療法や認知行動療法なども行われますが，基本的には薬で症状を落ち着かせてから，心理面でサポートしていく形になります。希死念慮が強かったり，自殺企図をしたり，その危険性が高い場合，適切な療養環境が確保できない場合は，自殺予防のために入院をすることもあります。

うつ病も，いろいろな症状と原因があり，どのような治療，薬が適するかは，ケースバイケースなので，専門家の診断を必ず受けた上で，正しい治療法を選択してください。

イ うつ病の薬物療法

抗うつ薬を使用します。薬の有効性は高いですが，効果発現には時間がかかるため，きちんと飲み続けることが必要です。薬の副作用はたしかに心配ですが，適切な量を服用するのであれば，それほど恐れることはありません。

また，不眠や不安の症状に応じて，抗不安薬，睡眠薬が処方されることもあります。

ウ 躁状態の薬物療法

薬を処方する目的は，①興奮している状態を鎮静するため，②躁うつ病そのものを治療し再発を予防するための2種類があります。

興奮している状態が激しい場合は，鎮静するために抗精神病薬が用いられますが，副作用も強いため，できるだけ早く薬の量を減らし，使用を中止します。

躁うつ病そのものの治療のためには，気分安定薬を用いますが，場合によっては抗精神病薬も併用しながら経過を見守ります。薬の服用期間や服用量は経過次第であり，短期で済む場合もあれば，長期間服用した方がよい場合もあります。

（4）　新型うつ病

ア　概要

　上記で述べた従来のうつ病の典型的な症状や診断基準では説明できない「新型うつ病」という病態があります。新型うつ病には，抗うつ薬がほとんど効きません。不眠や不安の症状に応じて，抗不安薬，睡眠薬が処方されることもありますが，それらの症状を緩和するだけで，根本的な治療にはなりません。そのため，治療は心理療法が中心となります。

　DSM-IV では，「非定型の特徴を示すエピソードの特定用語」の中で説明されています。

イ　従来のうつ病との違い

　従来のうつ病は，真面目で几帳面な人が，仕事を一人で抱え込んでしまったために起こるなど，真面目で実直で，自責の念を抱きやすい人がなることが多いです。他方，新型うつ病は，マイペース，自己中心的，自己主張や権利意識が高く，ストレスを受けて精神を病んだのは周囲の人や環境のせいと思う他責的な人が多くみられます。

　新型うつ病は，不眠のほか，過眠を訴える患者も多いです。また，従来のうつ病患者は，休養期間中であっても，自責の念に苛まれ，なかなか出かけたり，趣味に興じたりすることが難しいのですが，新型うつ病の患者は，休養期間中に，趣味に興じたり，旅行に行ったりすることに抵抗がない人が多いです。

4　不安障害　Anxiety Disorders

（1）　強迫性障害（強迫神経症）
Obsessive-Compulsive Disorder

ア　概要

　強迫観念と強迫行為にとらわれてしまう疾患です。強迫観念とは，意思に反して頭に浮かんでしまって払いのけられない，特定の考えやイメージ，衝動のことをいいます。強迫行為とは，不安を打ち消そうとして繰り返す行為

のことをいいます。

　例えば，手が汚れているという考えにとらわれて何時間も洗い続ける，鍵をかけるのを忘れたのではないかという考えにとらわれて何回も確認するなど，自分でも「ばかばかしい」「やめたい」と思っているのに，やめられず何度も同じ行為を繰り返してしまいます。

　強迫性障害が，単なる「心配」と異なるのは，度を越して日常生活に支障をきたしてしまうところです。

　潔癖症や心配性など，単なる性格の問題と考えて，疾患であることを気づかない人も多いため，日本国内にどれくらいの割合の患者がいるのかは完全には明らかになっていません。なお，欧米では，全人口のうち，1〜2％の人が強迫性障害を患っているといわれています。

　強迫行為が自己完結している場合もありますが，強迫行為を家族に強要することもあります。家族を巻き込んでしまい，さらに本人の症状が悪化していくことがあります。さらに，重症化すると，うつ病や他の不安障害を併発することがあり，早めの治療が必要です。

イ　症状

　症状の現れ方は人によってさまざまですが，次のようなタイプがあります。

① 不潔恐怖

　汚れているという強迫観念にとらわれて，過剰に手洗い，入浴，洗濯などを繰り返す（洗浄強迫）。ドアノブ，手すり，机，コップなど，不潔だと感じて触れない。

② 確認行為（確認強迫）

　鍵をかけたか，水道を止めたか，電気を消したか，コンロの火を消したかなど，過剰に確認する。

③ 加害恐怖

　すれ違った際に誰にぶつかって傷つけたのではないか，自動車を運転している際に誰かをひいたのではないかなど，他人に危害を加えたのではないかと不安になり，何度も確認したり，実際は犯していない罪の意識に苦しんだりする。

第3章　家族のトラブル　関係する心の問題　　77

④　正確さ・対称性へのこだわり

　　納得いくまで何度も字を書き直す，物の置き方にこだわりがあり，物が特定の順番に並んでいないと強い苦痛を感じる。

⑤　身体・病気への不安（心気不安）

　　ガンなど特定の病気にかかっていることを心配して過剰に何度も検査を受ける，自分の身体に異常があるのではないか心配になり何度も鏡で確認してしまう。

⑥　そのほか

　　特定の数字や特定の場所へのこだわり，決まった手順ややり方へのこだわり，縁起や迷信を過剰に気にするなど，人によって，さまざまな現れ方があります。

ウ　治療法

通院治療が基本で，薬物療法や認知行動療法を行います。

薬物療法は，薬を使い，セロトニンなど脳内の神経伝達物質の働きを調整します。SSRI という薬が，比較的副作用が少なく，効果が高いため，よく用いられますが，即効性があるものではありませんので，長期間の服用が必要です。

認知行動療法は，問題となっている行動を修正し，行動の基盤となっている考え方や物事の捉え方のゆがみを修正していく方法です。不安な状態にあえて自分をさらし，我慢するという行為を反復する曝露反応妨害法といった治療法もあります。

(2)　重度ストレス反応，外傷後ストレス障害（PTSD）
Posttraumatic Stress Disorder

ア　概要

暴力，犯罪被害，自然災害，火事，事故，肉親の急死などで，激しい心理的ストレスを受けた後に，数週間経ってからも，さまざまな症状が発生することがあります。つらい体験をすると，誰でも一時的に眠れなくなったり，食欲がなくなったりしますが，それが何か月も続くときは，重度ストレス反

78　第3章　家族のトラブル　関係する心の問題

応又は外傷後ストレス障害が疑われます。トラウマとなる体験が，死を感じさせるなど極度なものの場合は，外傷後ストレス障害と診断されます。

イ　症状

激しい心理的ストレスを受けた出来事が，夢の中，あるいは覚醒時にも何かのきっかけで，突然，当時の感情や身体感覚を伴って，ありありと再現されます（フラッシュバック）。

フラッシュバックのたびに，出来事を再体験してしまうため，気分が落ち込んだり，イライラして怒りっぽくなったりします。また，フラッシュバックを避けるために，引きこもりがちな生活を送ったり，アルコールなどの乱用に走ったりしやすくなります。不安，落ち着きのなさ，集中困難，理解力の減退，不眠，頭痛，食欲減退，全身倦怠感などの症状にも悩まされることもあります。

そのほかには，苦しみから逃れるために感情が麻痺し，以前は楽しんでいた活動に無関心，無感動になり，部分的な健忘をきたすこともあります。

ウ　治療法

症状の緩和のために抗うつ薬などを投与する薬物療法が行われます。

ただ，根本的な解決のためには，専門家による持続エクスポージャー療法（治療者の立会いのもと，心理的ストレスを受けた出来事をあえてイメージしたり，思い出したりして，思い出しても危険はないということを確認していく治療法），認知療法（考え方や物事の捉え方のゆがみを修正していく治療法），グループ療法（同じ悩みを持つ人と語り合う治療法），EMDR（眼球運動による脱感作と再処理法という治療法）などにより，心理的ストレスからの回復を図ることが必要です。

5　適応障害　Adjustment Disorders

（1）　概要

適応障害とは，ある特定の状況や出来事（ストレス因子）に対し，とても辛く耐えがたく感じ，その結果，気分や行動，自律神経に症状が現れるもの

です。身体症状としては，めまいや耳鳴り，疼痛などがあります。

　ストレス因子には，例えば，恋愛，結婚，離婚，通学，独立，学業や仕事上の困難，病気，自然災害などがあり，一つの出来事がストレス因子になることもあれば，複数の出来事が重なってストレス因子になることもあります。

(2)　症状

　抑うつ気分や絶望感を感じたり，涙もろくなったり，不安で神経質になったり，神経過敏になったりします。動悸やめまい，発汗といった自律神経失調症状を呈することもあります。

　これらの症状は，一部の症状だけが優勢の場合もあれば，複数の症状が混合して現れることもあります。

　なお，これらの症状がみられても，うつ病，統合失調症，強迫性障害など他の診断が適用される場合は，適応障害の診断は適用されません。

(3)　治療法

　ストレス因子となっている状況や出来事から離れると，症状は次第に改善します。例えば，暴力を振るう恋人や配偶者と別れる，嫌な上司のいる職場から転職するなどが，ストレス因子を取り除く方法といえます。

　しかし，例えば，病気や災害，家族の問題など，容易に除去しがたいストレス因子もあります。その場合は，カウンセリングを通じて本人の適応力を高めるという方法をとることになります。

　また，症状を緩和するために，薬物を投与する方法もありますが，これはあくまで対症療法です。根本的な治療のためには，ストレス因子を取り除くための環境調整やカウンセリングが必要です。

6 解離性障害 Dissociative Disorders

(1) 概要

　解離性障害の基本的特徴は，意識，記憶，同一性，又は知覚についての通常は統合されている機能の破綻です。人の意識，記憶，アイデンティティ（自我同一性），知覚は，本来は一つにまとまっていますが，解離とは，これらをまとめる能力が失われた状態をいいます。ストレスから自身を防衛するために起こる現象といわれています。

　人は，非常に困難な事態に直面すると，それが夢であってほしいと思ったり，忘れて別の世界に逃げてしまいたいと思ったりするものです。そして，実際に嫌なことを忘れたり，一時的にストレス対象から逃げる行動を取ることもあります。

　ただし，重要なことを忘れてしまう，突然に現在の生活環境を捨てて失踪してしまうなど，症状が深刻で社会的・職業的に支障をきたし，対人関係に困難を生じたりしてしまう場合には，解離性障害と診断されることになります。

　解離性障害は突然に生じることも，徐々に生じることもあり，一過性のことも慢性のこともあります。

(2) 症状

DSM-IV では，下記のような分類により説明されています。

なお，解離性症状は，外傷後ストレス障害（PTSD）などの中でも起こりうるため，他の障害の経過中にのみ解離性症状が出ている場合には，解離性障害の追加診断は与えられません。

① 解離性健忘

　重要な個人情報や，外傷的又はストレスの強い出来事について思い出せない状態のことです。例えば，交通事故で家族を失った人が，事故発生から数日間のことを全く思い出せないような場合などです。ある限られた期間に生じた出来事すべて又は一部を思い出せない場合もあれば，自分の名

前や経歴など何もかも思い出せなくなる場合もあります。

　薬物などの影響による記憶障害とは異なるものです。また，思い出せない状態が，通常のもの忘れでは説明できないほど広範囲にわたります。

② 解離性とん走

　とん走とは，逃げ出すという意味です。

　強いストレスを受けたために，家庭や職場から突然，無意識・不随意に逃げ出してしまうことが特徴です。逃げ出した場所から戻ってくると，逃げ出していた時のことをすっかり忘れてしまっています。また，逃げ出した先で，新しい名前を騙るなど，新しいアイデンティティを形成することもあります。

③ 解離性同一性障害

　二つ又はそれ以上の，はっきりと他と区別できるアイデンティティや人格が存在し，それらが入れ替わり，入れ替わっていた間の記憶は失われていることが多いです。以前は，「多重人格障害」と呼ばれたこともありました。

④ 離人症性障害

　自分が自分であるという感覚が失われて，自分の心が，体の外にあり，外から傍観しているような感覚になります。さまざまな種類の感覚麻痺，感情反応の欠如，会話など自分の行動を制御できていないという感覚などの症状が現れることがあります。

(3) 治療法

　まずは，本人が安心できる治療環境を整え，危険回避のため見守ることが必要です。例えば暴力などのストレスに晒されている場合は，そこから離れる必要があります。

　治療は，精神療法を中心に行われます。精神療法は，治療者との対話などを通じて行われますので，本人が治そうとする気持ちがないと，なかなか治療がうまくいきません。まずは治療者との信頼関係を築くことが重要とされています。

第3章　家族のトラブル　関係する心の問題

解離性障害に有効な薬はなく，解離性障害の症状を悪化させている併存症に対して，薬で症状を抑えるという方法がとられます。

7　パーソナリティ障害　Personality Disorders

（1）　パーソナリティ障害とは ─────────────

ア　概要

パーソナリティ障害は，DSM-IV では，「その人の属する文化から期待されるものから著しく偏り，広範でかつ柔軟性がなく，青年期又は成人期早期に始まり，長期にわたり安定しており，苦痛又は障害を引き起こす内的体験及び行動の持続的様式」と定義されています。すなわち，パーソナリティ障害とは，自分が悩む又は社会を悩ませるものの捉え方や考え方を持ち，行動の偏りが持続的に存在し，しかもその程度が著しいため，社会生活に支障をきたしてしまう障害のことです。

パーソナリティ障害の診断にあたっては，その人のものの捉え方，考え方，行動パターンなどを知る必要があり，一回の面接で診断することは難しく，何回か面接することが必要となってきます。また，本人が，自分のものの捉え方，考え方，行動パターンに問題があると考えていないために，本人から情報が得られにくいことも多く，家族など他の情報提供者からも情報を得ることが，適切な診断に役立ちます。

イ　類型

DSM-IV では，パーソナリティ障害は，以下の 10 種類が 3 群に分類されています。ただし，一人の人が，いくつかの異なったパーソナリティ障害の傾向を併せ持つ場合や，下記の類型に当てはまらないパーソナリティ障害を持つ場合もあります。

① A群（奇妙で風変わりなタイプ）
- 妄想性パーソナリティ障害
- シゾイドパーソナリティ障害
- 失調型パーソナリティ障害

② B群（演技的・情緒的・移り気なタイプ）

- 反社会性パーソナリティ障害
- 境界性パーソナリティ障害
- 演技性パーソナリティ障害
- 自己愛性パーソナリティ障害

③ C群（不安又は恐怖を感じているタイプ）

- 回避性パーソナリティ障害
- 依存性パーソナリティ障害
- 強迫性パーソナリティ障害

B群のうち，家庭の法律相談で比較的よく遭遇すると思われる反社会性パーソナリティ障害，境界性パーソナリティ障害，自己愛性パーソナリティ障害について，その特徴を後述します。

ウ　治療法

多くの場合は，自傷行為，自殺未遂，引きこもり，家庭内暴力（DV）などの出来事をきっかけに受診し，それらのトラブルの背景にパーソナリティ障害があることに気づき，治療が始まることが多いです。自殺を図るなど問題行動が激しい場合や本人の興奮が鎮まらない場合などは，入院が必要となることもありますが，基本は通院治療です。

パーソナリティ障害の治療は，精神療法が中心となります。そのため，本人が治そうとする気持ちがないと，なかなか治療はうまくいきません。

薬物療法は，症状を和らげ，精神療法を助けるために使われます。症状に応じて，抗精神病薬，抗うつ薬，抗不安薬などが利用されます。ただし，境界性パーソナリティ障害の場合は，最初に薬物療法を行って気持ちを落ち着かせるケースも多いです。

(2) 反社会性パーソナリティ障害
Antisocial Personality Disorder

ア　定義

反社会性パーソナリティ障害は，DSM-IV では，「小児期あるいは青年期

早期より始まり成人後も続く，他人の権利を無視し侵害する広範な様式」と定義されています。

イ　主な特徴

　人を欺くこと，操作することが反社会性パーソナリティ障害の中心的特徴です。また，他人への共感が欠如し，肥大化した自尊心を持ち，口が達者で表面的には魅力的に振る舞うという特徴もあります。

　反社会性パーソナリティ障害を持つ人は，共感の欠如から，他人の権利や感情を無視し，他人を困らせるようなことをしても良心の呵責を感じることはないため，DV などの暴力，盗み，恐喝など社会規範に適合しない行動をとります。また，社会的責任を無視する傾向もあり，親として子どもの養育をする態度が欠如していることもあります。向こう見ずで衝動的，苛立たしく攻撃的なところがあります。

　15 歳以前に行動障害（無断欠席，いじめ，喧嘩，動物虐待，家出，放火，盗みなど）を発症していることも反社会性パーソナリティ障害と診断される一つの基準になります。ただし，反社会性パーソナリティ障害と診断されるのは 18 歳以上の人で，それ以前で同じ傾向がある場合は，発達障害の一種に分類されます。

ウ　背景要因

　生まれ持った生物学的要因が大きいほか，何らかの事情で不安定な環境（育児放棄，虐待など）の環境で育ったこと，もともと発達障害のあった子どもが「いつも叱られる」など適切に対処されずに育ったことなども反社会性パーソナリティ障害の背景要因と考えられています。

エ　治療法

　そもそも本人が苦悩しないため治療につながることがありません。仮に何らかのきっかけで医療機関にかかったとしても，精神療法による根本的な治療を行うことが難しく，不眠など何らかの身体症状が生じている場合に対症療法的に薬物療法が用いられることが多いです。なお，刑務所や少年院などでは，教育や行動療法的な訓練による育て直しがなされているようです。

(3) 境界性パーソナリティ障害
Borderline Personality Disorder ─────

ア 定義

境界性パーソナリティ障害は，DSM-Ⅳ では，「対人関係，自己像，感情などの不安定および著しい衝動性の広範な様式」と定義されています。

イ 主な特徴

見捨てられることへの不安，恐怖心が強いというのが中心的特徴です。誰でも親しい友人，恋人，家族との別れはつらいものですが，境界性パーソナリティ障害を持つ人は「見捨てられ不安」が強く，不安にかられると，怒り，抑うつ，絶望感，孤独感など激しい感情を引き起こしてしまいます。例えば，友達が待ち合わせ時間に遅刻してきた，メールの返事が遅かったなど，ささいなきっかけで「見捨てられ不安」が刺激され，激しく怒り出すことがあります。

境界性パーソナリティ障害を持つ人は，特定の人物を理想化して褒めたたえたかと思えば，ささいなきっかけで同じ人物を突然攻撃するため，対人関係が不安定となります。人には良い面も悪い面もあるものですが，境界性パーソナリティ障害を持つ人の中には「いい人」と「悪い人」しかなく，いい人は信頼し依存しますが，悪い人は徹底的に憎み攻撃します。

また，境界性パーソナリティ障害を持つ人は，浪費，賭博，危険な性行為，大量服薬，薬物やアルコールへの依存，無謀運転，過食，自殺企図，自傷行為などの問題行動を繰り返し，周囲の人を振り回します。

さらに，自己像が不安定で，考え方が突然変化し，周囲は振り回されます。慢性的な空虚感があり，飽きっぽく，いつも何かすることを探しています。

赤の他人に対しては友好的に接することができる一方，家族や恋人など身近な人に対しては思い通りにならないと怒りや暴力に発展してしまうことが多く，DVや虐待などにつながる例があります。

ウ 背景要因

脳の神経伝達物質の機能低下，遺伝的要因，養育環境，思春期の人間関係などいくつもの要因が重なり合って発症すると考えられています。育った環

86 第3章 家族のトラブル 関係する心の問題

境としては，幼いころに「親から捨てられるのではないか」という恐れを感じ，無意識のうちに「見捨てられ不安」を抱えたまま成長したことが背景要因として考えられています。

エ 治療法

うつ気分や感情の不安定さを自ら訴えて受診することが多く，比較的医療機関にかかりやすいタイプのパーソナリティ障害です。自殺企図や自傷行為などの問題行動が生じて入院することになり，そこから治療が始まることも多いです。境界性パーソナリティ障害については，「日本版治療ガイドライン」が提唱され，治療に生かされています。

(4) 自己愛性パーソナリティ障害
Narcissistic Personality Disorder

ア 定義

自己愛性パーソナリティ障害は，DSM-IV では，「誇大性，称賛されたいという欲求，および共感の欠如の様式」と定義されています。

イ 主な特徴

誇大化した自己，称賛されたいという欲求，他者に対する共感性の欠如が中心的特徴です。

自己愛性パーソナリティ障害を持つ人は，自分を特別な存在と思いこみ，他人は自分を羨み，称賛するのが当たり前だと思っています。成果を過度に自慢し，口達者なので，表面的には魅力的に見えることもありますが，深く付き合うとその扱いにくさに気づきます。また，成果を上げるために手段を選ばないところがあり，競争に勝つことができるからか，社会的に成功している人も多いです。

自己愛性パーソナリティ障害を持つ人は，自分に対する関心が高い一方，他人に対しては無関心で，他人の気持ちに気づきません。仮に，他人の気持ちに気づいたとしても，それは軽蔑の対象にしかならず，他人の気持ちに共感することはありません。恋人や家族，友人は，愛情や親しみの対象ではなく，自分の都合に合わせて使用する道具程度にしか考えていません。

第3章　家族のトラブル　関係する心の問題　**87**

　自己愛性パーソナリティの強い自尊心の背後には，弱い自分が隠れています。他人の評価を気にし，勝ち負けが判断基準となるため，うまくいかないことがあると「自分には何のとりえもない」と過剰に反応したり，人のせいにしてしまうことがあります。どんな人も，得手不得手や，よい時と悪い時があるものですが，自己愛性パーソナリティ障害を持つ人の中には，理想化した万能の自分と，無能な自分という正反対の自己イメージしかなく，等身大の自己イメージがありません。

　ウ　背景要因

　生まれ持った気質のほか，育った環境も要因になると考えられています。子どもが，親に無条件に共感してもらい，受け止めてもらいたい時に，親からの愛情が条件的にしか与えられないと（例えば，よい成績を取ったら褒めてご褒美を与えるが，悪い成績だとしかる，無視するなど），子どもの自己肯定感が育ちません。よい子でないと愛されないと感じた子どもは，常に他人の評価を気にするようになり，自分を特別な人間と思い込むことで不安を解消しようとします。このような生育環境が，背景要因として考えられます。

　エ　治療法

　社会と適応障害を起こし受診につながることがあります。例えば，失敗や挫折により万能感が破られ，うまくいかなくなった時に，激しい怒りの爆発による家庭内暴力（DV），うつ状態，引きこもりなどの症状が現れ，これらを改善したいという動機がきっかけで，本人や家族の受診につながることがあります。ただ，本人に治す気持ちがないことが多く，対症療法的に薬物療法が用いられることが多いです。

医師からひとこと

●家事事件とパーソナリティ障害　〜「操作性」とは

　家事事件にかかわるパーソナリティ障害の多くはＢ群（83頁参照）に分類されるものでしょう。Ｂ群は「劇場型」ともいわれ，感情の混乱

が激しく演技的で情緒的であることが特徴で，ストレス耐性が低く，他人を巻き込みます。他人の巻き込みは，言動によって他人の感情や考え，行動を自分の好きなように（自分に好都合になるように）動かしてしまう「対人操作」もしくは「操作性」と呼ばれ，B群の中でも境界性パーソナリティ障害によくみられます。本人は無自覚で行っている場合も多いのですが，話す相手や場面，時期によって言うことがコロコロ変わるため，周囲の人は本人の言動に振り回されてしまいがちです。この操作性は調停や裁判といったストレス状況下において関係者に対しても発揮されるでしょう。境界性パーソナリティ障害特性を持った当事者に対応する際，操作性への理解が欠如していたり，理解があってもその演技性や操作性が巧妙であるほど，関係者自身に自覚がないままに感情的に振り回されたり，事実誤認をしたり，関係者同士の対立につながる危険性があります。

　例えば，AさんとBさんが担当者として関わってくれている案件について，Aさんに対し「Bさんは，△△してくれるって言った」と言い（しかし，本当はBさんはそんなことを言っていないか，似たようなことを言っていてもニュアンスが異なる），振り回される側の心理をくすぐって，Aさんを操作しようとします。

　また，例えば，同じことについてAさんの前では○○と言い，Bさんの前では××と言う，ということが本人の自覚なく起こります。そのため，本人の言い分を信じたAさんとBさんが「本人は○○と言っていた」「いや，××と言っていた」と対立したり，いったい何が真実だろうと混乱してしまうことがあります。

●境界性パーソナリティ障害の診断〜親しくなってから豹変するのはなぜ？

　パーソナリティ障害又はその傾向が疑われる人について，配偶者が

第3章　家族のトラブル　関係する心の問題　*89*

「結婚前は分からなかった」と言うことや，調停委員など第三者が「あんなに人の良さそうな人が，まさか家庭内でそんな振舞いをするはずがない」とコメントすることがあります。なぜこのようなことが起こるのでしょうか。

　臨床現場においては，パーソナリティ障害の診断は発達的・自己・対象関係的アプローチ（心理学的理論）によって行われます（伝統的診断）。

　一方ICDやDSMといった（操作的）診断基準は最も明白で確認しやすい現象，つまり「症状」に基づいています。パーソナリティ障害の人は，その人の生活機能や社会機能が高いほど職場やそれほど親しくない知人関係などでは問題を生じさせることはありませんが，夫婦・親子などのより限定的で親密な関係では問題を生じさせます。つまり，「症状」は，家庭の中などの限定された場面でしか現れず，診察室や調停室のような公的・社会的な場面では現れないことが多いです。そのため，「症状」に偏重した操作的診断基準はパーソナリティ障害の診断の障害になっているともいえます。

　実際に，人格病理をもって医療機関に訪れた患者の60％がDSMの診断基準を満たさなかったという報告もあります。このことは，社会的な場面では周囲との人間関係にも大きな問題のない人，親密になる前には円滑な関係性を持てていた人が，結婚や恋愛というより親密な関係性に発展したことで，その健全な継続に大きな障害となるような振舞いを見せ，本人も相手も深く苦悩しうることを示しています。

8　依存症

（1）　アルコール依存症　Alcohol Dependence ────────
ア　概要

大量のお酒を長期間にわたって飲み続けることにより，お酒を飲まずには

90　第3章　家族のトラブル　関係する心の問題

いられない状態になることを，アルコール依存症といいます。

2003年の調査によると，アルコール依存症の患者数は，日本国内で80万人以上といわれていますが，その予備軍も含めると約440万人にもなると推定されています。

イ　アルコール依存症のサイン

次のような状態がみられたら，アルコール依存症が疑われます。

① はじめはビール1杯で酔っぱらっていたのに，焼酎を2〜3杯飲まないと酔えなくなるなど，酩酊状態となるために，非常に大量のお酒を飲むことが必要となり，だんだんと量が増えていく。

② お酒を飲まないと，イライラ，神経過敏，不眠，頭痛，吐き気，下痢，手の震え，発汗，頻脈，動悸などの離脱症状が起こり，これらの症状を和らげるために，再びお酒を飲んでしまう。

③ 飲み始める前は1杯だけと決めていたのに，飲み始めると止まらず，泥酔するまで飲んでしまうなど，最初に思っていたよりも大量又は長時間，お酒を飲んでしまう。

④ お酒を飲むのを止めようといつも思っており，止めるための努力もしてみたが，どうしても止められない。

⑤ お酒を飲むために多くの時間を費やしてしまい，酔いをなかなか醒ますことができない。

⑥ 趣味や仕事に熱心だった人が，お酒以外に興味がなくなるなど，日常生活がお酒中心に回ってしまい，重要な社会的，職業的，娯楽的活動を放棄したり，減少させたりしている。

⑦ お酒を大量に飲むことにより，重度の抑うつ症状（心のダメージ）や，肝炎，脂肪肝などの疾患（体のダメージ）が生じていると分かっているのにもかかわらず，お酒を飲み続けてしまう。

ウ　治療法

アルコール依存症は，否認の病といわれており，本人は，いつでもお酒を止められると思っていて，家族や大切な人を失う，社会的信頼や地位を失うといった，いわゆる「底つき体験」をするまで自分がアルコール依存症であ

ると認めない傾向にあります。そのため，本人が治療へ積極的に取り組み，断酒を継続するためには，周りのサポートが必要不可欠です。

主な治療法は，導入で入院治療（ARP: Addiction Rehabilitation Program）を行います。実施にあたっては，本人に断酒意思，すなわちお酒を一滴も飲まないという意思があることが大前提となります。入院治療は，主に3段階に分けられます。

① 解毒治療

離脱症状（お酒を飲まないと，イライラ，神経過敏，不眠，頭痛，吐き気，下痢，手の震え，発汗，頻脈，動悸などの症状が起こること）を薬物で抑えて，からだを元の状態に戻します。重度の抑うつ症状（心のダメージ）や，肝炎，脂肪肝などの疾患（体のダメージ）が生じている場合は，そちらの治療も行います。身体的障害が重度な場合には，入院のうえ，その治療を優先させます。

② リハビリ治療

断酒会や A.A.（匿名禁酒会）などの自助グループに参加し，ほかのアルコール依存症患者やその家族の体験を聞いたり，自分も話したりして，酒の恐ろしさを知り，断酒を強く決意できるようにします。また，この間に根底にある自分自身の問題に気づき，向き合う作業もします。場合によっては，抗酒薬の服用も行います。また，本人の治療とともに，家族への教育も行います。アルコール依存者が酒を飲み続けるのを可能にしてしまう人のことをイネーブラー（enabler）といいますが，家族がこのイネーブラーの役割を果たしてしまうことがあり，家族への教育も必要となってくるのです。

③ 退院後のアフターケア

生涯にわたり断酒を継続するために病院・クリニックへの通院，抗酒薬の服用，自助グループへの参加をします。

92　第3章　家族のトラブル　関係する心の問題

(2)　いわゆるギャンブル依存症（病的賭博）
Pathological Gambling —————————————

ア　概要

　ギャンブルに多くの時間とお金を費やし，ギャンブルをせずにはいられない状態になることを，ギャンブル依存症（病的賭博）といいます。

　ギャンブルの内容は，文化的に多種多様で，ギャンブル依存症の性別の比率は，国や地域，文化によって異なる可能性がありますが，約3分の1の患者が女性であるといわれています。ギャンブル依存症の生涯有病率は，成人の0.4～3.4％の範囲と見積もられていますが，国や地域によって異なります。

イ　ギャンブル依存症のサイン

　次のような状態がみられたら，ギャンブル依存症が疑われます。ただし，躁病にあたる場合もあるので，注意が必要です。

① 過去のギャンブルの体験を生き生きと再体験すること，次のギャンブルの計画を立てること，ギャンブルをするためにどうやって金銭を得るか考えることに，考えがとらわれている。

② より多くの興奮を得るために，より多くのお金をかけてしまう。

③ ギャンブルを止めようと努力するのに，何度も失敗してしまう。

④ ギャンブルを減らしたり，止めたりすると，イライラして落ち着かない。

⑤ 問題から逃避したり，イライラを解消したりするために，ギャンブルをしてしまう。

⑥ ギャンブルでお金をすった後，それを取り戻そうとする傾向が強い。

⑦ ギャンブルへののめり込みを隠すために，家族，治療者などに嘘をつく。

⑧ ギャンブルをする資金を得るために，反社会的な行為（窃盗，詐欺，横領，偽造など）に手を染めてしまう。

⑨ ギャンブルのために，重要な人間関係，仕事，教育，又は職業上の機会を危険にさらし，又は失う。

⑩ ギャンブルのせいで経済的に困窮した場合に，他人に金を出してくれるよう頼む。

ウ　治療法

自助グループに参加し，ほかのギャンブル依存症患者やその家族の体験を聞いたり，自分も話したりして，ギャンブルの恐ろしさを知り，ギャンブルを止めるよう強く決意できるようにします。

9　発達障害

(1)　広汎性発達障害
Pervasive Developmental Disorders───────

生まれつき脳の発達が通常と違っており，幼いころから広汎な心理的発達の遅れがみられます。自閉症スペクトラム障害と呼ばれることもあります。

ア　自閉性障害　Autistic Disorder

(ア)　概要

脳の広汎な機能障害であり，出生時から，あるいは遅くとも３歳までには症状を表します。多くは精神遅滞（知的障害）を伴い，社会生活を送ることに多くの困難が伴います。自閉症と呼ばれることもあります。

(イ)　主な特徴

どのような特徴を表すかは，年齢によって変化し，個人差もありますが，主に三つの特徴があるといわれています。

①　相互的な対人関係の障害

目と目で見つめ合う，顔の表情，身体の体勢，身振りなどの非言語的行動を用いることが苦手です。そのため，相手の目や表情，動作から意味を読み取ることができず，自分でもしぐさや指差しで気持ちを伝えることができません。また，自分の興味のあるものを家族や友達に見せる，指をさすなど，楽しみ，興味，達成感を他人と分かち合おうとする行動をとらず，一人遊びを好み，年齢に応じた友達作りが苦手です。

②　言葉によるコミュニケーションの障害

話し言葉の発達の遅れ，ないしは完全な欠如により，言葉でのコミュニケーションが苦手です。聴力や発語に問題がなければ，言葉を発する

94　第3章　家族のトラブル　関係する心の問題

ことはできますが，状況に合わない言葉を繰り返し発したり，独特な言葉を使ったりします。相互にやり取りする会話が苦手で，単純な質問や指示を理解することができません。

③　行動・興味・活動の偏り（こだわりの強さ）

　興味や関心の対象が狭く限定的で，同じような行動・活動を繰り返します。例えば，毎日正確に同じ道をたどって学校へ行く，いつも同じおもちゃを同じやり方で何度も何度も繰り返し並べる，などの行動がみられます。また，拍手をする，指を弾く，体を揺する，つま先で歩くなど，変わった体の動きを繰り返すことがあります。同一性にこだわり，ごく小さな変化に対しても抵抗を示したり，苦しんだりするため，部屋の模様替えなどの変更を嫌います。

(ウ)　治療法

　早い時期から，生活課題を少しずつ学習し，社会生活に適応できるようにしていきます。学校など大きな集団での療育が困難な子も，個別や小さな集団で療育を受けることによって，言語によるコミュニケーションに頼りすぎなくとも，社会に適応できる力を育てられるようになります。また，周囲が早くから本人の特性を理解することにより，本人が適応できる環境が整備されていくというメリットもありますので，早期の診断が重要です。

　自閉症については，脳の機能発達上の問題ということは分かってきていますが，まだまだ分からないことも多く，現在のところ自閉症を治す薬はありません。ただし，睡眠や行動に問題が生じている場合は，薬を服用して症状を抑える場合もあります。

イ　アスペルガー障害　Asperger's Disorder

(ア)　概要

　脳の広汎な機能障害であり，自閉性障害と共通する部分も多いですが，症状と経過が複雑かつ多様で，高知能であることも多く，併存障害も多いため，診断が難しいといわれています。

(イ)　主な特徴

　相互的な対人関係の障害があること，行動・興味・活動の偏りがあるこ

とは、自閉性障害と共通しますが、明らかな言語習得の遅れがない点において自閉性障害とは異なります。

　言語習得の遅れはありませんが、非言語的行動（仕草や表情）を理解することが苦手であり、周囲と同じタイミングで笑ったり、相手のしぐさから感情を読み取ったりするのが苦手です。そのため、言葉のニュアンスを捉えることができなかったり、相手の反応を無視して一人で話し続けたりするなど、コミュニケーションの困難を生じることがあります。

　生後３年までの早期の言語や認知機能は正常範囲にあるため、周囲は子どもの発達について心配することはあまりありませんが、保育園などに通うようになると、同年齢の子どもとの間で対人的困難が生じるため、その時点で障害の存在に気づくことがあります。

(ｳ)　治療法

　自閉性障害と同様、アスペルガー障害を治す薬というのはなく、本人の特性を生かしながら社会生活に適応できるような支援をしていくことが必要です。

ウ　特定不能の広汎性発達障害　Pervasive Developmental Disorder Not Otherwise Specified

　相互的な対人関係の発達に重症で広汎な障害があり、言語的又は非言語的コミュニケーションの障害、行動・興味・活動の偏り（こだわりの強さ）があるが、特定の広汎性発達障害や他の精神疾患、精神障害の基準を満たさない場合に用いられる診断名です。

(2)　注意欠陥／多動性障害（ADHD）Attention-Deficit/Hyperactivity Disorder ——

ア　概要

　何らかの脳機能障害によっておきる行動の問題や集中力の障害で、発達年齢に見合わない多動・衝動性、あるいは不注意、又はその両方の症状が７歳までに現れます。

　幼い子どもの中では、一人で歩けるようになると非常に活発になる子もい

ますが，活発であることと注意欠陥／多動性障害とは別のものです。低年齢のころは判断が難しく，多くの場合は小学校の年代で学校への適応が阻害されるときにはじめて診断されます。

多くの場合，成長につれて多動は次第に少なくなりますが，不注意や衝動性は続くこともあります。

イ　主な特徴

多動・衝動性が多くみられる多動―衝動性優勢型，不注意が多くみられる不注意優勢型，多動・衝動性と不注意の両方が多くみられる混合型に分類されます。多動，衝動性，不注意（注意欠陥）は，例えば次のような行動を指します。

① 多動の例

- 椅子の上でそわそわし，座っていられないか，手足を動かし続ける。
- 不適切な状況で，走り回ったり，高いところへ登ったりする。
- じっとしていられず動き回り，よく迷子になる。
- しゃべりすぎる。

② 衝動性の例

- 質問が終わる前に，我慢できず答え始める。
- ゲームの順番など，我慢して順番を待つことが難しく，割り込んで友達とトラブルになる。
- 人の会話に割り込む。

③ 不注意（注意欠陥）の例

〔注意散漫〕

- 細部まで綿密な注意を払うことができず，勉強ではうっかりミスが多い。
- 片付け，整理整頓ができない。
- 気が散りやすく，勉強や遊びに集中できず，やり遂げる前に別のことを始めてしまう。
- 物や人にぶつかりやすく，生傷が絶えない。
- 今言われたばかりのことを聞いていないように見える。
- 段取りをするのが苦手で，勉強や宿題を非常に嫌がる。

第3章　家族のトラブル　関係する心の問題　　**97**

・忘れ物が多い。

〔過集中〕

・ある一つのことに集中してしまい，他のものが見えなくなる。

ウ　治療法

薬の服用により，脳内の神経伝達物質の不足を改善し，注意の偏りを改善して多動を抑制したり，注意を調整したりする方法があります。また，周囲が本人の特性を理解して，集中できる環境を整え，根気強く指導すると，本人も自信を深めるようになり症状が落ち着く場合があります。自閉性障害と同様，本人が社会生活に適応できるようになるためには，周囲の理解と支援が必要です。

第 **4** 章

家族のトラブル
解決・対策の指針

　本章では，これまでに取り上げた法的手続や心の問題に関する知識を踏まえ，実際に家庭法律問題を解決するにあたり，具体的にどのような配慮ができるかを考察します。

100 第4章　家族のトラブル　解決・対策の指針

1　離婚と当事者の心の問題

　実際の離婚案件で，当事者の心の問題が関係する場合，具体的にどのような点が争点になりやすいか，どのような点に配慮すべきか等を類型ごとに解説します。

（1）　パーソナリティ障害

ア　DV・モラルハラスメントの加害者（主に男性）　設例①▶　設例③▶

① 離婚原因

　　DVやモラルハラスメントが訴えられるケースでは，加害者にある種のパーソナリティ障害又はその傾向があることが見受けられます。特に自己愛性パーソナリティ傾向が関係していることが多いようです。

　　加害者には悪いことをしたという意識が薄く，暴力の事実自体を否認したり，一部だけ認めても「軽くたしなめるように叩いただけ」「妻があまりにも常識がなく，何度同じことを言っても理解できないため，教育の一環」といった言い訳を平然としたりします。

② 紛争展開の傾向

　　加害者は，自分の面子がつぶれることが許せないこと，配偶者や子どもを自分の所有物のように思っていることなどから，自分には離婚原因がないとして徹底的に争うことが多くあります。

　　自分が配偶者に嫌われるという事態が想定されないため，離婚は配偶者本人の意思ではなく配偶者の両親や弁護士が唆しているものと解釈することもよくあります。それまで支配してきた配偶者本人であれば説得できる自信があるため，直接の面談を執拗に求めます。配偶者の別居先を探索し，突き止めると待ち伏せ・徘徊等の行為に出ることもあるため，保護命令が必要となります。

　　加害者は，自分の権利は最大限に，義務は最小限にという発想で，離婚問題を勝ち負けとして捉え，離婚・親権や面会交流・財産的条件の全てについて条件として絡めて延々と闘争を繰り広げるため，手続が異例の長期

間にわたることがあります。自分は絶対に正しいと信じて譲らず，弁護士や裁判官等の助言にも耳を貸さないため，紛争が拡大かつ長期化する傾向もあります。

③　親権，面会交流

　　親権や面会交流について争われる場合，子どもに対する感情だけでなく配偶者に対する感情が関係している場合も多いので注意が必要です。

　　子どもとの面会交流に関しては，子どもがDVの影響をどのくらい受けているか，子どもがDV加害者に対しどのような心情を持っているか，面会交流を介して配偶者への復縁要求等の不当な接触，子どもの連れ去り，暴力の再発などの危険がないかといった要素を慎重に考慮する必要があります。

④　離婚給付

　　財産関係についても，婚姻期間中から加害者が握っていることが多く，配偶者は所在・金額等を把握していないことがあります。裁判上の証拠収集を試みても徹底抗戦に遭い，金銭的条件を決めるにも長い時間がかかって離婚そのものが先延ばしになってしまいがちです。その間にも加害者から配偶者へのつきまとい行為等が発生する場合もあるので注意が必要です。

⑤　離婚後のトラブル

　　離婚後も，面会交流や養育費に関して紛争が続きやすく，ときに親権者変更や慰謝料といった形に拡大します。

※　婚姻関係にないパートナー間でのトラブルについて：設例⑩▶

イ　DV・モラルハラスメントの加害者（主に女性）　設例❷▶

①　離婚原因

　　女性が加害者であるDVにおいては，境界性パーソナリティ障害又はその傾向が関係しているように見受けられることが多くあります。

　　女性加害者の場合もDVの事実自体を否認又は過小評価し，配偶者に依存して離婚自体を拒否する展開になりがちです。男性加害者の場合と比べ，

102　第4章　家族のトラブル　解決・対策の指針

離婚原因となる DV の事実や程度についての立証のハードルが事実上高く
なる傾向にある上，専業主婦の妻であれば離婚による経済的不利益とのバ
ランスも考慮しなければならず，離婚の可否が問題になります。

② 親権，面会交流

　子どもがいる場合は親権や面会交流についても判断が非常に難しくなり
ます。特に乳幼児期には母親が主たる監護者であることが多いものの，暴
力を振るう母親に子どもの監護を任せてよいのか，あるいは面会交流を認
めてよいかという問題があり，監護の実情や暴力が子に与えている影響に
ついて慎重に吟味する必要があります。

③ 離婚給付

　離婚給付については，一方では男性被害者が慰謝料を求め，他方では女
性加害者が（ときには扶養的要素を含めた）財産分与を求め，争いとなる
ことがあります。

※親子関係でのトラブルについて： 設例 ⑨ ▶
※婚姻関係にないパートナー間でのトラブルについて： 設例 ⑪ ▶

(2)　依存症 設例 ④ ▶ ─────────────────

① 離婚原因

　依存症になると自分の意思や周囲の助言によって依存を断ち切るという
ことができなくなってしまいます。自分が依存症であるという自覚を持ち，
周囲の助けも借りて，適切な治療を継続して受けることができれば克服を
することも可能ですが，依存症になると自分が依存症であるという認識す
らない場合が多く，依存症に伴う問題行動（薬物乱用や過剰飲酒に伴う配偶
者や子に対する暴力・暴言，ギャンブル依存に伴う借金や嘘をつくこと等）に
よって，家庭生活が営まれなくなってしまう場合があります。配偶者が依
存症であるというだけで離婚原因が認められるわけではありませんが，依
存症が原因で婚姻関係を維持することができないという事象が生じている
場合には，離婚は認められるといえるでしょう。

第4章　家族のトラブル　解決・対策の指針　**103**

　　配偶者が依存症であることを理由に離婚を求める場合には，依存症であるということやそれに伴う問題行動を主張立証していく必要があります。

② 親権，面会交流

　　何に対する依存症であるか又は症状の程度にもよりますが，依存症の親が親権・監護権を取得するのは困難な傾向にあるといえます。依存症の場合，本人に治療を受けようとする意思があり，治療を継続的に受けることによらなければ克服は困難です。治療には時間がかかることが多く，治療を受けながら子の養育をすることには相当な困難が伴うといえます。

　　面会交流においても，依存症に伴う問題行動（暴力や借金，嘘，精神的不安定さなど）が離婚の原因になっていることが多いため，父母の信頼関係は崩れていることが多く，面会交流の調整には困難を伴う場合が多いです。面会交流は，子の利益のために行われるものですから，別居親に依存症に伴う問題行動がある場合には，面会交流の可否や面会方法（直接交流か間接交流）について慎重な判断が必要になってきます。直接の面会交流が子のために必要であると考えられるケースでも，父母の信頼関係が崩壊している場合には，面会の日程調整の連絡，面会時の立会いなどをしてくれる第三者機関を利用することがよい場合もあります。

③ 離婚給付

　　財産分与については，清算的財産分与では基準時の財産を2分の1に分けるのが基本ですが，例えばギャンブル依存などにおいては，清算をしてもほとんど残らないという場合もあります。また，依存症が原因で配偶者が負った債務については，婚姻関係維持のために負担をした債務であるとはいえず，他方配偶者がその負担をすることはないでしょう。

（3）　気分障害　設例 ⑤ ▶　設例 ⑥ ▶

① 離婚原因

　　配偶者が気分障害というだけで離婚原因が認められることはありません。ただ，気分障害を原因とする配偶者の言動によって，婚姻生活を維持することが困難な場合には，離婚が認められる場合もあります。特に双極性障

害Ⅰ型の場合，うつと躁の波が大きく躁状態のときに過活動になり多額の借金や異性関係の乱れ，周囲との衝突を起こしやすくなる等のために，社会活動や家庭生活にも問題が出てくる場合が多くあります。

配偶者が気分障害になった場合には，他方配偶者にも治療や症状への理解や協力をすることが求められます。民法770条1項5号の「その他婚姻を継続し難い重大な事由」とは裁判官が判断する評価的な判断であるため，配偶者の病気への理解や協力がない場合には，破綻の認定がなされない場合があります。

当事者の気分障害の症状が酷い場合，離婚に関する手続自体が過度の負担となっていないか配慮し，進め方を工夫することも必要になることがあります。

② 親権，面会交流

親権者や監護者の指定において，気分障害のために治療中である際には監護能力が問題になります。もっとも，気分障害の程度や監護補助者の有無，子の年齢や，子との情緒的な結びつき，子の意思等他の要素との総合判断になります。

子どもとの面会交流では，監護親が気分障害のため面会交流に消極的な場合には，面会自体がストレスになり症状が悪化してしまったり，子と監護親の関係が悪くなる心配もあります。無理のない範囲で面会を実施することが長期的に望ましい場合もあります。

別居親が気分障害の場合には，別居親の症状や言動への不安から監護親が子と別居親だけでの面会に消極的になる場合が多くあります。子の意思も踏まえ，子や監護親が安心して面会できる方法を検討して，面会交流を援助している第三者機関の利用も検討するのがよいでしょう。

③ 離婚給付

婚姻費用や養育費においては，支払義務者が気分障害の治療のために休職中で給与が減っている場合には仮に前年度の収入が高いとしても，現状の減額した給与水準をベースに算定されると思われます。支払権利者が気分障害で就労できない場合には，稼働能力はないとされるでしょう。

第4章　家族のトラブル　解決・対策の指針　**105**

　財産分与においては，基本的には清算的財産分与において夫婦共通財産が2分の1に分与されることになりますが，分与義務者が気分障害であり単純な清算では酷というような場合には裁判官の裁量により調整がされる場合もあり得ます。分与権利者が気分障害で，就労の見通しがない場合等には，扶養的財産分与によって一時金や定期金の支払，一定期間使用貸借により現居住地に無償で住むことができる等の考慮がされる場合もあります。

　配偶者の不貞やDV等が原因で気分障害を発症したという場合，慰謝料において考慮されることもあります。

2　離婚と子どもの心の問題

　離婚が子どもに与える影響にどのように配慮できるか，子どもが心の問題を抱えている場合はどのような考慮をすべきかについて解説します。

（1）　離婚が子どもに及ぼす影響

ア　離婚一般

　離婚という人生の一大イベントはどんな子にも大きな影響を与えます。離婚問題の解決にあたっては，子の心情に注意深く配慮することが最も大切です。

　親の離婚を経験した子どもがみな同じ反応を示すわけでもなく，みな不幸になるわけでは決してありません。離婚前の環境，別離に至る過程，離婚後の環境，子どもの個性や年齢，親の個性も千差万別です。離婚前の家庭内戦争状態の方がつらかったので別居・離婚により解放されたと語る子もいれば，どんなにいがみあっていても離婚は避けてほしかったと語る子もいます。監護親と強い絆を結ぶ子もいれば，別居親に思慕の念を抱き続ける子もおり，両親のどちらとも一線を画して客観的に見る子もいます。同じ家庭でも，離婚時の子の年齢や親との関係によって，きょうだい間で受け止め方が違うこともあります。ですから，一括りに「離婚に伴い子はこのような影響を受け

る」と断定することはできません。

　一方，離婚及びそれに伴うプロセスの中で，多くの子が体験するといわれる思いがあることも事実です。以下は離婚を経験する子どもが感じることのある気持ちの例です。

• 両親が離婚したのは自分のせいかもしれない
• 自分は悪い子，要らない子だったから親に捨てられた
• ある日突然に世界が壊れ，大切なものを失うことがある
• 自分がどんなに努力しても両親は離婚してしまった
• 一方の親の味方をすれば他方の親を裏切ることになる
• 自分が親を守り支えなければならない
• 以前の暮らしが失われて経済的に不安定になったのは親のせいだ

　このような気持ちから，怖れや不安，悲しみ，怒り，無力感などにつきまとわれる時期を経験しやすくなるといわれています。

　そうした感情の短期的な影響として，頭痛，腹痛，発熱，摂食障害，不眠，不登校，学業不振，緘黙，問題行動，逆に過剰適応して「良い子」になるといった身体面・行動面での症状・変化が観察されることもあります。

　長期的影響としては，親密な対人関係を築くことへの支障などが生じる場合もあると指摘されています。

　これらは単に離婚という一つの出来事ではなく，その前後を含むプロセスによる影響です。離婚する当事者である大人たちにとっても極めてストレスの多い体験なのですから，子どもにとっては尚更です。ここで離婚プロセスが子どもに与える影響をどのようにコントロールするかによって，その後の子どもの人格形成等に多大な影響が出ます。ゆえに関係者全員が子どもにとって少しでもマイナスの影響を減らすよう最善を尽くす姿勢が求められます。

イ　子の発達段階と別居や紛争に対する反応

　子が両親の別居や紛争にどのように反応するかは，子の年齢・発達段階によってある程度区分できます。離婚に伴う紛争に関する子の真意を汲み取り，その子にとって良い解決を見つけるためにも，この発達段階別の特徴を念頭

〈表〉子の発達段階の特徴と両親の別居や紛争に対する反応

年齢	子の発達段階の特徴	両親の別居や紛争に対する反応
乳児期 （～1歳6か月）	①養育者との愛着を形成し，人に対する基本的信頼を獲得する。 ②情緒を分化させ，自分の感情や行動を自己調節する。	①不安や恐れを示す。 ②食事，排泄，睡眠の習慣が障害を受ける。
幼児期前半 （～3歳）	①自分と他者を区別し，分離不安に対処する。親から離れるために，ぬいぐるみなどの移行対象が重要になる。 ②衝動を統制する。自己主張が激しくなり，しつけようとする親に抵抗することがある。	①主たる養育者から離れるときに分離不安を示す。 ②かんしゃくを起こしたり，無気力になる。 ③両親間の緊張，怒り，暴力に敏感になる。
幼児期後半 （～6歳）	①愛着対象についてのイメージを支えとして，ある程度一人でいられるようになる。 ②外界に対する認識が自己中心的で，現実把握が不十分であるため，空想と現実の境目があいまいになりやすい。 ③欲求や情緒をコントロールし，相手の気持ちを理解しながら他者とかかわり始める。	①両親の別居について，いずれ仲直りしてくれるはずだと空想する。 ②親の別居が自分の責任だと感じる。 ③親から捨てられるのではないかという恐れを感じる。
学童期前半 （～9歳）	①具体的な事柄については抽象的な思考ができるが，良い・悪いという極端な評価をしたり，現実離れした空想を抱く。 ②社会性が発達し，ルールに従った行動ができ，秘密を少し持てるようになる。	①両親の不和を理解できるようになるが，両親の問題と自分の問題を分けて考えることが出来ない。 ②両親の不和を自分のせいだと感じたり，両親とも裏切れないという忠誠葛藤を抱くが，そうした気持ちを内に溜め込みやすい。
学童期後半 （～12歳）	①親との心理的な距離ができ，現実認識力が向上するが，一人で問題解決するまでに至らない。 ②良い・悪いという二分法で物事を見て，公平であることを求める。 ③友人との関係の重要度が増し，塾やスポーツクラブなど課外活動が増える。	対処困難な場面では親に依存しているため，両親間の紛争に巻き込まれやすく，忠誠葛藤を起こしたり，一方の親と強く結びつき，他方の親が全て悪いと考えて，他方の親に対して敵意を示すことがある。
思春期 （～15歳）	①両親から自立し，親とは別のアイデンティティを確立する。 ②抽象的な思考力が発達するが，試行錯誤して，言動が一貫しないことも多い。 ③性的な衝動の高まりに対処する。	①家族が不安定になり，子の自立に困難を伴うことがある。 ②親の養育する力が弱まり，子の行動の統制がうまくできない。 ③両親の不和を男女関係の失敗と認識し，自身の異性関係に不安を抱く。

（小澤真嗣『家庭裁判所調査官による「子の福祉」に関する調査—司法心理学の視点から—』家月 61・11・14）

に置くことは助けになります。

　こうした発達段階による特徴を踏まえ，離婚について子に説明する時期や内容をふさわしく選択し，子の気持ちに耳を傾けるようにしましょう。

ウ　紛争性の高い場合

　親同士にとっては円満な離婚である場合でも，子どもにとっては世界の崩壊に匹敵する衝撃となることもあります。

　そうであれば，親同士が，相互に不信感・怒り・対抗心が強く，離婚紛争も激しく又は長期にわたり争われる場合，その渦中にある子どもにはさらに大きなプレッシャーがかかります。親が離婚紛争にエネルギーを奪われるため，子どもに割く時間や労力がそがれたり子どもに八つ当たりをしてしまったりすることもありますし，そうでなくても子どもは親の心の動きに敏感に反応するものです。

　実のところ，離婚に関係して子どもの発達を最も阻害する要因は，両親の不和・葛藤・対立の狭間に子どもを立たせることであるともいわれています。離婚自体よりも，離婚に伴う紛争の方が，子にもたらすダメージが大きいというわけです。これは同居中はもちろんのこと別居中でも同様です。ですから，両親が仲良く一緒に暮らせることが最善であることは言うまでもないのですが，そうできないときは，離婚に関して両親が争うことによる子どもの心の傷を最小限に抑えるよう大人たちは留意すべきです。この点，当事者本人はもちろんのこと，代理人等として関与する第三者も，不必要に紛争性を高めないよう注意する必要があります。

(2)　葛藤がある中での面会交流

ア　子の反応

　両親間に高い葛藤がある中で面会交流を行う場合，子どもたちは，「会いたくない」と拒絶的な反応を示したり，面会交流の前後に頭痛，腹痛，夜尿，発熱などの症状を発したりすることがあるため，はたして面会交流を行うことが子どもにとってプラスとなるのだろうかと思われることも少なくありません。

第4章　家族のトラブル　解決・対策の指針　**109**

　このようなとき，子どもがつらそうにしている様子を見ると親としては心が痛み，その原因は相手方にあるとお互いに考えがちです。監護親の方は「子どもも別居親を嫌っていて，面会がプレッシャーになっている。面会は控えるべきだ」と主張し，別居親の方は「子どもは本心では会いたいのに，監護親が消極的だから板挟みになって苦しんでいる。監護親の考え方を矯正すべきだ」と主張する，といった具合です。しかし，ここで両親がお互いを責め合うなら，子どもはますます苦しみます。

イ　「子の福祉」の両面

　面会交流が争われる場面で対立しているニーズは，主に①子が監護親のもとで安定した生活をする必要と②子が監護親だけでなく別居親からも愛されていることを確認する必要です。監護親は①を，別居親は②を重視しがちですが，どちらも子どもにとって大切なニーズです。同じ「子の福祉」という言葉を使って正反対の主張をしがちですが，ある意味どちらも真実ということです。お互いに一面的・短期的に物事をみないよう，多面的・長期的に「子の福祉」を考えるようにしましょう。

ウ　「安定した監護環境と良質な養育」のニーズ

　離婚に伴う長期的影響を追跡調査した研究では，子に及ぶ心理的負担をできるだけ抑えるために大切なこととして，まずは監護親が早く安定した人生に戻ることが重要と指摘されています。親の注意やエネルギーを奪う紛争が緩和して育児に集中できるようになり，別居後の住居や経済的基盤が確保され，家庭に穏やかで安心できる雰囲気が戻ることは，子にとって有益です。そこに別居親の経済的サポートも重要であることはいうまでもありません。また，別居親側は，単に条件闘争的な目的で離婚・親権・監護権等を争うとしたら子に間接的にどのような影響が及び得るかを深く考えることができます。

エ　「双方の親との愛着形成」のニーズ

　面会交流は，原則として，子どもが両親から愛されていることを確認し，自分のルーツを確認してアイデンティティを確立する上で有益といわれています。両親がこの面会交流の意義を受け止め，子どもを親とは別個の存在と

して尊重し，面会交流を親の権利ではなく子を主体として考えられるとよい
ものです。

　もちろん，一般的に有益とはいっても，ときに少なくとも当面は有益でな
いとされる場合もあるでしょう。例えば，子ども自身が別居親から虐待や暴
力を受けていた場合，両親間の DV により子も別居親への強い恐怖感を抱い
ている場合，面会交流の場面で子の福祉を害するようなことが起きている場
合などが挙げられます。中には面会交流一切を禁止すべき事案もあるでしょ
う。ただ，どのような場合に面会が適切でないかを類型化できるかというと，
必ずしもそうでもなく，子の個性，親の態度や個性によってまさにケースバ
イケースであろうと思われます。同じ当事者間でも時期・状況によって答え
は違ってくるでしょう。

　いずれにしても，面会交流自体をする・しないについて，一方が善で他方
が悪のような 100 かゼロかの発想や，量の多い・少ないについて勝ち負けの
ように捉える発想は両親とも避けて，父母それぞれとの関係が真にその子の
利益に資するものとなるため何ができるかという視点で考えていけると理想
です。

オ　具体的対応

　こうした子のニーズを満たすため，両親間の紛争を可能な範囲で解消方向
に導けるなら誰にとっても良いことです。まずは別居後の監護環境が安定し
たものとなるよう，監護親の住居や仕事，婚姻費用又は養育費などの実生活
面の条件が早期に整うことが理想です。

　面会交流を取り決めるにあたり代理人等として関与する第三者は，面会交
流についての双方の考えとその理由を，できるだけ本音を引き出すよう聴取
し，可能であればすり合わせを図ることができます。

　面会交流の枠組構築や実施にあたっては，理想の面会交流を一気に無理強
いするのではなく，子の気持ちを聞きながら一歩ずつ進めて軌道に乗せるよ
うにと考えます。例えば，別居直後から最大枠の面会交流を取り分けるより
も段階的に考えることにより，父・母・子の全員が安心して面会交流を実施
でき，軌道に乗りやすくなるかもしれません。

面会の場での暴力，暴言，連れ去り等が懸念されている事案では，少なくとも最初は第三者機関を介しルールをきちんと決めておくことによってトラブルを抑止し，子どもにも，安全な環境で別居親と会うこと等を説明することなどができます。

カ　避けるべき言動

両親とも，面会交流の場で夫婦間の紛争を持ち出したり，面会交流の前後に夫婦間の対立や感情をさらけ出したり，面会交流を条件闘争の道具としたりすることは，親が思う以上に子に重大な影響を与えることを肝に銘じておく必要があります。

別居親の側は，とにかく最大限の面会枠を確保し，それを常時強行しようという態度を示しているうちに，最初はなんとか実現できていた面会交流が，逆にうまくいかなくなることもあるという現実を念頭に置く必要があります。そのような場合に「面会ができなくなったのは監護親の責任だ」と慰謝料請求等をしても，別居親が面会の条件闘争のために行った言動が一線を超えている場合は，かえって監護親からの慰謝料請求が認容される実例も存在します。

監護親の側も，仮に「引き離し」と呼ばれるような心理的操作を子に対し行うなら，その時は子が思い通りに動いたとしても，長期的に子が心身や行動面・対人面の問題を抱え，監護親に対しても反抗的・破壊的な態度を取るようになるなど，思わぬ副作用が返ってくる可能性があることを理解していなければなりません。このような監護親の言動が監護親としての適格性に疑問を生じさせることや，ときには慰謝料の対象となりうることにも注意しておく必要があります。

キ　子の視点からの解決

両親とも，子どもが自分たちの紛争の狭間にあって複雑な思いを抱いていることを真摯に受け止めつつ，子どもにかかっている負担を取り除くよう協力する，離婚後にも子どもに最善のものを備えるために自分は何ができるかと考える，といった発想になれるとよいものです。監護親と別居親が紛争を終結させて常識的な人間関係に戻ることができれば，子どもは大きな荷を下

112　第4章　家族のトラブル　解決・対策の指針

ろすことができるでしょう。

（3）　当事者間の紛争性を高めないために ―――――――――

それでは，紛争を過度に激化させないため，当事者又は援助者はどのようなことに気をつけられるでしょうか。

ア　不必要に相手を攻撃しない

そもそも離婚話が持ち上がるからには夫婦間の何らかのトラブルがあり，夫婦という特別な関係だからこその愛憎入り混じる複雑な感情や長年にわたる経緯が伴います。子どもがいれば，その子に対するひとかたならぬ思い入れが父母それぞれにあります。このように，ただでさえ語れば尽きないほどの深い感情と，その背景となる家族としての歴史があるところ，それを裁判所で，「離婚原因」「慰謝料原因」「親権」「監護権」として判断を仰ぎ，それが今後の人生を決するとなると，どうしても力が入ります。

その際，相手の人格非難にどうしても目が向きがちになります。しかし，実のところ，裁判官は人格の優劣を決するわけではありませんし，評価ではなく事実を当事者から提供されることを望んでいますので，当事者からは事実関係，それも裁判所の重視する事実関係に焦点を絞って伝えることが適切です。

相手が攻撃してくる場合に言い返さないと不利になるのではないかと心配になったり，裁判所には全てを知って判断してほしいと感じたりするのは自然な心情ですが，裁判所は感情的・攻撃的な姿勢を肯定的にみることはありませんし，法的枠組にあてはめて主張立証されたことだけを判断します。

離婚や親権について争う過程で，必要以上に相手方を攻撃してしまうと，どうしても感情的しこりが残りやすくなります。お互いに機械ではなく人間なのですから，夫婦間の問題と子どもの問題を分けて対応しようと心掛けてはいても，完全に分離できるわけでもないでしょう。子どもの前でのわずかな表情や口調などに夫婦間の対立が出てしまうと，それを子どもたちは見逃しません。

夫婦の関係は離婚により終了しても，子どもがいれば，父母としての関係

第4章　家族のトラブル　解決・対策の指針　**113**

は残るわけですから，そこで父母が険悪なままなのか，それとも関係をリセットして新たな協力関係に入ることができているのかによって，子どもの受ける影響は大きく異なります。目の前のことだけでなく先のことを考えて裁判所に提出する書面や当事者間の連絡文書を作成するようにしましょう。

イ　条件闘争的にならない

　離婚自体や離婚に付随する事項について，「離婚に応じる代わりに親権を譲るように」「離婚に応じるまで面会交流はさせない」「面会交流がこれだけなら養育費もこれだけ」というように，各項目を交換条件とするような展開となることがあります。

　もちろん，真摯な気持ちで離婚や親権を争うことは決して否定されるべきことではなく，当然の権利です。特に子どもについてはお互いに譲歩し難く感じるものでしょう。とはいえ，行動や根拠が伴わない主張であるとすれば問題です。例えば，別居親が婚姻費用の支払を拒否しながら離婚・親権・面会交流等を争うといったパターンです。気持ちとしては理解できなくもないですが，このような争い方では，自分に有利な条件を得るため形だけ争っている，特に金銭的条件を有利にするため離婚や子どもに関する事柄を取引条件にしているとみられかねません。

　離婚問題は勝ち負けではなく，今後の人生をどのように築いていくかという課題の解決の場です。条件闘争的になっても得るところはなく，むしろ子との関係が悪化するなどの弊害が生じやすくなります。さまざまな背景事情があり，相手方が悪い，相手方の要求に応じたくないという強い思いを持つこともあると思われますが，大人として，決めるべき各項目を絡めずに，それぞれの妥当な着地点を冷静に見極めて対応するようにしましょう。

ウ　連絡方法を工夫する

　元は一つの家族であったものが分かれる以上，面会交流をはじめ，荷物の引き取り，社会保険の手続など，別居後も何かと連絡事項が生じるものです。しかしそうした連絡のたびに，なぜか余計な話になって喧嘩になるという展開も時折みられます。面会交流の日程調整のたびに非難合戦又は一方的な非難がなされるようでは，紛争が終結するきっかけもなくなりますし，何より

114　第4章　家族のトラブル　解決・対策の指針

そのような中で面会交流に行く子どもたちがかわいそうです。

　そのようなときは，口頭でのやり取りはせず，連絡手段を文書による方法に限り，内容も，面会の調整だけを事務的に行うようにすることができます。文書による方法のうち，メールは一般的ではありますが，最も気軽であるために，感情のままの文章や長文・頻回のメールなどをしてしまいこじれることもあります。どのように工夫しても当事者間では無理な場合は第三者機関の連絡調整型又は受渡し型援助を利用することもできるでしょう。

エ　子どもを巻き込まない

　子に他方の親の悪口を言ったり，離婚・親権に関して一方の親が重要と考えている事実関係を子に繰り返し聞かせたりするのは，子の心情に配慮しておらず，親子の境界が混乱しているということで，不適切な養育態度とみられます。裁判所に両親が提出している書面を，自律的年齢の子が自主的に読んでしまったのでもない限り，親の方からあえて子に読ませるという行動も疑問視されます。これらの言動は，子が調査官に対し，一方の親が裁判所に対し主張しているのとそっくりの内容を語ること等によって裁判所に露見します。

　また，親同士が会話したくないからといって，子どもを両親間の伝言役に使うことも控えましょう。会話さえ拒否する両親の間に入るというだけで，子どもには過剰な負担がかかりますし，その伝言内容にも対立があれば（例えば母からのAという依頼を父に伝えたら，父からはAを拒否してBを要求する回答を託された，など），さらに子どもを板挟みにして苦しめてしまいます。重要な物事については大人である親同士が責任をもって連絡すべきです。

オ　当事者の特性に合わせた対応をする

　例えば発達障害又はその傾向のある方が当事者であるとき，普段と異なる，予測のつかない状況には大きなストレスを感じることや，耳から入る情報，特にあいまい・抽象的な表現が把握しにくいことなどの特徴があります。そのため，協議や調停で離婚について話し合うという場面では，不安やストレスが高まっており，その結果としてこだわりが強まったり，攻撃的な言動になったりしてしまうことがあります。これに対して援助者の側が厳しく矯正

第4章　家族のトラブル　解決・対策の指針　**115**

するような対応をするならば，余計に当事者のストレスを嵩じさせ，こだわ
りや攻撃性が強まる可能性があります。

　ですから，もし当事者に発達障害があることが分かるならば，援助者の側
はストレスを軽減させる工夫をすることができます。具体的には，口頭だけ
でなく視覚に訴える仕方，例えば書面やホワイトボードなどを用いて，離婚
に関する手続の具体的な流れやスケジュール，その日の議題，その中で今何
を話しているのかなどを明確にすることができます。また，言い換えやあい
まいな表現は避け，明快な言葉を一貫して用いるようにします。何か当事者
の意見を聴取するときには，「どうですか」といった漠然とした質問ではな
く，「○○について意見を聞かせてください」とテーマを示した上で，選択
肢を示す形の質問などにより絞り込んでいくといった工夫ができます（「調
停における対応が困難な当事者の事例」ケース研究329・164～205）。

　また，何か当事者が意見を述べ，その内容が客観的には非常識であるよう
に思えても，悪気はないものと解し，頭ごなしに否定してかかるのではなく，
他の考え方があることを穏やかに示すようにも気をつけられます。同時に，
当事者本人が何を求めているかについて「普通は親であれば」という先入観
や思い込みで判断しないことも大切です。例えば，面会交流を強く求めてい
る場合でも，子と会うことそのものより，子の発育情報を知りたいという趣
旨であることなどがあります。

　説得する際，当事者の特性によっては，相手の感じ方を想像することや，
相手を思いやることといった角度から説得するよりも，本人にとってどのよ
うな良い結果・悪い結果となるかを伝える方が通じるということもあるよう
です。

　こうした配慮は，発達障害の方に限らず，パーソナリティ障害その他何ら
かの特性がある方にも応用ができます。

（4）　子に精神の障害又は疾患がある場合

設例 **7** ▶　設例 **8** ▶ ────────────────

　子に精神の障害又は疾患がある場合，父母が協力して子の障害疾患に向き

116 第4章 家族のトラブル 解決・対策の指針

合い子を支えることが望ましいものです。しかし、子の疾患に対する父母の価値観の相違や、養育の困難さによる心身の負担等から夫婦の関係に亀裂が入り、信頼関係が損なわれてしまう場合もしばしばあります。

　子にとって親の離婚は大変深刻な問題ですが、子に精神の障害又は疾患がある場合はより離婚は子にとって深刻な問題になりやすいです。離婚自体についても、夫婦間の破たん状況に加え、離婚が子に与える影響を考慮に入れて判断する必要があります。父母の離婚が避けられない場合、離婚に伴う親権者の指定や面会交流、養育費、財産分与などにおいても子の特性や状態に配慮した解決が望まれます。

　親権者の指定においては、子の環境の安定や監護親との情緒的な結びつき、監護補助者や主治医や支援者との結びつきなどの要素が重要になってきます。離婚後も、子の症状が悪化したり、環境に適応できなかったりしないように、居住環境や教育環境、保育環境、通院のしやすさ等を具体的に検討していく必要があります。特に、離婚によって別居親と離れて暮らすことになる場合、子が不安に感じることが多いため、主治医や学校の先生、福祉関係の支援者との結びつきも大切です。

　面会交流においても、子が別居親との面会交流を望む場合は、父母が離婚後も密に連絡を取り合う必要があるといえます。他方、子が別居親との面会交流を望まない場合には、面会の可否や方法は慎重に考える必要があるでしょう。調査官調査の段階でも、子の特性や状態に配慮して、調査自体によって子が傷ついたり、子の意思を損なわないような工夫が必要になります。

　財産分与においては、監護親は就労が制限されていたり、子の教育費や医療費等にお金がかかる場合もあるため、清算的財産分与の他に、扶養的財産分与が考慮される場合も多いといえるでしょう。

　養育費においても、子の特性によって通常の算定表だけではカバーできない出費がある場合には、考慮されるといえます。また、子が成人した後も経済的に自立ができない場合もあるため、養育費の終期を成人以降にすることも考えられます。また、成人した後も子が要扶養状態の場合には、子から直接別居親に対して、扶養請求をすることもできます（民法877条1項）。

第4章　家族のトラブル　解決・対策の指針　**117**

3　遺産分割と当事者の心の問題　設例⑫▶

　遺産分割では，遺産の範囲と評価を決め，その上で特別受益や特別寄与を計算し，各相続人の具体的相続分を数字で算出します。そして，この具体的相続分に基づいて各相続人に遺産を割り振り，遺産分割をします。このように遺産分割それ自体は，数字とロジックの世界で，夫婦・親子問題のように，パーソナリティの違いや歪みによる感情的対立の問題は生じません。しかし，遺産分割では，しばしば分割に絡んで，各相続人の精神状態等が問題になります。

（1）　老年期うつ病

　被相続人の配偶者が高齢の場合，永年連れ添った配偶者の死去により老年期うつ病にかかっていることがあります。老年期うつ病の場合，喜びの喪失，意欲の低下，思考力の低下という，うつ特有の症状に加えて，原因不明の身体的な症状を訴えるケースが多いという特徴があります。しかも，この老年期うつ病はしばしば認知症と同じような症状になり，容易に見分けがつきません。

　遺産分割は夫婦・親子問題と異なり，数字と論理だけの世界ですが，だからといって，数字と論理だけで高齢の配偶者を追いつめていくと，その配偶者のうつ症状を悪化させます。しかも，老年期うつ病は，他の病気の入り口になるものでもあり，場合によっては，最悪の事態になることもあります。

　仮に，遺産分割協議がまとまらなくても，各相続人は，配偶者の様子をうかがい，配偶者の症状に老年期うつ病の症状が出てきた場合は，場合によっては，遺産分割を中断し，配偶者の老年期うつ病の治療を優先させた方がよいでしょう。

（2）　ひきこもり

　相続人の中に，実家にひきこもって，被相続人と同居し，仕事をしない，社会との接点がほとんどない，という人がいることがあります。「ひきこも

り」は，日本特有の疾患といわれ，外国では，あまり見かけないという特徴があります。その原因については諸説がありますが，決定的なものがないようです。

若いころから，ひきこもりになる人もいますが，男性の場合は不本意な形で会社を辞めたことを契機として，女性の場合は，離婚やDVを契機として，ひきこもりになる場合があります。

このような場合，往々にして，他の相続人から「怠け者」「親に寄生して生きていた」等の非難がされ，「特別受益が多額にあるから，相続分はない」という主張がされます。

たしかに，家にひきこもり親である被相続人に頼って生活してきた相続人の中には，単に怠け者だから働こうとしなかったという方もいます。そのような怠け者に対する生活資金援助は，それが多額で親としての扶養義務の範囲を超えている場合は，特別受益になりえます。

しかし，精神的疾患が原因のときは，親が，その子の生活を支えたとしても，恩恵的要素が強く，遺産の前渡しとは言い難く，仮に遺産の前渡しだとしても，持戻し免除の意思表示が認められるでしょう。

遺産分割にあたっては，そのひきこもりの原因が，単なる「怠け者」なのか，それとも，「心の傷」による，やむを得ない「ひきこもり」なのか，十分見極める必要があります。

(3) パーソナリティ障害等

相続人の中には，両親を同じくしても，さまざまなパーソナリティがあります。人生である程度の成功をおさめた人，社会的にも高い地位や職業にある人等には，往々にして自信過剰なタイプ，自己愛性パーソナリティ傾向の強い人が見受けられます。逆に，職を転々としたり周囲と衝突を繰り返したりしてきた人の中には，反社会性パーソナリティ傾向やADHD傾向の人が見受けられます。

自己愛性パーソナリティ傾向の強い相続人は，遺産分割調停や協議でも，自分が他の相続人や調停委員会を「指導」しようとし，その「指導」に従お

第4章　家族のトラブル　解決・対策の指針　**119**

うとしない相続人や調停委員会と衝突をします。反社会性パーソナリティ傾向や ADHD 傾向の人は，調停委員会や他の相続人の何気ない言動にも，敏感に反応し，ささいなことで反発して感情的になります。

遺産分割調停の進行にあたっては，各相続人のパーソナリティを十分認識する必要があります。

また，同時に，遺産の割り振りにあたっては，自己愛性パーソナリティ傾向の強い相続人や反社会性パーソナリティ傾向の相続人が高齢の親を引き取って世話をするなどと主張して自分に有利な条件を獲得しようとすることに気をつける必要があります。

（4）　相続人の意思能力：特に認知症 ──────────────

高齢の配偶者が相続人の場合，その意思能力が問題になる場合があります。

遺産分割は，民法 13 条の保佐人の同意を要する行為の一つに挙げられており，金銭貸借や不動産売買と並んで，高度な判断力を要求される行為の一つです（民法 13 条 6 号）。

遺産分割協議をするにあたっては，本当に意思能力があるのか，十分見極めることが必要です。もし，意思能力がないか，著しく不十分であるにもかかわらず，成年後見人や保佐人を選任しないまま，遺産分割協議や調停を成立させたら，それは，無効又は取り消すことができます（大判明 38・5・11 民録 11・706，大判大 6・3・29 民録 23・570）。

しかし，実務上，判断能力が問題になるような当事者の場合，その相続人が遺産分割協議や調停に自ら参加することは稀です。多くの場合，弁護士が代理人として出席するか，高齢者と同居し，あるいは財産を管理している人が，家庭裁判所から手続代理人の許可（家事事件手続法 22 条 1 項ただし書）を得て，その高齢者の代理人として出席します。他の相続人は，当該相続人の判断能力を直接確認する機会がないことも多いです。

こういう場合は，主治医や入所する介護施設等に当該高齢者の状況を確認する，もし介護認定を受けていれば，その調査記録や主治医意見書を閲覧し（ただし，個人情報であるため任意での開示は難しい場合も多いので，裁判所の協

120 第4章 家族のトラブル 解決・対策の指針

力が必要となってきます），はたして当該高齢者に意思能力があるのか，確認
すべきです。

第5章

設　例

　本章では，心の問題と家族のトラブルについて，実務家が比較的よく遭遇するであろう典型的な設例を作成し，当事者それぞれの立場から弁護士が解説をしています。

　なお，各設例では，実際の複数の事案を参考に架空の事例を作成しました。当事者のプライバシーに配慮し，実際の事案とは内容を変えています。

設例 1 　男性からのDVと監護権・離婚・面会交流

関係する心の問題 ● パーソナリティ障害, うつ, ストレス反応

関係図

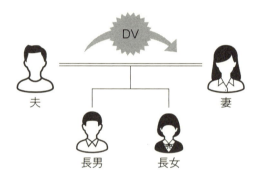

事案の概要

1 当事者

夫は建設業で，妻はパートである。結婚11年目で，小学校4年生の長男と5歳の長女がいる。

2 婚姻の経緯

夫妻は高校の同級生として知り合い，交際をスタートしてそのまま結婚した。

学生時代から，夫は若干やんちゃな性格であったが，その豪快さや人懐こさゆえに仲間内では人気があり，妻とも仲睦まじく結婚に至った。

3 ┃ 暴力の始まり

　しかしながら，結婚後半年程度経ち，妻が長男を妊娠した頃から夫の暴力が始まった。

　最初は，夫が帰宅した際に夕食の準備が終わっていなかったという理由で不機嫌になり，妻が悪阻のためゆっくりとしか動けないと説明したところ，「甘えてるんじゃねぇよ！」と突然に妻に殴り掛かり，「俺が家族のためにくたくたになるまで働いているのに，お前のその態度は何だ！　そんな簡単なこともできず，挙句の果ては言い訳か！　まずは謝れ！」と叫びながら，しゃがみ込む妻を殴る蹴るした。妻はお腹の赤ちゃんをかばいながら，「ごめんなさい」と必死に謝り続け，数分後に解放された。

　夫は翌朝には茫然とした様子で「昨日はどうかしていた。疲れ切ってついお前に当たってしまった。子どもが生まれるというのに，こんな夫で申し訳ない。許してくれ」と謝り，妻も「私こそ，あなたが頑張ってくれているのに行き届かずごめんなさい」と謝った。

　それからは，夫が仕事帰りにケーキや花束を買ってきてくれたり，夫婦で一緒に子ども用品を買いに行ったりする円満な日がしばらく続いた。そして長男が誕生した。

4 ┃ 暴力の悪化

　しかし，徐々に夫の態度は再び悪化し，ささいなきっかけで暴力を振るうことが日常化した。家が片付いていない，料理の味付けが気に入らない，妻の返事が気にくわないという出来事すべてが暴力につながった。その態様は，殴る・蹴る，押し倒す，髪をつかんで引きずりまわす，物を投げるなどである。一度暴力を振るい始めると人が変わったようになり，2～3時間にわたり暴力が続くことも多くなった。暴力を振るった後は大人しくなり，泣いて詫びたり妻にプレゼントをしたりという繰り返しであった。妻は，夫がいつまた突然にキレて暴力を振るうかとびくびくしながら生活するようになった。

　夫は妻が実家との交流を持つことを嫌い，長男が生まれた後も里帰りをさ

124 第5章 設 例

せなかった。なお，妻の両親は妻がまだ幼いうちに離婚しており，妻は母親に育てられ，父親とは元々交流がなかったのであるが，その母親が孫を見に来ることにも夫はいい顔をしなかった。妻は母親とも徐々に疎遠になってしまった。

このため，妻は夫の暴力について相談できる相手もなく，別居したくても逃げる場所もなく，自分さえ我慢すればと考えて夫の暴力に耐え続けた。ただ一度，首を絞められて命の危険を感じた際，夫が眠っている間に長男を連れて自宅を抜け出し，近くのホテルに滞在したことがあった。しかし避難していた数日間，夫からの電話とメールで携帯電話が鳴りっぱなしとなり，「このままお前たちが帰ってこないなら自殺する」と言われ，怖くなり戻ってしまった。

このときも，その後しばらく夫は非常に大人しくなっていたが，1か月経つか経たないかで元のとおり暴力が再発した。しかもこの一度目の別居の後は「お前らが出て行った時の俺の気持ちが分かるか」「お前が俺をこうさせているんだ」と叫びながら，長男の目の前でも憚らず妻に暴力を振るうようになった。それからは，「裏切者」「恩知らず」「殺人者」といった暴言が暴力に付き物となった。

そして，一度目の別居後は生活費についても変更が加えられ，それまでは夫から妻に現金で月10万円を渡されていたものが，その後は現金ではなくクレジットの家族会員カードを渡され，基本的に買い物はカードで行い，現金がどうしても必要な場合は言うように，との取り決めに変えられた。そして夫は妻のカード使用履歴をチェックするのであった。また，妻が友人と食事に行くようなときに現金も持ちたいと夫に頼んでも，夫には許してもらえず，妻は友人との交際もままならなくなった。

そのような中でも，夫は優しいときもあり，家族で仲睦まじく出かける楽しいひとときもあった。妻は「もともとの彼は優しくて皆にも人気があった」「私が彼を知らず知らずのうちに追い詰めているのかもしれない」等と考え，穏やかなひと時を大切にし，関係改善のためにいっそう努力した。

5 ┃ 長女の誕生と妻のうつ

そのような中，妻は長女を妊娠した。しかし夫の暴力や束縛は相変わらずであった。出産前の医療費について，病院ではクレジットカードが使えないから現金を出してほしいと頼んでも，夫は不機嫌になり，妻の節約が足りないと罵り，ギリギリまでお金を渡してくれないため，妻はストレスを覚えた。産前産後でも食生活等を切り詰めていたためか，長女の出産後にはうつの症状も出て，なかなか家の片づけ等ができない時期もあった。

夫は長男ほど長女を可愛がらず，妻が子どもたちの世話に気を取られていることや家事に手が回らないことがますます気に入らないようであった。暴力は頻度が増し，飲酒して一晩中暴れるようなことも出てきた。妻は子どもたちを巻き込まないようにと，殴られながらひたすら黙って耐えた。

6 ┃ 妻のパート開始

長女が3歳になった頃，夫の収入だけでは家計が厳しいということで，妻もパートに出るようになった。二人の子育てとパートをこなすことは楽ではなかったが，家を離れる時間を持つことで解放感があり，仕事をすることで専業主婦であった頃より自信もついた。

だが，そのような妻の変化を夫は敏感に感じ取り，妻が不貞をしているのではないかと疑うようになった。そして妻のカバンを漁ったり，携帯電話を盗み見たり，妻の1日の行動を事細かに問いただしたりし，少しでも気に入らないことがあれば何時間も妻を詰問しながら暴力を振るうようになった。妻はあざや傷跡をメイクや服で隠しながら仕事に行った。

7 ┃ 別居の経緯

そのようなある日，夫が着ようとした服に妻がアイロンをかけていなかったという理由でいつもどおり夫は激昂し，「お前は妻また母として失格だ！」と怒鳴りながら，妻を玄関へ引きずり出して鍵をかけてしまった。

妻は何も持たずに放り出されてしまったため途方に暮れ，ひとまずは職場

126　第5章　設　例

に向かい，出勤してきた同僚に事情を打ち明け，親切な同僚の家に1週間ほど泊めてもらった。その間に，警察に相談に行き，警察に同行してもらい自宅から貴重品等だけ持ち出すことができた。

　その後，妻は，弁護士のところに相談に行った。

時系列

平成18年　結婚

平成19年　長男誕生

平成24年　長女誕生

平成27年　妻がパートに出る

平成29年　別居

　　　　　　妻が弁護士に相談

　　　　　　夫が弁護士に相談

設例1　男性からのDVと監護権・離婚・面会交流

本事案の手続の流れ

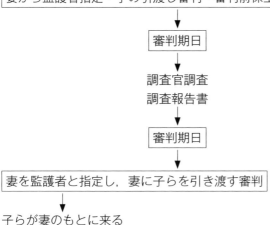

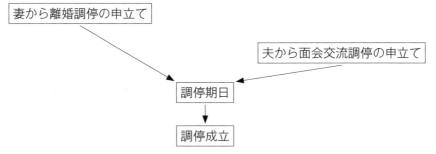

128　第5章　設　例

心の問題と本事案の分析

1 ｜ DV 加害者のパーソナリティ傾向，トラウマなど

　DV 加害者には様々なタイプの方がいます。①社会的地位が高く，家庭内に上下関係を持ち込むタイプ，②家庭外では物柔らかで腰の低い人として知られているのに家庭内では豹変するタイプ，③常日頃から家族に限らず第三者と頻繁に衝突を起こしているタイプなどです。

　①に挙げたタイプは，自分の能力に自信があり，競争社会で勝ち抜いてきたという自負があり，他の人を自分より下であるとみなす傾向があります。その視点からは，妻子は自分より劣った存在，自分に養われて依存している存在であり，自分の所有物，支配対象となります。妻子に暴力を振るっても何も悪くない，むしろ教育・指導して家族の改善・向上を図っているという認識であることもあります。この背後には，自己愛性パーソナリティが潜んでいることもあります。妊娠・出産により妻の注意が夫から子に移ったときに自己愛が傷つき，暴力が初発する例も多いようです。自己愛性パーソナリティによる加害については設例2のモラルハラスメントで詳しく扱います。

　②のタイプは，気が弱くて言いたいことが言えない，完全主義で外面的には非の打ちどころのない自分でいたいなど，社会生活でストレスを溜め込んでおり，気を許せる相手にだけ暴力という形でストレスを発散しているのかもしれません。

　③のタイプは反社会性パーソナリティが関係している可能性があります。

　また，どのタイプでも，加害者自身も暴力的な又は過度に厳しい養育者の下で育ったためにトラウマ等を抱えていることもあります。また，特性として，気持ちを言葉で伝えるのが苦手であることや，怒りをコントロールできないこと，相手の気持ちを想像できないことなどが見受けられることがあります。また，男尊女卑的な価値観を持っている傾向もあります。

　いずれにしても，加害者が暴力を自覚することや暴力的な傾向を改めることは極めて難しいといわれています。裁判手続においては暴力の事実自体を

全面的に否認するか，一部は認めても矮小化し配偶者に責任を転嫁する加害者が大多数であり，自分には非がない・配偶者が自分から去ることは許せないとして配偶者からの離婚請求を拒否する展開となることがほとんどです。一部には暴力の事実を認め，離婚にも素直に応じる加害者もいますが，それでも暴力的傾向をなくすことは難しく，加害者更正プログラムやカウンセリングに通ったとしても克服することは険しい道のようです。

離婚後にも，面会交流の際に元妻に復縁を求めるケースや，ささいなやり取りの中で元妻に対し激怒して暴力に至るケースもあります。

さらに，加害者は支配欲の裏返しとして猜疑心が強く，配偶者が不貞をしている等と疑うことがあります。妻が宅配便の男性と玄関先で少しばかり世間話をしていた，新しい下着を買ったといったささいなことが「浮気をしている」との疑いにつながり，それがまた暴力につながることもあります。妻から離婚請求をされても，自分には離婚原因がない，別の理由があるはずだ，それは妻が不貞をしているからだ等と推論し，ときには妻の弁護士等の支援者のことを妻の不貞相手ではないか等と勘繰るケースもあります。妻からの離婚給付請求についても「あの弁護士が妻を唆して自分から金を巻き上げようとしている」等と解釈されます。このようなときは妻の支援者に対する逆恨み，ときには加害行為に結びつく場合もありますので注意が必要です。

2 ┃ DV 被害者のうつ，ストレス反応など

DV 被害者にも当然ですが様々なタイプの方々がいます。

ただ，よくあることとして，「自分も悪い」「あの人にもいいところがある」「子どものために自分が頑張らなくては」といった気持ちでいます。その結果，暴力に耐え続け，別居等に踏み切っても「自分の我慢が足りないのではないか」「別居＝逃げなのではないか」等と自責の念に駆られ，加害者のもとへ戻ってしまうことなどがあります。

しかし，身体的暴力はもちろんのこと，人格を否定する暴言や経済的締め付けが日常的となっている中で生活することは，精神的に大きな負担です。親族や友人を含め外部との接触も制限される中，いつの間にか，うつ状態に

陥っていることもあります。

先に述べたような自責の念は，トラウマへのストレス反応としても生じます。例えば災害や事故など，誰のせいでもない悲劇について，生存者や関係者が「自分だけ助かってしまった」「自分のせいだ」と感じることと同じです。DVの被害者は，繰り返し，暴力の恐怖とともに「お前が悪い」と言われ続けることにより，本当に自分が悪いと思い込んでしまいます。加害者から完全に離れた後，多くの場合は別居後よりも離婚成立後にPTSDのような症状に気づくこともあります。

トラウマとなっている過去の暴力の事実については，記憶が飛んでしまう，感情が麻痺する，思い出すと動悸・冷や汗・頭痛などが起きてしまうため他者に伝えられない，といった症状が出ることがあります。

また，離婚条件の交渉においても，相手方に面と向かって抵抗することができないため，さらに後ろめたさや自責の念から自身の権利主張を控えてしまうため，親権を譲ってしまう方，離婚給付をかなり切り下げた条件で応じてしまう方，過剰な面会交流に無理をして応じてしまう方などがいます。

もし被害者の方がうつやストレス反応を呈しているようであれば，離婚とそれに関わる条件といった重大な物事を決められないことや，裁判のためにDVの事実関係を具体的に思い出して表現するのが難しいこと，裁判手続自体が過度の負担となることなどがあるかもしれません。援助者としては，本人が裁判手続や重大な決断をできない又は困難な状態のままで無理に手続を進めないこと，本人がDVの事実を具体的に思い出せないときに「これではDVがあったとは認められない」などと即断しないこと等に留意します。

3 | DV家庭で育つ子どもたちへの影響

DV家庭で育つ子どもたちは，加害者から直接暴力を受けていることもあれば，そうでなくても両親間の暴力を見聞きしています。親の方はDVの事実を子どもには知られていないと思っていても，子どもは分かっているものです。また，被害者の親がうつ症状を呈しているような場合には満足な愛情・養育を受けられていないこともあります。

子どもの前で一方の親が他方の親に暴力を振るうのは、一種の虐待です。児童虐待防止法2条4号でも、夫婦間のDVが明確に虐待として定義されています。子どもにとってそのような環境に慢性的にさらされることがトラウマとなると、解離等の症状を引き起こす場合もあります。

また、子どもにとって安全な場所であるはずの家庭に安心できる居場所がない、起きている事柄の理由も分からず自分が悪いと思い込むといったことから、ADHD類似の行動、例えば落ち着きがない、規律を守れない、他の子に暴力を振るう等の症状が出ることもあります。自分に責任がある、自分には起きていることを止められないと感じてしまい、罪悪感、無力感に苛まれ健全な自尊心を育めないこともあります。

これらは虐待を受けている子どもたちに生じる影響と共通しています。

Q & A

 子どもの監護について解決するにはどのような手続がありますか。監護権はどのように判断されますか。

妻からの質問

子どもたちが夫とともに自宅にいるまま、私だけが別居する形となってしまいました。このまま離婚請求をしたら、夫に親権が認められてしまいますか。子どもたちを連れ出すため、いったん私が自宅に戻るしかないでしょうか。

また、別居後の居所を秘匿したままでも手続は進められますか。

 監護者指定・子の引渡しの審判及び審判前保全処分（33頁参照）を検討しましょう。

132 第5章 設例

妻側弁護士の解説

1 監護者の判断基準

(1) 主たる監護者

監護者を判断する上で考慮される要素は多数ありますが，最も重要な要素の一つは主たる監護者が誰であったかということです。この要素は子の年齢を問わず重視されますが，特に子が幼いうちは，主たる愛着形成の対象が誰かということを見られます。

この点，長女が3歳になる頃までは専業主婦であり，その後はパートである妻の側が本件では主たる監護者であったものと考えられます。したがって，監護権を得るためにいったん自宅に戻る必要はなく，別居した状態で監護者指定・子の引渡しの審判及び審判前保全処分を申し立てることができます。

もちろん，主たる監護者であっても，その監護に問題があった場合は監護権が認められにくくなります。夫は妻がうつであったことを主張するものと思われますので，うつであっても育児に支障を生じたことはなかったこと，うつの原因が夫のDVにあること（婚姻前に既往歴はなかったこと等），現時点で育児能力に問題がないこと等を反論に含められるかもしれません。

(2) その他の考慮要素

その他の考慮要素として，現況の監護状態，子の意思，監護意欲なども挙げられます。本来，DV加害者が子を監護する環境が子にとって良いとは考えにくいですが，母親不在の期間が長くなるにつれ，子どもたちが元の自宅で母親のいない生活に外面的・表面的に適応してしまう可能性や，母親への認識もすり替えられてしまう可能性もあります。別居後すぐに子の監護についての申立てをしないなら，DVの主張や母親側の監護意欲にも疑問が持たれることでしょう。

そもそも，母親の不在により子どもたちがDVの対象となることや，子どもたちが「自分たちが悪い子だったからお母さんが自分たちを置いて出て行ってしまった」と考えてしまうことが懸念されます。ですから1日も

早く，離婚に先立って監護者指定・子の引渡しの手続をとることが肝要です。

(3) 居所秘匿の可否

居所を秘匿した状態でも手続は可能です。

監護者指定の審理にあたり，予定される監護環境について説明する際は，自宅や就業先，子らの通学・通園先等が相手方に特定されないよう気をつけつつ，居所の間取り，周辺環境（最寄駅からの距離，近隣の教育施設や医療機関，公園，図書館，児童館等の所在や距離等）など実質的環境が分かるよう情報を開示すれば足ります。

2 選択すべき手続

迅速性が重要であること，相手方とは対等な話合いが成り立つ可能性が低いことから，監護者指定及び子の引渡しの審判及び審判前保全処分を選択することが一般的には妥当です。

最終的に子の引渡しの強制執行まで至ることも考えられますが，子どもたちと暮らしたいのであれば，この段階で諦めないことが大切です。

夫からの質問

妻は自分で子どもたちを置いて出ていったのです。長女の出産後間もなくうつになっていましたから，もともと育児に向いていないのでしょう。妻には頼れる親族や友人もおらず，不貞をしているようですから，妻に子どもたちを渡すとどんな環境になるか，考えるだけで恐ろしいことです。妻には絶対に子どもたちを渡せません。私が監護します。

妻が子どもたちに会いに来ることは広く認めるつもりです。妻は自分で家族を裏切りながら，私がDVであると主張して，面会交流には消極的なようです。私の方が明らかに監護者として適格ではないでしょうか。

監護権は複数の要素を総合して判断しますので，結果を柔軟にとらえるようにしましょう。

134 第5章 設 例

夫側弁護士の解説

1 監護者の判断基準

(1) 監護意欲，適格性

　妻が進んで子どもたちを置いて出て行ったのか否か，また不貞をしているかどうかは，妻の監護意欲や監護者としての適格性に関係すると考えられます。これは事実認定の問題となり，仮に事実であれば，それは妻にとってマイナスポイントとなりますが，それだけで監護者失格となるわけでもありません。妻の行動が子どもたちに及ぼしている影響が問われます。

(2) 心身の状況

　うつという事情も，それだけで監護者にふさわしくないと判断されるわけではありません。うつにより育児に実際に支障をきたしていたのであれば，どのような支障が生じていたのか，具体的エピソードを証拠とともに示すことが必要です。ただ，その支障が児童相談所等の介入を要するような極端なケースでない限り，病状自体を監護権判断の直接の根拠とすることはあまりないようです。

　一方，そこまで極端なケースでなくても，母の愛情が足りないため子が母よりも父になついていたというのであれば，子との情緒的結びつきの深さとして考慮されるでしょう。

(3) 監護補助者

　妻に頼れる親族や友人がいないという点は，監護補助者という考慮要素に関係します。これもたしかに妻にとってハンディとはなりますが，地域の子育て支援を利用するなどしてカバーできますので，これが監護者の決め手となるわけではありません。

(4) 面会交流の許容性

　面会交流に対する態度も，監護者の適格性における大切な考慮要素であり，妻に自由な交流を認めるという夫の姿勢はプラスに評価されると考えられます。ただ，DV が主張されている事案では，面会交流に消極的な態度が直ちに非難に値すると判断されるわけではないことも念頭に置く必要があります。

設例1　男性からの DV と監護権・離婚・面会交流　**135**

2　結論について

　本件では，妻が主たる監護者であること，妻のこれまでの監護にこれといって不適切な点が認められないこと，子が幼く主たる監護者との情緒的結びつきが重視されることから，妻に監護権が認められる可能性が高いものと思われます。

　監護権に関する判断は，決して両親の優劣を判定するものではなく，子どもたちがどこで暮らすことが子どもたちにとって良いかを決めるものです。勝ち負けと思わず，過去にとらわれず，別居となった現在の状況で子どもたちのためにできることを両者が前向きに考えられるとよいと思われます。

Q2　離婚は認められますか。離婚原因の主張・立証にあたり気をつけることはありますか。

妻からの質問

　そもそも同居中，DV について証拠らしい証拠は取っていませんでした。自分の傷，それも夫に殴られたものを写真に撮っておくという気持ちにもなれませんでしたし，見つかったら大変なことになるという思いもありました。医者に行くことなど許されませんでしたので，診断書も一つもありません。別居当日も着の身着のまま放り出され，辛うじて貴重品だけ警察が立ち会う中で持ち出したため，証拠になりそうなものを持ち出す余裕もありませんでした。

　ただ，携帯電話に保存していた写真を注意深く見直したところ，あざがある写真が2〜3枚見つかりました。ただ，あざの箇所は実際よりも小さく不鮮明です。これで証拠になりますか？　離婚はできるのでしょうか。

A2-1　手元の証拠と合わせて，具体的エピソードを丁寧に陳述することにより DV が認められる可能性があります。

第5章 設 例

妻側弁護士の解説

1 DV立証の困難性

DVの事案で証拠を手厚く集められている方の方が少ないといえます。暴力は前触れなく突然に起こるものであり，相手と毎日生活している空間で起こることでもあり，録画・録音等の証拠を確保・保管することは難しいでしょう。経済面や行動面でも制限されていることから，医者に行かせてもらえなかったという方や，医者には行ったもののDVだとは言えず自分で転倒した等と述べたという方も多くいます。傷の写真があっても不鮮明であることも多く，写真だけでは相手方から別の原因を主張されることもあります。日記，手帳，家計簿等に生活の実情がある程度分かるような記録が残っていても，別居時に着の身着のまま避難したような場合は持ち出せないこともあります。

2 陳述の重要性

このように証拠が手薄である場合，あとは当事者の陳述の勝負となります。陳述だけでは証拠にならないのではないかと不安に思われるかもしれませんが，どちらの話が真実かは意外に理解されるものです。思い出して表現するのもつらい作業ですが，できるだけ具体的に，いつ，どこで，どのようなきっかけで，どのような暴力を，どれくらい振るわれたのか，エピソードを多く挙げて丁寧に陳述してください。それを裏付ける間接的な証拠だけでも手元にあれば提出を検討しましょう。

その結果，DVが認定されれば，離婚が認められる可能性が高いといえます。DVの程度によっては慰謝料も同時に認められますし，親権や面会交流の判断にも影響しますので，DVの事実があったのなら丁寧に主張立証しましょう。

3 証拠確保について

なお，本件は証拠確保前に自宅を追い出されてしまっていますが，別居前であれば，できるだけ録画・録音・写真・診断書，日記・手帳・家計簿・友人や親族にDVについて相談したメール，警察等への相談記録等の証拠を確保すること，確保できたのであれば自宅に保管するのではなく別の場所に保

管する，信頼できる親族・友人等に控えを預けておくこと等の備えをすることが望ましいといえます。

なお，警察等への相談記録は，個人情報開示請求により取り寄せることができますが，保存期間が経過すると破棄されてしまいますし，特に110番通報等の記録は保存期間が短いため，できるだけ早く取り寄せておくことが必要です。

夫からの質問

DVだけは絶対に納得できません。妻は父親がいない家庭で育ったためか，男性の声が大きいとか，動作が粗野だとかいったことに過敏なのです。私はもともと体も大きく，建設業という仕事柄もあり，たしかに妻からは声や動作が怖く思えたこともあったと思います。

どこの夫婦にもある喧嘩はしましたし，その際に感情的になって物を投げたりしたことはありましたが，それは妻も同じことでお互い様でした。家の中が荒れ放題になったときは妻をきつく叱りましたが，それには妻にも原因があると思います。

さらに妻がパートに出て，他の男性とこっそりメールをしていたり，仕事の後に男女複数で飲食店に寄ったりしていたことが分かった際には，さすがに私も怒り，多少手を挙げたこともありましたが，これは同じ目に遭う夫なら誰でも同じ反応を示して当然であろうと思います。このようなことで離婚が認められるのですか。

 加害者とされる側も事実を丁寧に説明しつつ，見通しに応じて対応を検討しましょう。

夫側弁護士の解説

妻の主張するDVに客観的証拠がない場合は，どちらの陳述に信ぴょう性があるかという判断になります。妻から主張されるエピソードについて，こちらもできるだけ具体的に認識を説明することになります。暴力を振るったとされる日の出来事や，そのシーンに至る経緯を丁寧に思い出し，妻も手を出しているならその事実を指摘できます。また，こちらの陳述を補強する証

拠があれば提出を検討しましょう。

　また，「多少手を挙げただけ」という説明は通用しませんので，注意しましょう。大小にかかわらず有形力の行使は不法行為とみなされる可能性があります。もちろん，お互いに手を出し合っていたのであれば別ですが，これもどちらの陳述が真実かという認定にかかってきます。

　加えて，「手を挙げたことは事実だが妻にも責任がある」との言い分も通用しません。もちろん完ぺきな人はいませんので，妻の非がゼロであるとはいいませんが，だからといって手を挙げてよい理由にはなりません。他にも解決の方法はあるわけですから，暴力を使ったことは100％夫の責任になります。

　夫自身も理解しているように，夫にとっては多少乱暴な動作や大きな声にとどまる言動でも，妻にとっては怖いこともあります。何度か怖い思いをすると，何かあるたびに警戒する心境になるというのも無理からぬ面もあります。

　仮に裁判官がDVを認定する見込みであれば，離婚を拒否し続けることが得策かどうか，検討する必要が出てきます。判決でDVとの認定を受け，それが確定してしまい，その判断が面会交流等にも影響するリスクを考えると，悔しいかもしれませんが和解により解決する方がメリットがあるかもしれませんので，慎重に考慮しましょう。

Q3 面会交流についてはどのようなことに留意する必要がありますか。

妻からの質問

　私自身は夫と二度と顔を合わせたくありません。会うことを考えるだけで恐怖に襲われ，身がすくんでしまい動けなくなります。

　ただ，子どもたちにとっては父親であり，一般論として面会交流が大切であることも理解しています。子どもたちも，優しいときの父親には遊んでも

らった楽しい思い出もあると思います。とはいえ父親が暴力を振るう場面を子どもたちも目撃しており，父親に対しては普段からいつ怒られるかとビクビクしていました。私のところに来てからは二人ともこれまでになくのびのび生活できており，自然な笑顔がたくさん見られるようになりました。父親のことは一切話題に出ません。このまま彼との接点がない方が子どもたちも心穏やかに過ごせるのではないかと思うこともあります。

　面会交流をするとなると，連れ去りも心配です。彼は監護権や親権で負けたと思って恨みを持っているはずです。私が"虚偽のDVという違法な手段"で子どもたちを奪ったので，自分も違法な手段で子どもたちを奪い返しても構わないはずだ，と裁判に出して来た書面にも書いてありました。面会の折に子どもたちの話の端々から住んでいる場所を探り出して待ち伏せ等をするのではないかとも心配です。

　また，長男は幼い頃から落ち着きがなく，かんしゃくを起こしたり，幼稚園でお友達に意地悪をしたりすることがありました。小学校に上がってから，先生からADHDではないかといわれ，今はメンタルクリニックに通院しています。普段と違う場面には極端に弱いので，面会交流も普通の子以上に緊張して負担になるのではないかと思います。長男の症状には父親の暴力が影響している可能性もあり，父親と会うとどうなるか心配です。だからといって5歳の妹だけ会わせるというのも，きょうだい間で違う扱いをすることになり良くないと思います。妹の方も，まだはっきりしませんが，トラウマのようなものがあるかもしれません。

　子どもたちがもっと大きくなり，連れ去られる危険も減ってから面会するのではいけませんか。私は子どもたちに父親の悪口は一切言っていませんし，子どもたちが自分で父親に会いたいというときは協力するつもりです。

> **A3-1** 子どもたちにとって面会交流が適切か，どのような方法が望ましいか柔軟に考えて工夫しましょう。

140　第5章　設　例

妻側弁護士の解説

1　原則

　夫への恐怖の中でも，面会交流が子どものためのものであることを第一に考えておられることは素晴らしいことです。DVがあった場合，子どもの心の傷，連れ去りや暴力再発の危険など，注意しなければならない要素はたくさんあります。とはいえ慎重に検討した結果，面会交流一切を禁止すべき事情まではないとされるときには，リスク防止策にも留意しつつ，子どもにとって面会交流が良いものとなるためにどのような工夫ができるかを柔軟に考えます。

　長男のADHDとされる症状や子どもたちのトラウマの心配もありますので，児童心理の専門医にアドバイスを求めるのもよいかもしれません。児童相談所等の公的機関への相談を通じて医療機関につながることもあります。

　調停・審判となれば，家庭裁判所調査官が，子どもとの面接，子どもの通う学校の先生や通院先の医師への聴き取り，試行的面会の実施等によって個々の事案に応じた意見を出してくれます。きょうだいがいる場合，同じ面会交流に揃えることが望ましいのか，それとも個別に取り決めることが望ましいのかといったことも，調査官に問題意識を伝えておきましょう。

2　直接交流について

　DVがあったケースでは，まず，直接会う方法での面会が子どもにとって適切かどうかを確認します。直接面会の可否はDVの程度と必ずしも相関関係にあるわけでもなく，子どもの年齢，性別，個性，DVの影響の程度等によって違ってきます。自己判断だけでは心許ないときは，直接面会の適否について医師の意見を求めることもできます。

　直接面会が子どものために望ましいとされる場合で，子どもが一人で別居親に会いに行くことができない年齢のときは，受渡し時又は面会交流自体に誰か大人が付き添うことになります。監護親が別居親と顔を合わせることが難しい場合には，親族・友人等に立会いを頼むことも考えられますし，頼める知人がいないときは面会交流の援助機関を利用することを検討します。

　加害者が面会交流を被害者との復縁の契機として利用しようとすることや，

連れ去り，つきまとい，暴力・暴言の再発等が懸念される事案では，専門機関の利用，それも受渡し時だけでなく面会全体に立ち会ってもらう方法が適しているかもしれません。相手方が第三者の立会いを拒否しているときは，審判により第三者立会いの要否・方法を決めることになります。

3 間接交流について

　直接会うことが子どもにとって望ましくないと判断される事案では，間接交流の可否を検討します。間接交流とは，手紙，電話，メール等の方法でコミュニケーションを図ることです。別居親の側から誠実な手紙を書くことによって子どもたちの心が解きほぐされないか試みることもあります。

　子どもたちが別居親と間接的な方法であれ交流することが難しいときは，監護親から別居親に対し，子どもたちの成長が分かるもの，例えば写真，学校の成績表，子どもたちの図画工作の作品等を送るという方法を検討することもあります。

　居所を秘匿している場合は，送付物に居所に結びつく情報が含まれないよう気をつける必要があります。

4 面会交流不適の場合

　直接・間接いずれの方法でも面会交流が不適切であると判断されるケースでは，面会交流を認めない判断が出されることもあります。お子さんに対する虐待があったケースや，子どもが自分の意思で判断できる成熟度に達しており面会を明確に拒否する場合などは，別居親の面会交流の申立てが却下されることもあるでしょう。

　この点，両親間のDVを見せることは一種の虐待であることに間違いはありません。ただ，DVがあったことだけで面会交流が却下になるとは限らず，上に述べたような要素を考慮して判断がなされます。

5 「子が会いたいときに」という取決めについて

　子どもが自分の意思で会いたいと言うまで面会を控えたい，という要望には，DVの有無を問わずしばしば直面します。しかし，お子さんが監護親に対して別居親に会いたいと積極的に求めることは比較的稀ですし，「会いたい？」と尋ねれば本心とは別に「会いたくない」「別にどうでもいい」と答

えることも多いものと思われます。「子どもが会いたいときに面会をする」という取決めでは，別居親としては，子どもの会いたい気持ちがちゃんと伝えられるか不確実であり何の保証もないと考えるでしょう。円満な協議離婚であれば「会いたいときに会わせる」という約束だけで実際にうまくいっているケースもあるようですが，裁判所での手続を経ているようなケースでは，そのような取決めは実現困難であろうと思われます。

　そのような場合，「○年間」又は「子が○歳になるときまで」と時期を区切り，当面の方法とその後の方法を段階的に定めておくという方法や，将来のことを予め決めておくのが難しいときは「○年後に誠実に再協議する」といった約束を入れておくという方法があります。

夫からの質問

　子どもたちに今すぐ会いたくてたまりません。子どもたちが私のことを怖がっているはずはなく，妻自身が悪いことをしておいて出ていったために私と顔を合わせられないというだけです。会いにいかなければ，子どもたちは父親に見捨てられたと勘違いしてしまいます。私は何も悪いことをしていないと子どもたちに説明する必要があります。

　まずは何度か手紙を書いてみないかと皆さんおっしゃいますが，妻が手紙を子どもたちにちゃんと渡してくれるか分かりません。渡すとしてもどのように説明するかも分かりません。私は，子どもたちと面と向かって直接交流する機会を求めます。妻と平等に子どもたちとの時間を持たせてください。

　また，直接会うとしたら第三者機関を介することになるとはいったい何ですか。

　どうして子どもと父親が会うのに，犯罪者のように監視をつけられなければならないのですか。子どもたちも，久しぶりに父親と会うのに，誰だかよく分からない大人がずっとついて回るなんて，のびのび本音を出せなくなって可哀想です。

　その第三者機関に払う費用を私にも負担しろというのも理不尽な話です。妻の都合で付加している条件なのですから妻が全額支払うべきではないですか。

第三者機関をつけると月1回の面会が上限だとも聞きました。私は子どもたちともっと会ってあげたいし，会うことができるのに，どうしてこのように多方面から制限されなければならないのですか。

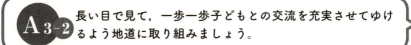

A 3-2　長い目で見て，一歩一歩子どもとの交流を充実させてゆけるよう地道に取り組みましょう。

夫側弁護士の解説

　子どもたちが父親に見捨てられたというネガティブな感情を持たないよう会ってあげたいという考え方はよい視点だと思います。子どもにとって，両親が離婚しても両方の親から愛され続けている，悪いのは子どもたちではないというメッセージを伝えられることは大切です。

　夫婦間でも，どちらが悪いという責任論や，どうあるべきという理想論よりも，結果としてある現状から，今後どうしていくかの話を進めてゆけると建設的であろうと思われます。そして現在，子どもたちは母親と暮らしており，父親との面会交流をどのようにするか取り決める場面に来ています。本当は父親とも一緒に住めること，それが無理でもできるだけ多く父親と会えることが理想かもしれませんが，現実には子どもには子どもの暮らしが新たに機能しており，平日・週末とそれぞれスケジュールがあるものです。子どもの新しい生活を温かく見守る姿勢も大切になってきます。

　間接交流から始めてみるとの案が出されると，別居親としてはがっかりし，物足りない気持ちにさせられます。それでも，ここで監護親や裁判所を攻撃しても得るところはなく，密かに子の居所や学校を訪れたりするとますます面会交流の機会が狭まることになりかねません。辛抱が要りますが，誠実な気持ちで面会を求めていることが裁判所に理解してもらえるよう対応しましょう。

　子どもとの交流は一生のことですから，長い目で見るよう心掛け，焦って行動しないよう気をつけましょう。手紙が子どもたちの手に渡るかどうか，手紙を渡す際に監護親が何を言うか心配とのことであれば，調停委員等を通してその懸念を伝え，監護親には子どもたちに渡す際に不必要なコメントを

144　第5章　設例

述べたり嫌な顔や動作をしたりしないこと，手紙を渡された子どもたちの反応を次回調停で教えてもらうこと等を約束してもらうことができるかもしれません。

また，手紙の中身によっては，逆に面会交流の間口を狭めてしまう結果にもなりかねないので気をつけましょう。例えば，監護親の悪口を書く，自分の消極的な気持ちばかり書くなどです。子どもの心を遠ざけてしまうようなことがないよう，子どもの立場に立って手紙を書きましょう。

直接面会の際に第三者機関の立会いが条件となると，これも別居親にとっては不愉快なものです。客観的には第三者立会いの必要性が高くなく，監護親の不安感が強いために第三者立会いが要求されている場合であれば，円満な面会の実績を積み上げることで，裁判所にも第三者立会いまでは不要であると判断されることもあるでしょう。しかし第三者機関を利用することが適切であると判断される場合は，費用も父母間で分担できた方が望ましいといわれています。第三者機関は監護親の味方ではなく中立な立場で援助をしますので，費用も折半が望ましいものと考えられています。なお，第三者機関の利用も，事案にもよりますが長年にわたり継続するとは限りませんので，一つの段階として捉えることもできるかもしれません。

また，面会時には，父親と過ごす時間が楽しく充実したものとなり，また会いたいと子どもたちに思わせるものとなるよう，会話の内容等にも配慮しましょう。子どもたちに，父親が悪くないことを説明したいとのことですが，離婚の原因となった夫婦間の出来事についての説明は，子どもたちを傷つけたり過剰な負担となったりする可能性が高いですから，説明する時期・内容ともに慎重に選ぶ必要があります。少なくとも子どもたちがまだ幼いうち，かつ面会交流が始まった初期の段階でそのような話題を持ち出すことは控えた方がよいといえるでしょう。

設例2 女性からのDVと保護命令・離婚・親権・面会交流

関係する心の問題 ● 境界性パーソナリティ障害

関係図

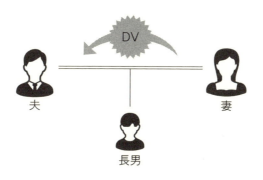

事案の概要

1 当事者

夫は会社員，妻は専業主婦である。結婚10年目で，4歳の長男がいる。

2 婚姻の経緯

夫と妻は友人同士の飲み会で知り合った。当時の妻は物静かで可憐な女性であった。付き合ううちに，妻が両親と折り合いが悪いと聞かされ，夫は少し意外に思ったが，その頃はあまり気に留めなかった。そして妻が結婚して早く実家を出たいということに応じ結婚した。

3 暴力の始まり

しかしながら，結婚後ほどなくして，夫が残業で普段よりやや遅く帰宅す

ると妻が異様に不機嫌で，何を話しかけても答えないことがあった。その後も夫の帰宅が少しでも遅れると，チェーンロックをかけて家に入れない，謝り倒してようやく家に入れてもらえたと思ったらリビングに割られた食器が散乱している，夫のスーツが切り裂かれているといったことがあった。また，夫の居場所を確認するため仕事中でも電話やメールを繰り返すことや，ときには会社に電話してしまうこともあった。そのため夫は，友人との交友や自分の時間はもちろん持てなくなり，会社の飲み会等にもほとんど参加できず，とにかく定時で仕事を切り上げ急いで帰宅するという毎日が続いた。

　さらに，妻は夫のささいな言動をあげつらい，数時間にわたる説教をするようになった。例えば箸の持ち方が間違っている，妻が話しかけたときに別のことに気を取られていて曖昧な返事をした，隣の人への挨拶の仕方が悪かった等のことが，人としてなっていない，思いやりが足りない等の全人格否定につながり，長時間の説教に至るのであった。帰宅してから深夜まで，寝かせずに説教されることもあった。途中で夫が口を挟むとますます激昂して説教が長引くだけなので，夫は妻に反論しなくなった。

　そのうちに，妻からは言葉だけでなく手が出るようになった。最初はカッとなったときに２〜３発殴るといった程度であったが，結婚後３年ほど経った頃には，殴り始めると１〜２時間にわたり暴力が続くようになった。また，素手ではなく手近にあるものを道具として殴るようにもなり，夫は出血を伴う傷を負うこともあった。この頃２〜３回，近所の人が激しい罵声と物音に気付いて警察に通報し，警察の訪問を受けたことがあったが，妻は「ただの夫婦喧嘩」「夫に暴力を振るわれていた」等と説明し，警察官は妻が無傷で夫が血を流していることに首を傾げながらも，「お互い気を付けなさい」と言う程度で帰っていった。

4 ｜夫の対応

　それでも夫は，自分が全てを受け止めていればいつか妻の症状もよくなると信じて耐え続けた。給料はすべて妻に渡し，妻が好きなように使えるようにさせていた。家事についても妻の求めに応じ，夫が出勤前に洗濯や掃除を

行い，帰宅途中にスーパーに寄って買い物を済ませ，帰宅してからは夕食の準備や片付けなども行った。妻が子どもが欲しいと望んだので，夫も子どもが生まれれば妻も変わるかもしれないと思い，結婚6年目で長男を授かった。

5 | 暴力の悪化

しかしながら，長男が生まれると，妻の暴力は激化した。暴力の頻度は，それまでは月1回程度であったものが毎週のように起こるようになった。家事だけでなく育児も夫にかなりの部分をやらせた上で，そのやり方がなっていないとして暴力を振るうのであった。夫は長男を守るためにも必死で家事と育児を行いながら妻の暴力を受け止め続けた。

長男の成長につれ，長男が言うことを聞かない，思いがけない行動をした，平均的な成長のレベルに達していない面がある等のことで妻が狂乱することが増え続けた。妻は専業主婦であったが，育児が過度のストレスとなるようであったので，育児困難である旨の診断書を得て長男を保育園に入れた。保育園の送迎も夫の担当であった。妻は保育園のママ友たちともあまり付き合おうとせず，すぐに「あの人はうちの悪口を言っている」等と被害的になるのであった。

6 | 別居の経緯

別居に至ったきっかけは，妻の暴力があまりにも激化し，文字通り毎日，夫に暴力を振るうようになったことである。夫は家にいる間じゅう暴力を受け続けた。その状態が約10日間続き，その間，夫は意識を失うなど命の危険を感じることが数回あった。さらに妻が，夫が運転し長男も乗っている車から飛び降りようとする，ハンドルにしがみついて事故を起こさせようとするという事態まで発生し，夫はこのままでは長男を守り抜けないと感じるようになった。このとき，夫はICレコーダーを通勤用の鞄の中に入れておき，別居前の数日間，妻の暴力の現場を録音した。

その後，夫は，弁護士のところに相談に行った。

時系列

平成 19 年　結婚

平成 25 年　長男誕生

平成 29 年　別居

　　　　　　夫が弁護士に相談

　　　　　　妻が弁護士に相談

設例2　女性からのDVと保護命令・離婚・親権・面会交流　149

本事案の手続の流れ

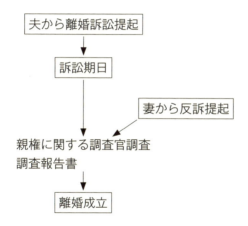

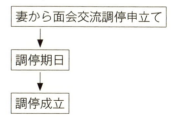

150　第5章　設　例

心の問題と本事案の分析

1 ┃ 女性の DV 加害者のパーソナリティ傾向

　加害者の女性の特徴として，親との関係が良好でないケースが多く見受けられます。本人が親から虐待されてきたと認識しており，親と疎遠であるなどです。本来は親から得られるような「無条件の愛情」を夫に求め，その結果，夫が自分の期待に完璧には答えられないことに過剰に苛立つ面や，夫が暴力を振るう自分をどこまで受け止めてくれるか試すようなところもあるように思われます。

　暴力が密室で行われるということは男性加害者も女性加害者も共通ですが，女性加害者については男性加害者にもまして「まさかこの人が」と驚かされることがあります。普段は大人しく，上品で，人当たりの良い女性が多いのです。夫の観察によると，外面的には「良き妻，良き母」を過剰に演じ，ストレスを溜め込む傾向があるといわれます。

　配偶者の行動を制限しようとするのも，男性加害者・女性加害者に共通します。ただ，女性加害者の場合，被害者である男性が外に働きに出ていることが多いため，行動制限の方法として，仕事中に絶え間なく連絡をする，会社に電話を掛けたり来訪したりする，よほどの事情がない限り定時で仕事を切り上げて帰宅するよう要求するといった形で，会社にも迷惑が及ぶことが多いのが特徴です。

　何時間も説教をし，深夜にわたり寝かせないという行動も，男性加害者・女性加害者を問わずよく見られます。説教に暴力が伴うことも当然あります。激しい口調と穏やかな口調，暴言と正論が織り交ぜられます。反論すると激昂し，説教がさらに延びてしまいます。説教の内容も，加害者の理屈だけ聞いているとその場では理路整然としているように思えます。また，ささいなことから被害者の人格全体が否定されます。これらの繰り返しにより，被害者は反論する気力を失っていきます。

　よく，男性被害者に対し，「体格も力も上なのに，どうしてこれほど激し

い暴力を振るわれ続けたのか，止められなかったのか」と言われますが，上に述べたような仕事への妨害，反論を許されない説教などから，逆らえない関係が固められていき，徐々にエスカレートする暴力にも耐え続ける結果となっているようです。

被害者側に非はなく，どちらかというと忍耐力や責任感が強い，前向きで包容力のあるタイプの方が逃げ出さずに被害をひたすら受け止めてしまい，DV が長期化・深刻化しているように見受けられます。

医師からひとこと

〈境界性パーソナリティと夫婦関係〉

●境界性パーソナリティと親密性

境界性パーソナリティの方の場合，親密な関係は，専門的な言い方をすると「『見捨てられ抑うつ』の恐怖に対する防衛を求める欲求」に支配されています。このためその関係では相手を信用せず（できず），欲求不満に陥りやすく，関係性もその時々の気分や感情に大きく左右され不安定なものになります。

境界性パーソナリティの方が恋愛や結婚をすると，その相手は「報い，満たしてくれる存在」と「拒絶し，欲求不満に陥らせる存在」という二つの存在として捉えられることになります。

そして，その捉え方は往々にして持続性を欠き，その瞬間ごとに見方が一転して，完全に良いか，完全に悪いかのどちらかになってしまいます。

つまり境界性パーソナリティでは，相手を欠点と長所を同時に兼ね備えた複雑なひとつの存在（対象）であると認め，尊重することができないのです。

●ボーダーラインカップル

　夫婦や親密な恋愛関係にあるパートナーのどちらか一方が境界性パーソナリティ障害であるカップルは「ボーダーラインカップル」と呼ばれます。

　もう片方がパーソナリティ障害のない，メンタルケアをしてくれる方であるか，自己愛性パーソナリティの人であれば（自己愛性パーソナリティの自尊心の高さや束縛が，境界性パーソナリティの未熟な自我や見捨てられ不安を充足するため），そのカップルが長く持続する可能性が高いといわれています。

　ボーダーラインカップルでは，境界性パーソナリティの方が見捨てられ不安を感じないよう相手が愛情，関心を注いでいる間は関係性が比較的安定しています。

●破たんの経緯

　境界性パーソナリティの方は自分自身が主体性をもって役割を果たさなければならなくなる時点，例えば結婚して専業主婦の役割が生じる，出産して母親の役割が生じるといった場面で不安が高まります。かつ，その不安に対する防衛メカニズム（不安を自分の中で処理する力）も未熟であるため，配偶者への過剰な要求又はこきおろしなどに及びます。

　本設例のケースでも，妻は結婚により専業主婦としての役割を負わねばならなくなった不安から様々な情緒的，依存的，要求的な言動を繰り返していましたが，夫がそれに合わせることで共依存的な特徴を持ちながらも関係を続けてくることができました。しかし妻は，長男の誕生により夫の愛情や関心，ケアが長男に奪われてしまったという嫉妬や被害感に加え，長男の成長につれ母親として果たさねばならない役割が増えていく中で不安が高まり，それに対する未熟な防衛メカニズムから衝動的かつ暴力的な言動を急速にエスカレートさせたものと考えられます。

> 精神科臨床においては，どれほど劇的な問題行動や言動のやり取りやトラブルがあっても夫婦だけの関係に閉じこもっていられる間はその問題が社会に表面化することがなく，それを不可能にする「子どもの誕生」により子どもを虐待したり，夫への攻撃，暴力がさらにエスカレートするなど問題が表面化し，医療的介入につながったり，離婚問題に発展するケースが多く見受けられます。

Q & A

 保護命令は発令されますか。

夫からの質問

　長男を連れて別居したいのですが，仮に別居先を秘匿できたとしても，勤め先が妻に知られているので，会社に押し掛ける，会社から後をつけて別居先を把握するという懸念があります。会社に迷惑をかけるのは避けたいことです。

　保護命令は一般的に，女性を守るための制度であると聞いていますが，男性被害者でも適用してもらえるのでしょうか。

A1　男性被害者でも理由があれば発令されます。

夫側弁護士の解説

1　原則

　たしかに，「配偶者からの暴力の防止及び被害者の保護等に関する法律」（DV保護法）の前文でも，DVの被害者が多くの場合女性であることから，

男女平等の実現を図り，女性に対する暴力を根絶しようと努めている国際社会における取組にも沿うものとして同法が制定されたとうたわれています。

だからといって，保護命令が男性被害者には適用されないわけではありませんので，安心してください。配偶者から暴力又は生命等に対する脅迫を受け，さらなる暴力を受けるおそれが大きいときは，男性被害者からの申立ても認められます。住民票の閲覧制限等の措置も，男性被害者にも適用されます。

2　立証のハードル

ただ，一般的には力の強いはずの男性が，力の弱いはずの女性に暴力を振るわれるという事実が理解されにくいため，女性被害者の場合より，発令要件の立証のハードルが事実上どうしても高くなるのは事実です。暴力が事実なのか，程度は深刻なのか，なぜそうなったのかといったことを，できれば録画・録音といった客観性の高い証拠で立証するとともに，経緯を詳細に陳述することが必要です。

なお，録画や録音がなければ無理と諦める必要もありません。事実を示す写真，診断書，夫婦間のメールのやり取りや電話の着信履歴，警察や児童相談所等への相談記録などに加え，第三者の証言も役に立つことがあります（立証方法について，136 頁参照）。

3　本件での見通し及び留意点

本件では暴力の程度が激しく長年にわたり続いており，証拠もあるようですから，保護命令が認められる可能性が高いといえます。ですから，長男を連れて別居することを躊躇する必要はありません。保護命令が発令されたなら，妻は 2 か月間自宅から退去するようにとの命令も出されますので，荷物等は後から取りに帰ることもできます。ですから一刻も早く長男を連れて避難しましょう。

また，保護命令による接近禁止の対象には，夫の勤務先も含まれます。これにより会社の周りに妻自身が立ち現れることはある程度抑止されるはずですが，それでも妻が会社に来てしまったり，会社に電話をかけたりすることはあるかもしれませんので，念のため会社にも事情を説明しておいた方が賢

設例2　女性からのDVと保護命令・離婚・親権・面会交流　155

明です。

　同様に，長男の保育園も接近禁止の対象とできますが，念のため保育園にも事情を説明し，夫以外の者が迎えに来ても長男を渡さない，夫以外の者からの電話等に対し長男の情報を漏らさないといった配慮を依頼する必要があります。

　それでもさらに，探偵に居場所を探らせたり，保護命令の禁止対象とならない方法（例：夫の同僚や友人に連絡するなど）で嫌がらせや間接的な接触を続けたりすることもあるかもしれませんので，十分気をつけましょう。

 監護権についてはどのように判断されますか。

妻からの質問

　夫が長男を連れて突然にいなくなってしまい，とてもショックです。長男が私から離れて暮らすなんて想像できません。長男はまだ4歳です。母親の存在が不可欠な時期です。保育園でもお友達がたくさんいたのに，お別れもできず急に引き離すなんてかわいそうです。長男を返すよう夫に請求できませんか。

 たとえ専業主婦であっても，暴力を振るっている場合や，主たる監護者であったとは認めがたい場合は，監護者指定・子の引渡しが認められる可能性は低いでしょう。

妻側弁護士の解説

　たしかに，幼児期に主たる養育者から引き離すことは避けるべきですし，慣れ親しんだ環境から急に離れるということも子どもに負担を掛けます。そのため，主たる監護者ではなかった親が，他方の親の合意なく子を連れて別居した場合などは，主たる監護者からの監護者指定・子の引渡しの申立てが認められ，子を主たる監護者のもとに戻すようにとの審判が出されることが

156　第5章　設　例

多くあります。

　一般的には幼児については愛着形成の主な対象が母親であるとされ，母親が監護者と指定されることが多いですが，これは「母親優先」ではなく，愛着形成の主な対象が誰であるかが判断要素となっているものであり，「主たる監護者優先」ということができます。

　本件では，父親が会社員，母親が専業主婦ではありますが，主たる監護者又は子の主な愛着形成の対象がどちらであるかを慎重に見極める必要があります。妻が専業主婦であるのに長男を保育園に入れていることや，その送迎も夫が担当していることなど，客観的にも母親に不利な事情が散見されます。

　また，暴力に関する事実関係からしても，母親の合意なく別居したことにも相応の理由があり，従前の環境が子にとって必ずしも望ましくなかったと判断される可能性もあります。

　我が子を手元に取り戻して育てたい気持ちも理解できますが，残念ながら，監護者指定・子の引渡しを申し立てても，妻の望む結論は得られないものと判断されます。

Q3　離婚は認められますか。

夫からの質問

　離婚も暴力を理由としてすぐに認められる見込みはあるでしょうか。それとも，しばらく別居期間を置かなければ破たんが認定されないでしょうか。

A3-1　妻からの暴力を理由とする離婚も認められます。

夫側弁護士の解説

　暴力の程度にもよりますが，本件のように激しい暴力を執拗に振るっている場合には，別居期間と関係なく離婚が認められます。保護命令が発令され

設例2　女性からの DV と保護命令・離婚・親権・面会交流　**157**

ている事案等では，調停前置主義の例外として，調停を経ずに離婚訴訟を提起することも可能です。DV 事案では離婚を早急に解決する必要が高いこと，調停期日への出頭時に接触・尾行等の危険が高まることがその理由です。

　ただ，男性被害者の場合に暴力の立証のハードルが高いことは保護命令と同様ですから，改めて詳細に経緯を陳述するようにしましょう。

　それでは本件ほど暴力が激しくない場合はどうでしょうか。離婚が認められるかどうかはケースバイケースとなりますが，暴力の程度や経緯，暴力に対する夫側の対応，別居後の双方の対応や，離婚による妻（子）への経済的・社会的不利益の程度等を勘案して判断されるものと思われます。

妻からの質問

　私は暴力と呼ばれるような行為は一切していません。

　夫が主張していることには何も思い当たらず，夫がなぜそのようなことを主張しているのか理解に苦しみます。

　どこにでもある夫婦喧嘩は私たちもしていました。それでも私たちは仲の良い夫婦として近所でも評判でした。

　子どもが生まれてから，初めての育児に戸惑い，夫の行き届かないところについイライラして，普段より厳しいことを言ってしまったこともありましたし，夫のやっていることが子どもにとって危ないときなどは止めるために少し手を出してしまったこともありましたが，その限りです。

　夫の方が私に対し，家事や育児を十分に手伝ってくれなかったり，私の体調が悪いときに思いやってくれなかったりすることが多かったと思います。私が話し合おうとしてもきちんと向き合って聞いてくれず，気持ちを分かっていないようなのにただ謝るばかりで，夫とは話合いが成り立たず，いつも寂しい思いをしてきました。

　それでも夫に対し，離婚するほどの不満はありません。また家族3人で生活し続けたいと心から願っています。

　保護命令のような短期間の審理で裁判所に真実をご理解いただけないのは仕方がないとして，離婚は保護命令より慎重に審理していただけますから，まさか夫の請求が認められることはありませんよね。

離婚が認められる可能性を想定して親権等の争点に対応しましょう。

妻側弁護士の解説

　妻からの暴力を理由とする離婚請求自体，例が多くありませんので，夫からの請求が認められるかどうか，明確なことはいえません。暴力の事実及び程度に関する事実認定と，離婚を認めることによる妻への不利益の程度を勘案して判断されるものと思われます。ただ，本件では暴力自体により婚姻関係が破たんしたものとされ，離婚が認められる可能性が高いものと思われます。

　離婚が認められる場合は親権についても判断がなされますので，離婚よりも親権が主な争点になると考えて対応した方がよいかもしれません。単に暴力の事実を否認し，破たんしていないとして請求棄却だけ求めるよりも，少なくとも予備的に，あるいは妻の気持ちに整理がつけば本式に反訴として，親権や財産面に関する主張を出すことも検討しましょう。

 親権についてはどのように判断されますか。

夫からの質問

　私は会社員，妻は専業主婦でしたが，育児も私が家にいる間はほとんど私が行っていました。私が不在の間は長男を保育園に入れており，妻が育児を行っていたのは乳幼児の頃だけです。ただ，乳幼児の頃は妻の方が長男と過ごす時間が長かったことも事実です。私は4歳の長男の親権者となれるでしょうか。暴力を振るう妻には絶対に子どもを渡せません。

 暴力の事実だけでなく監護の実情が重視されますので，具体的に立証しましょう。

夫側弁護士の解説

　暴力があったことは親権の判断においても当然考慮されます。しかし暴力の事実だけで親権が決まるわけでもなく，暴力の程度，暴力に至った経緯，子に与えている影響などが考慮されます。子に与えている影響については，子どものトラウマに詳しい医師の診察を受け，可能であれば意見書を依頼してもよいかもしれません。

　監護の実績も当然ながら考慮されますので，夫が育児に積極的に関与していたことを具体的に立証しましょう。母子手帳や保育園の連絡帳に夫が記入した箇所，保育園の連絡帳に夫が送迎者と記載されている箇所，夫が子どもの世話をしたり子どもと一緒に過ごしたりしているところの写真などが証拠として考えられます。

　陳述書では，食事，歯磨き，オムツ替え，お風呂，着替え，絵本の読み聞かせ，寝かしつけや添い寝など，育児に関する具体的な行為を誰がどの程度の割合で担当していたかを一覧表にしたり，夫が担当した各行為について心を配っていた点や印象に残っているエピソードなどを詳細に書いたりすることができます。

　別居後の監護についても，環境をどのように整えているか丁寧に説明します。特に会社員である父親が監護しているわけですから，仕事と監護をどのように両立しているか，子どもの急な発熱等に対応できる態勢を整えているか，出張等で不在にすることはないか・あるとしたらその間の監護をどうしているか，監護補助者の有無と補助の内容，サポートを得ている公的機関などについて説得的に説明するようにしましょう。

 Q5　面会交流についてはどのように対応すればいいですか。

夫からの質問

　子どもも幼いながらに母親の暴力を見聞きし，重大なダメージを受けてい

るはずです。しかし幼いためにどの程度のトラウマ等が残っているか判断が難しいと思います。ただ，妻と暮らしていた頃はチック，夜尿症などがあったのが，別居後はなくなりました。別居後に子どもの口から母親の話は一切出ません。

子どもの様子を見ていると，私としては，このまま母親との面会がない方がよいのではないか，と思うこともあります。私から子どもに妻の悪口は一切言いませんし，子どもが母親と会いたいならいつでも会わせますので，子どもが自分で判断できる年齢になるまで面会を保留にできないでしょうか。

それが無理でも，少なくとも当面は子どもをそっとしておいてあげてほしいのですが，どうでしょうか。

 医師や調査官の力を借りつつ慎重に検討しましょう。時期を区切った段階的な取決め等にすることも考えられます。

夫側弁護士の解説

暴力又は母親の不安定さが子どもの心にどれほどのダメージを与えているか，幼い子の場合は特に判別が難しいものです。面会については慎重に考える必要があるでしょう。子どものトラウマに詳しい医師に相談してみることもできます。

一方，子どもの世界観やアイデンティティを構築していくにあたり，「この人が自分の母親」という認識も大切な要素となってきます。面会で接する母親が，暴力を振るったり怒っていたりする存在ではなく，優しく温かい存在であれば，子どもにとって面会が有益なものとなることも考えられます。

子どもが現在4歳という年齢では，母親と長い間会うことがないまま，面会について子ども自身で判断するということも難しいものと思われますので，やはり両親間で何らかの取決めをすることになるでしょう。家庭裁判所調査官の意見をいただきつつ適切な面会交流の方法について調整を試みることができます。その結果，例えば離婚から1年間は夫から妻に子どもの写真を月1回程度送るにとどめ，1年後に両親間で間接交流の方法を再協議する，長男の小学校入学後を目途に直接面会の可否について話し合う，といった段階

的な取決めにすることなどが考えられます。

妻からの質問

　離婚され，親権も取られ，せめて面会だけは今すぐにでもさせてほしいですし，毎日でも会いたいのに，それさえ私には許されないのですか。妻としては多少足りない面があったかもしれませんが，母として子どもに何か虐待をしたわけではないと思います。

 徐々に面会が拡大することもありますから，適切な対応を心がけましょう。

妻側弁護士の解説

　暴力の事実自体を争っていますので何ともいえませんが，仮に暴力があったとすると，それを子どもに目撃させるだけでも一種の虐待に当たりますし，子どもの発達に重大な影響を与えることが知られています。

　本件でも，同居中は子どもにチックや夜尿症が出ていたとの指摘がありますので，家庭内の状況が子どもに心理的負担を与えていたことが推測され，面会についても慎重に判断されることはやむを得ないものと思われます。

　とはいえDVがあったことから即座に将来にわたる面会交流のすべてが禁止されるというわけではなく，子どもの様子を見ながら一定の交流が認められ，適切に対応していれば交流の範囲も広がっていくことがあります。

　当面は母親として極めてつらいこととお察ししますが，子どもとの関係はこれから先何十年と続くものですから，焦らず対応しましょう。一定の時間を置くことで，その後の面会がうまく軌道に乗るケースも実際にあります。時間を置くと絆が薄れ，子どもから忘れられてしまうのではないかと心配になるかもしれませんが，必ずしもそうでもありません。父母双方の協力が必要ですが，子どもにとって面会交流がプラスとなるよう，感情をコントロールして，子どものことを第一に冷静に考えて臨みましょう。

Q6 財産的条件についてはどのように判断されますか。

夫からの質問

　怒涛のような生活の中でしたが、気がつくと多少の財産も形成されていました。私としては、長男の将来に備えた貯蓄だと思っていますので、今後は私が親権者として適切に管理して長男の進路支援に充てたいと考えています。

　私たちのケースでも、妻に2分の1の財産を分与する必要があるのでしょうか。普通の主婦の方であれば当然の権利だと私も思いますが、妻は家事も育児も私に押し付けており、扶助協力し合ったとはとても言えません。

　私から妻に慰謝料を請求することはできますか。養育費についてはどのように考えればよいでしょうか。妻にお金を請求したいわけではないのですが、長男のために使えるはずのお金を財産分与として妻に渡すことが腑に落ちないのです。

A6 原則として、財産分与は2分の1、慰謝料は相当額、養育費は標準算定方式に基づく金額となります。

夫側弁護士の解説

1　財産分与について

　本件のような事情では、2分の1ルール（22頁参照）が適用されるのか疑問が湧くのももっともです。ただ、2分の1ルールが修正される場面は、夫婦の一方の特殊な才覚により巨額の財産が形成された場合等、特別な事情があるときに限られています。家事・育児を怠っていたという場合、その事実の立証自体が困難であるうえ、ある程度は立証できたとしても、それが財産形成にどれほど影響したか、家事・育児への貢献度を数字に換算するということ自体が困難です。そのため本件では、2分の1ルールが修正される可能性は高くないものと思われます。

2　慰謝料について

　慰謝料は、その原因となる行為の程度等に応じて認められます。一般的に

離婚に伴う慰謝料については 50 ～ 500 万円の幅内といわれており，原因行為の態様，婚姻期間，当事者の年齢，子の人数，当事者の経済状況，財産分与の額等を総合考慮して判断されます。本件では，妻側に支払能力はないものの，暴力の程度がそれなりに酷いこと，夫が今後長男を育てていくことを考慮し，財産分与額等とのバランスを見て判断されるものと思われます。

3　養育費について

養育費は標準算定方式にしたがい算出されますが，妻に収入がないため低い金額にとどまります。支払い可能性も乏しいと思われますので，養育費をあえて請求するよりは，夫が子どもを育てていくことを財産分与と慰謝料の算定にあたり考慮してもらう方が現実的かもしれません。

医師からひとこと

●境界性パーソナリティと親子関係

パーソナリティ障害は脳の神経生理学的機能や遺伝的要因，養育環境など様々な要因が重なって発症すると考えられています。境界性パーソナリティ障害は心理学的には（母）親から一貫性のある愛情を受けなかったことによる「自己（自我，人格）の発達の障害」と捉えられています。

境界性パーソナリティの母親には，子を虐待するという深刻な行動までは認めなくても，

- 母親らしい子どもの世話ができない
- 自分自身が母親から受けられなかった愛情を自分の子どもに求めてしまう
- 関心が子どもの欲求より母親自身の欲求にあり，子どもの関心が別のところにあると拒絶された気分になる
- 子どもが危機的状況に陥ると手をひいてしまう

といった傾向があります。

164 第5章 設 例

　こういった母親から一貫性のある愛情を受けることは不可能であり，その子どももパーソナリティ障害を引き継いでしまう可能性は非常に高くなります。

　他方において，子の年齢，子の母親に対する愛着形成の程度によっては，母親の監護を受けたり，母親と交流をしたりすることも重要です。母親の境界性パーソナリティがどの程度かによっても，母子の関わりをどうしていくべきであるかは変わってくるでしょう。

　本設例のケースにおいても，子の親権や面会交流について協議や判断をする際には，現状だけでなく，子の将来についても考慮に入れる必要があるでしょう。

設例3 モラルハラスメントと別居・離婚・面会交流

関係する心の問題 ● 自己愛性パーソナリティ障害

関係図

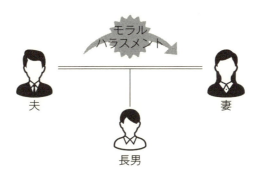

事案の概要

1│当事者

夫は銀行員で，妻は専業主婦である。結婚して12年で，小学校5年生の息子が一人いる。

2│婚姻の経緯

夫の勤務先に妻が後輩として入社したことがきっかけで知り合った。当時の夫は，仕事では次々と成果をあげて上司の評価も高く，妻や妻の家族には非常に礼儀正しく，よく気がつく性格で，好青年そのものであった。

3│婚姻後の変化

結婚後も仕事以外で帰宅が遅くなるようなことも少なく，休日は息子を連

れて遊びにいくなど，一見良き夫であった。しかし徐々に夫の"ルール"や意向・気分などを家族に押し付けることが目立ち始めた。

　食費は月2万5000円と定められ，レシートを添付して家計簿をつけるよう求められた。余剰額が出れば返金するよう求められ，不足が生じると出費の中身を細かくチェックされ，何時間もダメ出しをされ，改善策を提出するよう求められた。妻はお金が足りなくなっても夫に言えず，独身時代の貯金を切り崩したり，両親に借りたりして対処するようになった。

　夫自身は友人と遊びにいくことはあまりなく，妻が友人と会うことにも機嫌が悪くなった。妻が実家に帰ることもいい顔をせず，帰省の際は両方の実家に必ず一家揃ってでなければならなかった。

　家族旅行においては，夫のペースでスケジュールが決められ，朝早くから夜遅くまで次々とスポットを巡るのが定番で，ゆったり過ごすことはなかった。どれだけ有名な場所に数多く行ったかということが夫にとって重要なようであった。妻子はろくに食事をとる時間もなく連れ回され，ぐったりして帰宅するのであった。

　夫のルールには一貫しないものもあった。例えばある日曜日に近所のスーパーでセールをしており，夫が朝寝ていた間に妻が買い物に出たところ，「お前は家族で過ごすべき大切な日曜日をセールに費やす，家族愛の足りない妻だ」と怒られた。そのため，別の日曜日，妻はセールのチラシが入っていても買い物に行かずにいたところ，今度は「家族のために節約して買い物をするという自分の役割を果たさない駄目な妻だ」と怒られた。また，あるとき夫のシャツに穴が開いていたので処分したら「なぜ人の物を勝手に捨てた」と烈火のごとく怒られたので，別の時は穴が開いていても畳んでしまっておいたところ「夫に穴の開いた服を着せて恥をかかせるつもりか」と激怒された。

4 ┃ 妻の反応と夫の反応

　こうして，妻は徐々に夫の機嫌を伺い，夫のルールに違反しないよう努めながら過ごすことになった。一方，夫は妻のささいなミスを事細かに指摘し，

あるときはこれ見よがしに溜め息をつき，妻がその理由を尋ねても「分からないのかな……」といかにも残念そうに首を振り，ときには険悪な雰囲気を醸し出し，妻が何を尋ねても無視したり，激しく音を立ててドアを閉めたりするのであった。妻は夫の機嫌を損ねないようびくびくしながら過ごし，夫に喜んでもらおうとプレゼントやメッセージカードなども折に触れて準備した。

しかし妻がどれだけ気をつけても，夫の態度は緩和しないどころかエスカレートしていった。妻を「自己中だ」と決めつけ，「お前の自己中があらゆる問題の原因だ。それを直さないと何もかもうまくいかない」と事あるごとに結びつけ，妻が反論しても「それが自己中だ」と却下されるか，ますます激怒して深夜まで長時間のお説教になるのであった。妻に反省文を書かせたり，妻の守るべき「十か条」を冷蔵庫に掲示したりした。

妻は自分が駄目なのだと思い込み，誰に相談することもせず，夫の言いなりになった。夫に対しては「ありがとう」「ごめんなさい」が口ぐせとなった。しかし夫の態度があまりにも理不尽で追い詰められた気持ちになったときには，キッチンに駆け込んで包丁を握りしめてしまったことやお皿を割ってしまったことがある。

5 ┃ 子への対応と破たんの経緯

夫は息子に対しても，テストの点数が悪いと敗因を分析させ，ドリル50頁を食事抜きでやらせるなどのことがあった。一方，夫の機嫌の良い時は高価な物を買い与えるのであった。父親が気分次第であることは息子もよく承知しており，夕食のときなどは息子も父の顔色を窺いながら会話することが当たり前のように育ってきた。

とはいえ息子は10歳にもなると両親に対しても自分の意見をはっきり述べるようになった。夫はそれが許せないようで，息子にまで，妻に対するお決まりのセリフであった「誰のお蔭で生活できていると思っているのだ」を発するようになった。また，「言うことを聞かない子は出ていけ」「こんな子どもを育てたお前も出ていけ」「離婚したらお前らの面倒は二度とみない」

168　第5章　設　例

などの言葉も増えてきた。

　妻は息子に矛先が向くことは容認できず，息子をかばって夫に言い返すようになった。すると夫は激怒し，「離婚だ」「お前の包丁事件を訴えてやる」と言うようになった。

　そしてある日，妻がゴミを片付けていたところ，夫が息子名義で積み立てていた預金を解約し，夫名義の通帳に入れた形跡を発見した。

　その頃，妻は「モラルハラスメント」という言葉を知り，まさに自分の夫がこれに当てはまると考えるようになった。それまでは妻は自分が悪いと思い込んで誰にも相談できずにいたが，意を決して両親に打ち明け，その後弁護士のところに離婚の相談に行った。

時系列

平成 17 年　結婚

平成 18 年　長男誕生

平成 29 年　妻が弁護士に夫のモラルハラスメントについて相談

　　　　　　別居

　　　　　　夫が弁護士に相談

設例3　モラルハラスメントと別居・離婚・面会交流　　**169**

本事案の手続の流れ

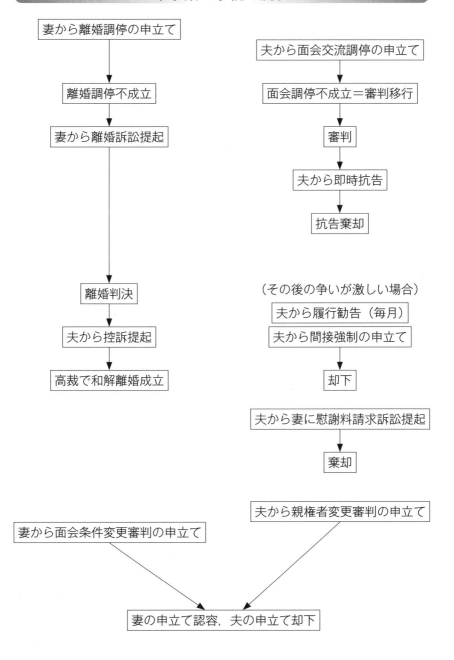

第5章　設　例

心の問題と本事案の分析

1 | モラルハラスメントと自己愛性パーソナリティ傾向

　離婚原因としてモラルハラスメントが訴えられることがあります。

　身体的暴力とは異なり，言葉や態度による精神的圧迫，経済的束縛など，形跡の残りにくい形で行われるため，立証に困難が伴うことが多いものの，支配・服従の構造をとる点では DV の一種であり，身体的暴力より巧妙で，被害者にも深い心の傷を残すものです。離婚後にも面会交流や養育費を通じて攻撃が継続されることもあります。

　モラルハラスメントの背後には自己愛性パーソナリティ傾向が潜んでいることが多いように見受けられます。

　加害者は，往々にして，能力や社会的地位が高く，幼少期から集団の中で上の序列を占め，成功体験が豊富です。「優秀な人間である」との評価を周囲からも得，自分自身でもそう認識しています。このため屈辱的な事態や強いストレス環境に陥らない限り，社会的な場面では落ち着いて自信に満ちた態度を見せます。しかしその優越感の尺度は，成績，学歴，職種など，外形的な基準です。実は内面の自尊心は弱く，心の通った人間関係を築けておらず，「外側の自分」に依存しています。他人に対する評価も外形的な要素を基準とするため，序列や権力には敏感であり，世間一般に認められている法律の枠組には比較的忠実です。

　加害者の世界観では自分が間違っていることは決してありえません。そして過度に自己中心的で狭量であるため，同じ物事について，あるときは白，あるときは黒と言っても平然としています。事実に気ままに修飾を加え，ときには嘘をつくことさえあります。

　結婚や子どもの誕生・成長といったことも，加害者の中では，自分の成功体験，自分の経歴の一つとみなされているようです。配偶者や子どもは対等な存在ではなく自分のいわば「持ち物」です。家の中では家族を「教育」し，外には自慢して自分の自尊心を満足させているようです。

設例3　モラルハラスメントと別居・離婚・面会交流　　*171*

　完璧な自分が家族に嫌われるはずがないので，配偶者や子どもが別居すると，「これは配偶者の本意ではない」「配偶者の親が娘と孫を奪っていったのだ」「弁護士が金儲け目的で配偶者を唆している」等と認識します。自分が配偶者から離婚を求められることなどあってはならないため，離婚を断固拒否するか，逆に自分から離婚請求をしつつ，親権その他の離婚条件を徹底的に争うか，という展開になることが通常です。配偶者の親や弁護士に慰謝料請求・懲戒請求等をすることもあります。

　加害者にとっては「勝敗」が一つの尺度なので，離婚紛争も条件闘争の場と化し，「自分が正しく相手が間違っていることをどれだけ証明するか」「どれだけ有利な条件を獲得できるか」に心血を注ぎます。そのためには手段を問わず，真実と異なる内容の膨大な書面を提出し，ときには医師・弁護士・政治家など肩書のある人々の支援を得ていることをちらつかせ，場合によっては「マスコミにこの不正を訴える」「子どもの学校に出向いて説明する」などの脅しも用いられます。そうして相手方を徹底的に攻撃し，加害者の要求を受け入れるよう誘導します。子どもを愛しているから闘っていると言いますが，養育費は最低限に，面会交流は最大限にというのが加害者の定番の目標です。これは，自己愛性パーソナリティ傾向の人は権利意識が強く，相互に負うべき責任を引き受けることなく特別扱いされることを期待しているためです。

　こうして相手方をいじめつくす一方で，家族に嫌われるという感覚がどうしても持てないようで，いつまでも自分の所有物という認識でいるようです。何をされても家族は面会交流に笑顔で応じて当然という前提でいます。

　こうした態度が不利に働き，自分の希望する離婚条件が通らなくなってくると，相手方だけでなく自分の弁護士や裁判所にまで責任追及の矛先が向くこともあります。

2 ┃ 自閉症スペクトラムとモラルハラスメント

　モラルハラスメントが訴えられるケースの中でも，モラルハラスメントというより自閉症スペクトラム（広汎性発達障害）に起因するすれ違いではな

いかと思われるケースも散見されます。

　モラルハラスメントは基本的に支配欲に基づき行われているものですが，自閉症スペクトラムに起因すると思われるパターンでは，支配欲というわけではなく，自分にとって居心地の良いルールを，悪気なく配偶者にも強要しているように見受けられます。また，それに配偶者が反すると混乱して怒りに結びつくといったような展開です。

　理不尽なルールを押し付けられたり，理解しがたい理由で怒られたりする被害者にとって，起きている事柄がモラルハラスメントと感じられることは理解できます。ただ，加害者の本質が異なるため，とるべき対応の仕方は異なってきます。モラルハラスメントの加害者（自己愛性パーソナリティが背景にあると思われる場合）に対しては，毅然・断固とした態度で臨むことが鉄則ですが，自閉症スペクトラムが背景にあると思われる場合は，なぜ婚姻関係が破たんしたのか，今後どうしていくのがお互いにとって良いことなのかといったことを，相手にとっても分かりやすく丁寧にかみ砕いて説明すること等も大切になってくるように思われます。

3 被害者のうつ，ストレス反応など

　モラルハラスメントの被害者になってしまう方々に非があるわけではありませんが，被害に遭いやすい人にも特徴があるといわれています。

　自己愛性パーソナリティ傾向の人は自分の周囲にいる人々を品定めし，しばしば丁重で気配り上手で自分に忠誠心を貫くことが予想されるような相手をパートナーとして選びます。

　被害者は，加害者の期待に応えようと一生懸命尽くし，加害者の言うとおり，自分が直さなければ，自分さえ我慢すれば，自分さえ頑張ればいつかうまくいく，と考えてしまいます。しかし何をやっても否定されますし，加害者の要求には終わりがないので，自分は駄目な，無価値な人間だという思いにとらわれていきます。そうして加害者の理不尽な要求に対し抵抗する力をますます失っていきます。日々のスケジュールや家計のやり繰りも相手の身勝手な指示に従っているうちにかなり過酷な状況になっており，身体的にも

設例3　モラルハラスメントと別居・離婚・面会交流　**173**

ダメージを受けていることもあります。それでも，親族や友人とのつながりを制限されていることもあり，「自分が何とかしなければ」と考えてしまう持ち前の性格もあり，誰にも相談せずに長年を過ごしていることもあります。このため，自分に対する配偶者の振舞いがモラルハラスメントであると認識することが難しくなります。そうしているうちに追い詰められて，被害者の方が物に当たる・子どもに当たる・自傷行為といった行動に走ってしまう場合もあります。

　別居・離婚により，相手方の束縛から解放され，支配・服従関係から少しずつ抜け出せたとしても，どうしても「自分にも非がある」「相手にもお世話になった」といった思いから，最大限譲歩してしまうような展開になることも多いようです。この背景としては，長年の夫婦生活がモラルハラスメントであったということに気づいた後に深い傷つきを覚えたり，それに気づけずにいた自分を責めたりすることで，うつ状態に陥ることが多く，そのうつ状態によりいっそう自分を責めてしまうという悪循環に陥っているということも考えられます。

　モラルハラスメントがある家庭で育った子どもたちの中にも，大人になってから自分の家庭でモラルハラスメントが起きていたということに気づき，時間差で傷つき，うつ状態やストレス反応などを経験する場合もあるようです。

医師からひとこと

●自己愛性パーソナリティ障害と親密性

　正常な成人の自己愛は自身の能力や成し遂げたことから自己評価を実情に見合ったものに調節することができます。しかし自己愛性パーソナリティ障害の自己愛はその調節が適切にできません。

　親密な関係においては，パートナーを自身の思い上がった自己評価や優越感と現実のギャップを埋めるために利用します。例えば，優れた配

偶者をもつことで自分自身が優れていると錯覚したり，配偶者に対し必要以上に尽くすことを求めたりします。相手は自分自身の一部あるいは所有物で，自分とは異なった独立した存在として自身と区別することができないのです。

このため自己愛性パーソナリティの方は相手にへつらいと完ぺきな反応を求めます。そしてそれが叶えられなかったり，本人の目からみて明らかに不足がある場合には激しい怒りを露わにしたり相手の価値を切り下げますが，これが本設例で認められるようなとてつもない問題行動を引き起こします。

また自己愛性パーソナリティ障害では相手から尊敬，敬服されて当然であるという特権意識を持つため，このような状況で自分が何をしているか，すなわち，どれだけ常軌を逸した行動をとっているか認識することができないのです。

Q&A

 Q1 別居に関する留意点はどのようなことでしょうか。

妻からの質問

別居する前に，別居・離婚の意思について伝えるべきでしょうか。

子どもを連れて別居してもよいのでしょうか。夫は誘拐といって騒ぐと思います。

別居後の居所を夫に秘匿できますか。保護命令は使えませんか。

別居するにあたり，気をつけるべきことはありますか。

設例3　モラルハラスメントと別居・離婚・面会交流

 相手方の特性に配慮しつつ慎重に行動しましょう。

妻側弁護士の解説
1　別居前の話合いの適否について
　一般的に，別居する前に夫婦で話合いをするべきことはいうまでもありません。夫婦には同居義務・扶助協力義務がありますので，無断で一方的に別居することは原則として夫婦の義務に反することになります。また，正当な理由なく一方的に子どもを連れて別居した場合，相手方の監護権を侵害したとして違法性を問われるケースもあるところです。

　とはいえ，例えば夫から暴力を受けている場合，身を守るために子どもを連れて避難することは当然の防衛策として許容されます。事前に別居・離婚について話し合う余裕などなく避難しなければならないこともあるでしょうし，別居・離婚を切り出したが最後，それ自体が暴力を招くか，監視を強化されることに結びつく危険もあります。ゆえに，必ず事前の話合いを経なければ別居できないと考える必要もありません。

　それでは，モラルハラスメントのケースではどうでしょうか。暴力までの切迫した危険はないとしても，対等な話合いが成り立つ関係でもなく，妻から別居・離婚を切り出すなど許されないことであり，切り出した後は支配・監視が強化されることも容易に想像できます。

　難しい判断にはなりますが，これまでの長い支配・服従の関係に加え，直近では夫の側から妻子に対して「出ていけ」「離婚」といった言葉を口にしていること，子ども名義の預貯金を解約するという動きを見せていること等から，妻が別居を決断したとしても一方的に非難されることはないものと考えられます。

　子どもと一緒に別居しても，妻が主たる監護者であること，子ども自身が既に11歳であり自分の意思で母親と行動を共にしたものと考えられることから，誘拐とみなされることもないでしょう。

176　第5章　設例

2　別居時に気をつけるポイント

別居するにあたっては，大切な荷物は持ち出すようにしてください。

パスポート・健康保険証・通帳・カード・印鑑などのほか，母子手帳・育児日記・写真など親権の証拠となるもの，家計簿・日記や，もしあれば録音など，モラルハラスメントの証拠となるものも大切です。財産関係の資料も離婚給付の算定にあたり必要となるでしょう。

その他私物も，可能であれば持ち出せるとよいと思います。普通は別居後に荷物についても話合いをして取り戻せると考えがちですが，DVやモラルハラスメントの場合は，置いて出た物品を返してもらうことは原則として期待できないものと考えてください。

3　別居後の対応について

別居後の居所を夫に秘匿することも自由です。ただ，別居後の騒動を最小限に抑えるため，また一方的な別居や違法な連れ去りといった非難を招かないよう，連絡窓口はきちんと設けておいた方がよいでしょう。妻が自分だけで夫に対応することは困難でしょうし危険も増しますから，両親等，誰か信頼できる第三者の援助を求めることができるのであれば，当面の窓口をお願いしてもよいと思います。しかし間に入る第三者も相手方のペースに巻き込まれて大変になることが予想されますので，早めに弁護士に依頼することや，家庭裁判所の調停を申し立てることも検討されるようお勧めします。モラルハラスメントタイプの方は序列やルールには敏感なので，弁護士や裁判所を通すことで一定の抑止効果が生まれることもあります（必ず抑止できるというわけではなく，弁護士や裁判所よりも自分が正しいという信念の下に行動を続ける方もいます）。

相手方と何らかの連絡調整を必要とする際は，協議・電話といった口頭でのやり取りよりも，手紙・FAX・メールといった書面に残るやり取りとすることをお勧めします。口頭でのやり取りは，相手方にとって自分の意を威圧的に押し通す格好の手段となります。また，口頭では長時間にわたる堂々巡りとなることや，後日言った言わないの争いとなることも多くあります。ですから，やり取りをするなら書面によることが望ましいといえます。

設例3　モラルハラスメントと別居・離婚・面会交流　**177**

　ただ，文書でも，気軽にやり取りできるメール等では，相手方から頻繁かつ大量に一方的な内容の連絡が送られてくることもよくあります。その内容も，相手の一番嫌なところを巧みに突くような，感情を逆なでするものです。それに煽られて返信してしまうと，後で相手方から都合よく証拠として利用されてしまいます。その意味でも，早めに弁護士や裁判所を通して直接のやり取りから離れることが得策です。

　そもそも，モラルハラスメントタイプの方とは建設的な意見交換が望めず，直接のやり取りは不毛なだけでなく精神的な消耗を招きます。基本的に，口頭であれ文書であれ，意見交換は成り立たないものと心得てください。

4　保護命令の可否について

　保護命令は，身体的暴力又は生命に対する脅迫があったことが条件となるため，モラルハラスメントだけでは要件に当てはまらない可能性が高いと考えられます。

　仮に妻子の別居先等での待ち伏せ・つきまとい，名誉毀損やプライバシー侵害等の嫌がらせ等が発生する場合は，警察への相談，地方裁判所への仮処分申立て等を検討することになります。

　また，悪質な嫌がらせ行為があれば不法行為として損害賠償の対象となることもあります。

Q2　離婚についてどのように進めるのがよいでしょうか。

妻からの質問

　このような事案で離婚できますか。離婚できるまでどれくらいの時間がかかりますか。

　私は息子の親権者となれるでしょうか。

　慰謝料は請求できますか。

　相手方が婚姻期間を通じて財産を管理しており，私は財産がどこにあるか

十分には把握していません。息子の積立も解約されてとられてしまいました。財産分与はどうしたらよいでしょうか。

 時間はかかるかもしれませんが、冷静に粘り強く進めましょう。

妻側弁護士の解説

1 離婚・親権の見通し

本件の事情を総合的に考慮すると、離婚についてはあまり心配する必要はありません。モラルハラスメントの証拠は少ないかもしれず、慰謝料まで認定されるかは別問題ですが、実情を丁寧に主張立証することにより、離婚はおそらく認められるでしょう。特に本件のように子がある程度の年齢に達しているケースでは、親権や面会交流等について争われる過程で、実態が意外と浮かび上がるものです。確たる離婚原因がない単なる性格の不一致であれば、ある程度の別居期間を経ていなければ破たんが認定されないかもしれませんが、モラルハラスメントの立証が一定程度可能な事案では別居期間を置かなければならないとは限りません。

親権に関しても、主たる監護者は妻ですし、長男が既に11歳で自分の意見をはっきり表明できる成熟度に達しているようであれば、基本的に心配は要りません。

2 かかる時間と手続選択

時間がかかることは覚悟しておくに越したことはありません。モラルハラスメントの加害者が素直に離婚に応じることはまずなく、「自分は何も悪いことをしていない」と離婚自体を拒否するか、「圧倒的に妻が有責なので、離婚は自分から請求し、慰謝料も請求し、親権は絶対に妻に渡さない」と主張するか、いずれにしても徹底抗戦されます。ありとあらゆる訴えを起こされ、それら全てが最高裁まで争われる、と思っておくくらいの心の備えが必要でしょう。

そう考えると、別居後にも相手方との紛争が続くことに絶望的になり、早く終わらせたくなるかもしれません。相手方の方は、まるで紛争からエネ

設例3　モラルハラスメントと別居・離婚・面会交流　**179**

ギーを得ているように，次々と攻撃を繰り出してきます。子の引渡しや頻繁な面会交流を求め，面会に消極的なら親権者不適格だと主張したり，慰謝料を主張したりします。一方で，婚姻費用を支払わない，あるいは極限まで切り下げようとします。子の学校を知っている場合は，学校に乗り込んでいって教師らとの面談を求めるなどの嫌がらせをすることもあります。そして，こうなったのも全て妻がまいた種だと言います。

　これらの攻撃に悲鳴を上げ，相手方の要求をある程度受け入れてでも裁判を終わらせた方が賢明ではないかという気持ちになることもありますが，相手方の要求を受け入れると，実は紛争が終わるどころか，次の火種を抱えることになります。例えば過剰な面会交流の条件に合意すると，毎回の面会交流が条件闘争の格好の材料となり，文字通り毎日のように面会の日程，場所，方法などに関して相手方とやり取りすることを強いられることになります。親権と監護権の分離も同様で，監護権さえ持てればよいと考えて親権者を相手方とすると，離婚後も子どもの通う学校に乗り込んで「連絡窓口は全て親権者とするように」と要求するなどのトラブルが継続することになります。

　他方，親権・面会・養育費等について譲歩してしまった内容を後で変えるには，合意したときとは事情が大きく変わったことを証明することが求められます。しかし上述のような嫌がらせだけでは子の福祉を害する事情変更があったとまでは認められないこともあり，変更が認められるまで，かなり長期間待つことともなりえます。

　したがって，相手方の要求を受け入れて早く終わらせるという方法は決してお勧めできません。

　そのため，モラルハラスメントケースでは，相手方との合意による解決は期待しないことが賢明です。もちろん，合意により解決ができれば，上級審まで争うリスクや時間を回避できますし，一般的にはお互い納得して成立した内容であれば履行可能性が高まるといわれます。しかし，モラルハラスメントタイプの方に約束を守るという価値観は期待できず，合意により履行可能性が高まるとは限りません。逆に，裁判所から命じられたことであれば意外に大人しく従うという場合もあります（もちろん，そうでさえない場合もあ

180　第5章　設　例

ります)。

　したがって，こちらは裁判所の判断を仰ぐことを原則として目指す方が，相手方に振り回されず，時間も結果として短縮となる可能性が高いといえます。相手方からは，なりふり構わぬ手続遅延策を弄されてつらい思いもしますが，長い目でみて良い結果となるよう淡々と進められるとよいでしょう。時間をかけることで，徐々に相手方の本性が関係者に理解されるようになるという面もあります。この「徐々に本性が出る」という効果は意外に大きく，別居時までの言動に関する証拠が乏しい場合でも，別居後の言動が離婚・慰謝料・面会交流等の判断材料となることもあります。

3　財産分与について

　財産分与も難航することが予想されます。別居時にはできるだけ通帳や給与明細等のコピーを持って出るとよく，そういった資料から給与振込先口座，社内預金・財形貯蓄・生命保険などの積立資産などを特定していけるとよいかと思います。自宅に届いていた銀行からのお便り，証券会社からの取引報告書なども参考になります。

　ただ，モラルハラスメントの事案では，家計に関する資料を加害者が掌握していることや，別居時に証拠を持ち出せていないことも多くあります。そのような場合は相手方に任意の開示を求め，不足があるときは裁判所の調査嘱託（金融機関等に口座の有無・残高・取引履歴等を照会する手続）等を使って，僅かな手がかりからでも財産を解明するよう努めることになります。

4　慰謝料について

　同居中の暴言，身勝手・支配的な態度等について慰謝料が認められる場合もあります。録音・録画等があればベストですが，その種の証拠がなくても，家計簿，日記等も参考となる場合があります。最終的には夫婦双方の陳述を比較して，どちらが真実を述べているか判断してもらえることもあります。別居後の言動も考慮されます。

　ただ，慰謝料が認められる場合でも100万円以下の低額となる傾向がありますので，ここに時間と労力を割くかどうかは検討の余地があります。一方，金額はともかく，判決で相手方の行動が慰謝料原因に該当すると認定される

ことで，その後の抑止効果が期待できる場合もあります。したがって，請求の要否やタイミングは慎重に見極めましょう。

夫からの質問

　私は離婚される理由など一切ありません。不貞もせず，浪費もせず，妻の行き届かないところをフォローしながら子育てにも最大限関わってきました。私から離れることは子どもを不幸にします。きちんと話合いもしていません。妻からの離婚請求は拒否します。妻と直接会って話合いをさせてください。

　裁判所が妻からの不当請求を認めるなら，私は最高裁判所まで徹底的に闘い，裁判所が不正な判断をするなら世間に是非を問います。

　一方的な別居と違法な連れ去りをした上にこのような不当請求をしている妻・妻の親・妻の弁護士に慰謝料請求できますか。

　私が悪くなくてもいつか必ず離婚になるというなら，こちらから離婚請求します。その際，包丁を持ち出すような妻に親権は絶対に譲れません。子の引渡しを求めることはできますか。妻に監護権が認められるというなら，納得はいきませんが少なくとも親権だけはこちらに認めてほしいです。勝手に出ていって家庭を破壊したのは妻の責任ですから，金銭的負担には一切応じられません。

長期的にみて得られるものを冷静に判断し，何より子どものことを最優先に考えましょう。

夫側弁護士の解説

1　復縁の話合いについて

　何も悪いことをしていないという気持ちも理解できますが，相手がどう感じているかということは残念ながら変えられません。もちろん，離婚という重大な問題を軽々に決断するわけにはいきませんし，きちんと話合いをすることは大切ですから，何が別居や離婚を決断する理由となったのか，何かを改善すればやり直す余地があるのかなど，相手方に問いかけてみてもよいでしょう。とはいえ，相手方が弁護士や裁判所を通してほしいと希望している場合に，何としても直接の話合いを要求しても，相手方の心を閉ざし，裁判

所への心証も悪くなることがあります。意見交換の場という枠組は守るようにしましょう。

2　離婚の見通しについて

　仮に何も悪いことはしていなくても，別居期間が経過するだけで離婚が認められるというのが通例です。離婚が認められることと，どちらが正しい又は間違っているということとはイコールではありませんから，離婚を拒否することで得られるもの・失うものを冷静に考えて決定しましょう。

　世間に問うということも，もちろん表現の自由の範囲ではありますが，相手のプライバシーや名誉を侵害するようなことがないよう厳重に注意してください。別居後の言動も，離婚や離婚条件を決めるにあたって考慮されるということにも留意してください。

3　慰謝料について

　別居の態様や従前の監護実績等によっては，子どもを連れて別居したことが配偶者の監護権を侵害する違法な行為であったと判断される場合があることは事実です。

　ただ，主たる監護者であった妻が子どもを連れて別居したケースで，違法な連れ去りと認定されることはほとんどありません。

　また，訴訟提起が不法行為を構成するとされる要件は極めて限定的であり，離婚請求が不法行為となることは想定しにくいでしょう。特に，妻以外の方に慰謝料請求をする根拠は見出し難いように思われます。

4　親権・監護権について

　妻が包丁を持ち出したことがある等の事情ゆえ，単独の監護に心配があるというのももっともです。とはいえ，同居中も主たる監護者であったこと，子どもが順調に生育していることからすると，妻に親権を任せられないほど監護に問題があったとも考えにくいことになります。

　不安要素をアピールするため子の引渡しを申し立てるという案も一つの考え方ではありますが，最終的には監護者を妻と認め，夫側は面会交流を行うことが着地点となる可能性が高いものと思われます。その着地点のために，子の引渡しを申し立てるという手法が有効なのか，逆に夫婦間の対立を深め，

子どもにも意向調査等の負担を与えて親子関係にもひびが入ることにならないか，よく考慮することが必要でしょう。

監護者が妻となるのであれば，親権も原則として妻に認められるでしょう。親権と監護権の分離は，子の進学時や急病時，親の再婚時等にトラブルの原因となることがあるため，裁判所では積極的に勧めません。親権という形にこだわるよりも，子どもとの円満な関係を維持することに目を向けましょう。

5　離婚給付について

財産分与は離婚に関する有責性とは無関係に原則として2分の1ルールに基づき判断されますし，婚姻費用・養育費は扶養義務に基づき支払う必要があります。これらを争っても裁判所が判決・審判で定めたものが強制執行されることになるだけですし，扶養義務を怠るなら子に対する愛情の程度に疑問が差し挟まれます。

6　全体として

離婚自体やこれに伴う諸条件について争うことは当然許されますし，控訴・上告をする権利もありますが，結果として対立が先鋭化・長期化し，事実上，そのような中で面会交流をする子どもに精神的負担をかける等の思わぬ影響が出る場合もあります。夫婦の離婚紛争と親子の面会交流は別問題ではあるのですが，両親間の対立を子が敏感に感じ取ることもまた真実です。

争うことによって得るもの・失うものを冷静に考え，自分は何を大切にしたいのかを踏まえて方針を選択しましょう。

 面会交流についてはどのようなことに留意する必要がありますか。

妻からの質問

夫は頻繁な面会交流を求めてくると思います。面会交流自体は私も異論がないのですが，おそらく夫はこちらの都合を考慮せずに一方的な要求をしてくると思います。私一人ではうまく対応する自信がありません。どうしたら

よいでしょうか。

 必要に応じ第三者の援助を受けるなどして，できるだけ円滑に調整できるよう工夫しましょう。

妻側弁護士の解説

　前述のとおり，面会交流がモラルハラスメントの場として使われることもあります。子どもにとっては面会交流がうまくいくことが本当は望ましいので，面会の日時・場所・方法などの調整の際に過度に闘争的にならないよう気をつけましょう。連絡は事務的な内容にとどめ，相手方が全く関係のないことを言ってきても取り合わないようにしてください。

　直接の調整では難しい場合，第三者の援助を受けることも有効です。

　調整の経緯を示すメール・FAX・手紙等は，万が一にも後日，面会の決め直しや面会不履行の問題が生じたときに備えて残しておくことをお勧めします。

　極端なケースでは，別居親の真意が，子と面会交流することよりも，監護親を面会不履行に陥れて間接強制や慰謝料請求などの金銭に換え，養育費の負担を実質的に減らすことであることもありますので，十分に気をつけてください。

夫からの質問

　面会交流はできるだけ多く確保したいと思います。面会が実施されないときに備えて違約金の条項を付けておけませんか。

　面会がうまくいかないときは親権者を変更するという条項にすることは可能ですか。

　学校行事に参加できることは当然だと思いますが，制限されるのでしょうか。

 子どもにとって面会交流が楽しみなものとなるよう，長く続く方法を考えましょう。

設例3　モラルハラスメントと別居・離婚・面会交流　**185**

夫側弁護士の解説

1　面会交流の頻度について

　子どもにとって両親に愛されている実感を持てることは健全な成長に資するものですし，特に離婚後の子どもにとっては，別居親からの愛情が変わらず注がれることを実感できるなら有益です。ですから，円満な環境でできるだけ多く面会ができるのであれば理想的です。

　とはいえ，子どもの生活や成長段階を現実的に考える必要もあります。幼い子どもであれば，生活スケジュールには余裕があっても，監護親と長時間にわたり離れることや，慣れない場所で宿泊することは心理的負担が大きすぎるかもしれませんし，朝早くから夜遅くまで遊ばせることが体力や集中力との兼ね合いで無理があるかもしれません。一方，成長につれ，勉強や習い事，友人との時間など，スケジュールが増えてきます。いずれにしても子どもにとって面会が疲れる，緊張の伴う嫌な行事とならないよう，別居親の側も配慮することが大切です。

2　違約金について

　当事者双方が合意すれば違約金の条項を設けることも不可能ではないでしょう。しかし，面会が実施されない理由が何なのか，それが違約金発生事由に該当するかという新たな問題が増えます。仮に監護親の側が不誠実な理由で面会を拒否するのであれば，間接強制（31頁参照）や慰謝料といった制度もありますので，先に違約金を定めておくことは必ずしもお勧めしません。

　なお，間接強制が可能な条項を希望する場合，面会の日時や受渡し方法等が特定されている必要があります。その分，硬直的な面会条件になることは否めませんので，メリット・デメリットをよく検討して選択してください。

　いずれにしても，面会は金銭によって強制したり金銭によって代償されたりする性質のものではありませんので，当事者双方が協力姿勢を培えるとよいものと思われます。

3　親権者変更について

　親権者変更は，子どもの福祉を考慮して家庭裁判所において決めるものですから，面会が円滑に実施されないことをもって変更するという約束を事前

にしておくことはできないでしょう。仮に面会が正当な理由なく実施されなくなり，その他の事情からも親権者変更が子どものために相応しいと判断できる場合は，その時点で申立てを検討することになります。

4　学校行事について

子ども本人が両親どちらにも学校行事に来てほしいと願っているのであれば，両親がうまく調整して参加できると子どもも喜ぶでしょう。ただ，子ども自身が何らかの理由で別居親には来てほしくないと感じているとき，強引に出席する権利を主張しても物事は良い方向には進みません。ときには面会交流が狭められる原因となります。現時点で参加を控えた方が子どもの心情に沿うのであれば，行事の写真・録画を送ってもらう等の代替手段を検討できるかもしれません。

5　面会交流全般について

子どもと一緒に暮らせない別居親にとって，面会交流の時間はあっという間で，満たされない気持ちも大きいかもしれません。しかし別居・離婚となってしまった以上，現状で最善の方法を模索するしかありませんし，何が最善かについては別居親と監護親とで正反対の世界が見えているものです。無理を押しても子どもの心を閉ざすなど逆効果となることが多いので，つらいこともあるかもしれませんが，おおらかな気持ちで，長期的にみて良い方向に進むよう心掛けましょう。

関係する心の問題 ● ギャンブル依存症

設例 4　依存症と別居・離婚・面会交流

関係図

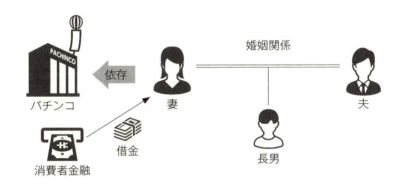

事案の概要

1 | 婚姻生活の状況

　夫と妻は大学時代に知り合い，8年間の交際期間を経て平成10年に結婚をした。夫は妻よりも2歳年上である。夫は大学卒業後メーカーに勤務するサラリーマンになり，妻は食料品店に勤めていた。結婚後，妻は専業主婦になった。新婚生活が始まると，家計は夫が管理をするようになり，妻は毎月10万円をもらい，食費，日用品代のほか妻の小遣いも10万円の中に含まれる形であった。妻は，10万円では生活費が足りなくなることもあり，生活費が足りないと夫に言うと，夫は露骨に嫌な顔をするようになった。機嫌が悪いときは，「お前は無駄遣いが多い」「俺が稼いでいるんだからうるさい」などの暴言をいうこともあった。妻は，自分の小遣いはほとんどなく，美容

院にも行かずに自分で髪の毛を切るなどしていた。

2 | 妻のパチンコ依存と金銭問題

　結婚して1年くらい経った頃，妻はパチンコに行くとストレスが解消されるように感じ，次第に日中にパチンコに行って気晴らしをするようになった。また，不足する毎月の生活費をパチンコで挽回しようと思うようにもなった。しかし，パチンコをすればするほど金銭的な余裕はなくなり，悪循環になっていった。

　平成11年頃から，妻は，夫の銀行のキャッシュカードやクレジットカードを無断で使用して，急場をしのぐようになった。また，夫に知られる前にどうにか補填をしようとして，消費者金融から借入れをするようになった。

　平成12年春頃，ついに夫に無断でキャッシュカードを使っていることが知られてしまった。夫は，激怒して，「俺の金とりやがって」などと罵った。妻は必死で夫に謝り，話合いを重ね，妻が働いてお金を返すことになった。その後妻はアルバイトをして，少しずつお金を返すようになった。

　それから半年くらい経った頃，妻の妊娠がわかった。妊娠により妻はアルバイトをやめ，再び専業主婦になった。

3 | 長男誕生後

　平成13年に長男が誕生した後の育児は妻がほとんど行っていた。夫は，残業が多く，帰宅も遅い日が多かったが，休日には長男と遊ぶなどして長男も夫になついていた。出産後，長男のミルクやオムツ，衣類の費用等でお金がかかるようになったが，夫が妻に渡すお金は相変わらず10万円であった。妻が夫に家族が増えたので生活費を増やしてほしいと頼んだところ，夫は「10万円の中でやれよ，だいたい俺のお金だって返していないくせに」などとなじることもあった。毎月2〜3万円の赤字になってしまうため，妻は再び消費者金融で借金をするようになった。

　長男が2歳になる頃，妻は実家の母が家で長男をみてくれている間に，数時間パチンコに行くことも月に何度かあった。

設例4　依存症と別居・離婚・面会交流　**189**

　平成17年に長男は幼稚園に入園し，妻は週3日パートに出るようになった。パートがない日中にパチンコに行くこともあり，夜長男が早く寝た後に数時間パチンコに行くこともあった。夫が帰ってきたとき，妻がいないことがあり，夫がどこに行っていたのか聞くと，「スーパーに買い忘れたものを買いに行っていた」「コンビニに行っていた」と嘘をつくこともあった。夫も妻の言動を不審に思い始め，「もしかしてパチンコに行っているのでないか」と聞いても，妻は「そんなことはない」と否定した。

4 ┃ パチンコ依存の発覚と別居

　平成18年夏に長男が夕方寝てしまったため，妻は長男を置いてパチンコに行っていたところ，午後9時頃に帰宅した夫が家で一人で泣いている長男を発見した。その後，妻が帰宅をしたところ夫は激怒して，妻に「出ていけ」と怒鳴り，妻はあまりの夫の剣幕に驚きそのまま家を飛び出し，実家に行った。

　別居後，妻は実家の両親に事実を話し，消費者金融の借入れが100万円ほどあることも伝えたところ，実家の両親が借入金を完済した。また，大学病院の神経科を受診したところ，「夫婦関係のストレスによるギャンブル依存，うつ状態」と診断を受けた。妻は，長男を置いてパチンコに行ったという自責の念にかられ，食欲低下や不眠を来し，病院で抗うつ薬と睡眠薬の処方を受けた。

　夫は職場に妻と別居し長男を引き取った旨を話し，実母に同居をしてもらうことにした。

5 ┃ 夫の面会拒否と妻の接触の試み

　夫は，別居後妻に長男を会わせようとしなかったため，妻は実家の母と一緒に長男の居住区域内の保育園を回るなどして，長男に会おうと接触を試みた。長男の通う保育園から連絡を受けた夫はすぐに長男を迎えにいき，長男と妻を接触させないようにした。そこで，妻は弁護士に相談をした。妻が監護者指定・子の引渡しの審判と審判前保全処分を申し立てたため，夫も弁護

190 第5章 設 例

士に相談をした。夫も監護者指定・子の引渡しの審判と審判前保全処分の申
立てをした。監護者指定等の審判係属中に，双方代理人立会いで月に1回1
時間程度面会交流を行っている。

時系列

平成10年　結婚
平成12年　妻が夫のキャッシュカードを無断使用していることが発覚
平成13年　長男誕生
平成18年　妻が長男を家においてパチンコに行っていたことが発覚
　　　　　妻が家を出て別居開始
　　　　　妻が弁護士に相談
　　　　　妻が監護者指定・子の引渡しの審判と審判前保全処分の申立て
　　　　　夫が弁護士に相談
　　　　　夫が監護者指定・子の引渡しの審判と審判前保全処分の申立て

設例4　依存症と別居・離婚・面会交流　　*191*

本事案の手続の流れ

妻から監護者指定・子の引渡し審判・審判前保全処分の申立て

夫も監護者指定・子の引渡し審判・審判前保全処分の申立て
↓
審判期日
↓
調査官調査
調査報告書
↓
審判期日
↓
夫を監護者と指定する審判

夫から離婚調停の申立て

妻から面会交流調停の申立て

調停期日
↓
離婚調停不成立・面会交流調停成立

夫から離婚訴訟の提起

_192_　第5章　設　例

心の問題と本事案の分析

1 ┃ ギャンブル依存症と家族

　日本ではギャンブル依存症が疑われる状態を経験した成人が3.6％と推定され，人口換算で320万人に上ります。過去1年以内では0.8％の70万人に依存症の疑いがあると推定されます（厚生労働省全国疫学調査中間まとめ2017年）。調査では，最も費やしたギャンブルは「パチンコ・パチスロ」で78％を占めます。

　夫婦のいずれかがギャンブル依存である場合，依存症を乗り越えるべく適切な治療を受ける，自助グループに参加する等して本人が治療に向けて動き出す，その際夫婦が協力することが理想的ではあります。

　しかし，ギャンブル依存は進行性で自然治癒がないといわれていますし，ギャンブルを隠すために嘘をつくということが頻発します。嘘をつくことがギャンブル依存という疾患の症状であるという理解がなければ信頼関係を保つことは不可能で，実際虚言と借金に振り回されることで家族がメンタルヘルスの問題を抱えることになるのも特徴的です。このように，ギャンブル依存症と夫婦の問題を考えると，早晩家庭生活にひびが入り別居や離婚に至りやすいのが現実です。

　本件では，夫が家計を管理しており妻が経済的な締め付けを感じていたことや，暴言などで妻がかなりのストレスを抱えていたことが推察されます。ただ，その発散としてパチンコに行き，依存症になったことで子への監護に不適切な対応があったことや，金銭的に問題を抱えるようになったということは，監護者の指定や離婚，親権者の指定において，裁判所は妻に対して不利な要素と判断する可能性が高いと思われます。

2 ┃ アルコール依存症と家族

　アルコール依存症になると，飲酒のコントロールができなくなったり，離脱症状等の症状がみられます。アルコール依存症になると，少量のアルコー

ルを摂取するだけでも飲酒が止まらなくなってしまいます。酩酊状態にある時間が長くなると、仕事に行くこともできなくなり、平穏な家庭生活も営めず、日常生活に支障が生じてしまいます。

アルコール依存になって仕事を欠勤し失職する、生活費を飲酒につぎ込んでしまう、家族に暴行・暴言を加えるというようになると婚姻関係を維持することは困難になってきます。アルコール依存症の配偶者が他方配偶者に暴力を振るうのが日常的になっている場合などは、それを目の当たりにする子どもの精神的負担は大変なものがあり、子どもはトラウマを抱え心身の成長にも支障が生じるおそれがあります。

女性がアルコール依存症になるケースも徐々に増加傾向にあるようです。育児をしている女性がアルコール依存になった場合、養育に支障が生じることは避けられないでしょう。

アルコール依存症を克服するためには、専門医による治療が必須になります。

また自助グループなどに参加することも有効です。

Q&A

 Q1 子どもを引き取るためにはどうしたらいいですか。

妻からの質問

私は、夫から一人で出ていけと言われ何も考えられなくなり、長男を置いて家を出てしまいました。夫は離婚すると言い、家に入れてくれませんし、長男と会わせてくれようともしません。連絡も取れなくなりました。

私は主たる監護者として、出生以来、長男を監護してきました。私が、パチンコに行っていたのは、夫からのモラルハラスメントがひどくてストレスが溜まってしまったためで、私一人の責任ではないと思います。夫は仕事が

忙しくて，長男の面倒をみることはできません。
　私が，長男を引き取るためにはどうしたらよいでしょうか。

 監護者指定・子の引渡しの審判申立てと審判前の保全処分の申立てを検討しましょう。

妻側弁護士の解説

1 手続選択

　子どもを引き取りたいと思っていても，夫の了解なく子どもを連れてくるのは，自力救済禁止の原則（私人が法の定める手続によらずに自己の権利を実現することは原則禁止されます）に反し，問題です。

　したがって，子どもを引き取る手段をとるためには，家庭裁判所に監護者指定と子の引渡しの審判申立てと審判前の保全処分の申立てを検討する必要があるでしょう。ただ，別居の原因が，母親がまだ幼い長男を家に置いて長時間パチンコに行っていたということですので，裁判所は，母親を監護者とすることには問題があるという判断をする可能性は高いかもしれません。

　裁判所が判断する際には，家庭裁判所調査官により事実の調査がなされる場合がほとんどです。家庭裁判所調査官は，専門的知見に基づき，子どもの監護状況の調査等を行います。具体的な調査内容は，父母からの聞き取り，子どもからの聞き取り，幼稚園や保育園等の担任からの聞き取り，監護補助者からの聞き取り，家庭訪問等です。

2 監護者指定・引渡請求の事案の判断基準

　父母側の事情としては，監護能力，監護態勢，監護の実績（継続性），同居時に主たる監護者であったか，子どもとの情緒的結びつき，愛情，就労状況，経済力，心身の健康，暴力や虐待の存否（直接子どもに対してなされたか否かを問わない），居住環境，保育・教育環境，監護補助者による援助の有無，監護補助者に任せきりにしていないか，監護開始の違法性の有無，面会交流についての許容性などが考慮されます。

　子どもの側の事情としては，年齢，性別，心身の発育状況，従来の養育環境への適応状況，監護環境の継続性，環境の変化への適応性，子どもの意思，

父母および親族との情緒的結びつき、きょうだいとの関係などが考慮されます。

長男の出生後の主たる監護者が母親であり、長男の心身の発育状況に問題がないとしても、長男を家に置いて長時間パチンコに行っていたことは、長男への虐待ととられる可能性が高く、パチンコのために夫の財布からお金を取っていた、消費者金融業者から借入れをしていたという点も問題視されるでしょう。

監護者として指定してもらうためには、出生後長男を監護してきた実績などを、陳述書や母子手帳、育児日記などを証拠として裁判所に理解してもらう必要があります。また、子を引き取った後の監護環境、居住環境や保育環境に問題がないか、監護補助者の援助を受けられるかなどが重要になってきます。

3　ギャンブル依存症と監護者

問題は、パチンコをやめることができず、医師により「ギャンブル依存症」と診断されている点です。ギャンブル依存などの行為障害は、「意思の弱い性格」や「やる気の問題」などと世間では思われているようですが、本人の「意思」の力だけでやめることは困難です。もっとも、治療にあたり「依存症である」ということを認め（依存症治療における第一の問題は依存症者は自身が依存症であることを『否認』し、それ故に治療が必要であるとの認識を持てないことにあります）、治療をするという意思・動機付けは不可欠です。

ギャンブル依存は、進行性で自然治癒がないともいわれていますので、適切な治療が必須です。また、自助グループに参加するなどの取組を行い、それを裁判所に示すことが必要になってきます。いずれにせよ、ギャンブル依存症を克服するためには長い期間が必要になります。そのような場合、仮に別居前に母親が主たる監護者であったとしても、ギャンブル依存のために不適切な養育状況があったことが重視され、母親が監護者として認められるハードルは高いかもしれません。

4　保全処分

すぐにでも子どもを引き取りたいと考える場合には、監護者指定と子の引

渡しの審判と同時に審判前の保全処分の申立ても検討することになるでしょう。

ただ，審判前の保全処分には，保全の緊急性と必要性すなわち本案審理を待っていたら子どもにとって重大な問題が生じてしまうおそれがある等の事情が必要です。本件のように長男が父親の下で祖母の援助を受けながら，保育園にも通い問題なく過ごしているような場合には，審判前の保全処分が認められる可能性は低いでしょう。

 子どもの監護者になるために重要な要素はどんなことですか。

夫からの質問

　私が仕事から帰宅した際，長男は一人で家で泣いていました。妻がパチンコから帰ってきた際，私は怒り，妻に出ていくように言いました。

　長男を引き取った後，私は妻と長男を会わせないようにし，妻からの連絡も絶っていました。そうしたところ，妻から監護者指定・子の引渡しの審判と審判前の保全処分の申立てがされました。

　妻はギャンブル依存症であり，かつ私の財布からキャッシュカードを盗んで私の預金口座から勝手にお金を引き出したり，消費者金融業者から借入れもしていました。妻が長男を家に置き去りにしてパチンコをしていたのは一度や二度ではありません。妻の監護能力には大変問題があると思います。

　ただ，私は仕事が多忙で出生後長男の監護は主に妻がしていました。長男を引き取ってからは，職場に事情を話し，帰宅時間は早くなり，休日出勤もほとんどしていません。私の母も同居をして長男の監護を補助してくれています。私は長男の監護者になれるでしょうか。

　また，妻は長男に会いに自宅にきたり，居住区域内の保育園を周り保育園にも接触をしています。私は，連れ去りのおそれがあるため長男と妻を面会させたくありません。これは問題でしょうか。

さまざまな要素がありますが，同居中主たる監護者でなかった場合は，現在の子どもの監護環境の安定を図りましょう。

夫側弁護士の解説

1 主たる監護者でなかった場合

　妻がパチンコをしに長男を家に一人で置いていったことに対して夫が怒り，妻が家を出ていき夫が長男を引き取ることになった経緯を問題視されることはほとんどないと思います。ただ，妻に家に戻ってほしくないとしても，妻が必要な荷物を取りに来た場合には，妻が長男を連れて行こうとするなど急迫した危険がない限り，荷物を引き渡したり，荷物を送ったり，立会いの下で妻に荷物を整理して持っていってもらうなどの対応をした方がよいでしょう。

　妻が主たる監護者であったということ，かつ子どもがまだ幼いなどの場合は，通常は母親側が監護者になるという判断に傾きやすい場合が多いです。

　ただ，妻は長男を監護している最中に，長男を一人家に残してパチンコに行っていたということです。それも一度や二度ではなかったということですから，裁判所としてもこの点は大きな問題にすると思います。パチンコなどのギャンブルは依存になりやすく，5歳の長男を置いて一人でパチンコに行き，長男が泣いていたという状況からは，かなり妻はパチンコに依存している可能性も高いといえます。また，妻が夫の財布から無断でキャッシュカードを抜き取り預金口座からお金を引き出したり，消費者金融業者から借入れもしていたというのですから，妻の金銭感覚や経済的生活についても裁判所は問題にするでしょう。ギャンブル依存は，適切な治療を長期的に続けていかなければならない場合もあります。そうなると，これまで妻が主たる監護者であったとしても，監護能力には問題があるという判断になる可能性が高いと思われます。

2 監護環境安定のために配慮すべきこと

　夫の側からは，妻の監護能力や監護態勢，監護環境，心身の健康，経済面

198　第5章　設例

の問題などを指摘することになるでしょう。それと同時に，夫側の監護能力，監護態勢，監護環境なども整えていく必要があります。

　仕事が多忙で仕事の日はほとんど監護にかかわれなかったということですから，仕事の内容や勤務時間をセーブすることができるかどうか勤務先に話してみましょう。できる限り，子どもとの時間をとることができた方が監護者の判断にはプラスに働きます。ただ，職場でのポジション，業種，職場環境によっては，勤務時間や勤務場所を調整できない場合もあるでしょう。その場合は，実母や実父やきょうだいなどの監護補助者の援助がどれだけ充実しているか，適切な保育園の確保ができているかなど，親以外に育児にかかわる人や場所の確保が重要になります。

　近隣に親族がいない場合には，地域の子育てのサポート制度なども確認して活用することも検討してみましょう。子どもとの関係については，たとえ子どもと一緒にいる時間が短くても，一緒にいるときには思い切り遊び，子どもの気持ちに寄り添うなどしていれば，子どもとの情緒的な結びつきも継続的に育まれていくと思います。

　心身の健康に問題がなく，監護態勢・監護環境が整っており，別居後も子どもが安定的な生活を送ることができているならば，仮に別居前に夫が主たる監護者でなかったとしても監護者として指定される可能性はあるでしょう。

3　面会交流

　最近，親権者や監護者の判断基準において，「面会交流への許容性」（フレンドリーペアレント・ルール）という点が注目されています。この背景には，子どもはできる限り両親と交流して成長をする方が人格形成上望ましいという考えがあります。ただ，面会交流は互いにある程度の信頼関係がなければ実施は困難になってきます。

　本件では，妻は，長男に会いに，突然自宅に来たり，保育園にも連絡をして長男と会わせるように要求してきたということですから，夫が連れ去りの不安を感じるのは当然といえます。また，ギャンブル依存のほかに，精神不安定，金銭面での問題などの懸念もあるので，夫が面会交流に消極的になる要素が多いと思います。

このような場合は，弁護士の立会いや面会交流援助の第三者機関の利用などを検討して，面会交流の実施頻度や具体的な方法等について考えていきましょう。

 面会交流はできますか。

妻からの質問

長男の監護者は夫になりました。私は，長男とは，双方の代理人立会いで，1か月に1回，1時間程度しか面会できていません。場所も室内に限られています。私はもっと長男と自由に長い時間会いたいです。私はギャンブル依存を克服するために通院し，自助グループに参加しています。夫からはモラルハラスメントを受けていたので直接顔を会わせたくはありません。
どうしたらもっと面会交流できるようになるでしょうか。

 夫側の不安を払拭するようにし，面会交流が長く続く方法を考えましょう。

妻側弁護士の解説

夫側との協議が難しい場合，裁判所の手続としては，面会交流の調停又は審判の申立てをしていくことになるでしょう。ただ，夫は妻の行為が子どもへの虐待と思っていますし，妻の精神的な不安定さも問題にしています。連れ去りの恐怖も感じているということです。面会交流はある程度の信頼関係がなければうまく行きません。まず，ギャンブル依存については適切な治療をしていることをきちんと示していきましょう。

裁判所の手続の中で，おそらく妻と長男の面会の様子を観察するという試行的面会交流がなされると思います。これは，裁判所内の部屋の中（おもちゃなどが置いてあります）で子どもと別居親が面会する様子を，マジックミラー越しに他方当事者や調査官，調停委員等が観察をするというものです。

別居親の言動に問題がないか，別居親に会ったときや面会中の子どもの様子を観察するものです。小学校中学年くらいからは，子どもに対して直接調査官が面会の意向について聞くという場合もあります。

仮に，長男が母親に対してそれほど抵抗感なく面会をしているとしても，父親側はすぐに母親に長男を預けて面会交流をさせようという気持ちにはならないかもしれません。

調停でも，しばらくは第三者の立会いのある面会交流をしていき，徐々に時間を延ばしたり，面会中に第三者の立会いのない時間を作るなどして，少しずつ面会の時間や方法を変えていくように勧められるかもしれません。審判になる場合は，これまでの実績を踏まえて検討がなされる可能性が高いでしょう。柔軟な解決を求める場合は，できる限り調停での話合いを継続していく方がよいと思います。また，面会交流を援助している第三者機関もあるので，そのような機関の活用も検討しましょう。

> [!NOTE] 夫からの質問

妻が長男にしていた置き去り行為や，連れ去り行為，精神的不安定さなどから，私は長男を妻に預けて面会交流させるなど考えられません。特に，連れ去り行為にはとても不安を感じます。妻は，同居中からすぐに嘘をつきますし，信頼関係は皆無です。長男は「お母さんは一緒に遊んでくれた。ご飯を作ってくれた」ということもありますが，妻と二人だけでは不安そうです。面会交流はさせなければならないのでしょうか。仮にしなければならないとしても，私は信頼できる第三者に立ち会ってもらわない限り絶対に会わせたくありません。

子どもが安心して面会できる方法を考えましょう。

> [!NOTE] 夫側弁護士の解説

妻の連れ去り行為やギャンブル依存により長男をおいて家を空けていたこと等，面会交流に消極的になる気持ちは理解できます。妻と長男の二人で何時間か面会交流をするということで連れ去られてしまうのではないかという

不安が大きいということも理解できます。ただ，妻はギャンブル依存については医療機関や自助グループに参加して克服をしようと努力しているようです。また，長期的にみると，子どもは双方の親が自分に関心や愛情をもって成長をしていくことが，人格形成にとっても望ましいといわれています。長男にとってもご飯を作って一緒に遊んでくれたお母さんという良いイメージもあるようですので，母親との交流を完全に絶つということは長い目でみると長男の健全な成長にとってはマイナスになるのではないでしょうか。

会わせる側の不安な気持ちを軽減するためには，まずは現状の第三者の立会いをしながら，面会時間を長くしていく，面会中に第三者は少し離れたところで観察をするなど，母子二人の時間を作るようにしていくのがよいのではないでしょうか。徐々に面会の時間や方法を拡大していき，長男の様子や妻の対応などをみて，どのような面会方法があなたや長男にとって負担なく面会を続けていくことができるのか話し合っていくことが望ましいと思います。面会交流援助の第三者機関の利用も検討するとよいと思います。

Q4 離婚はできますか。親権はどのように判断されますか。

夫からの質問

妻とは，やり直しは考えられず離婚をしたいと思います。妻は，離婚には応じないと思います。離婚訴訟をした場合，離婚は認められますか。また，私が親権者になることはできますか。

妻がパチンコのために子どもを置き去りにしていた等，諸般の事情から，離婚が認められる可能性は高いでしょう。監護状況に変更はなく，長男が健全に成長している場合は，親権者は夫（父）と指定される可能性が高いと思います。

202　第5章　設例

夫側弁護士の解説

　本件では，妻がパチンコをするために子どもを度々置き去りにしていたこと，妻が夫のお金を無断でとったこと，別居後の子どもの連れ去り未遂行為等の諸般の事情から，仮に別居期間が短いとしても，「その他婚姻を継続し難い重大な事由」（民法770条1項5号）があると認定される可能性は高いと思います。

　もっとも，妻からはあなたのモラルハラスメントが原因でパチンコ依存になったという主張がなされると思います。これに対しては，夫として妻や子どもを支えてきた実績を主張・立証していくことになるでしょう。

　ただ，依存症は病気であるため，本人自身も望んで依存症になったわけではありません。パチンコをやめることができないのも，依存症という病気のためです。訴訟でも，自分の主張を通すために，いたずらに相手を非難するのではなく，妻の依存症のために起こった家庭での出来事を客観的に述べ，婚姻関係は破綻しており，修復は困難であることを裁判所に示すことがよいと思います。

　親権者については，監護者指定審判で夫（父）と指定されています。親権者指定の場合，監護者指定とは異なり，より長期的な視点から親権者の適格性が判断されます。ただ，監護者指定の審判で行われた調査から時間が経っておらず，監護状況も変わっていない場合には，親権者指定の判断の際に調査官による事実の調査をしないという場合もあります。監護者指定の後も，長男の監護状況が変わっておらず，長男が問題なく成長している場合には，父が親権者と指定される可能性が高いでしょう。

設例4　依存症と別居・離婚・面会交流　**203**

医師からひとこと

●ギャンブル依存症と親子関係 ──────────

　子の成長，発達にとって親が親としての機能をしっかり果たせているということはとても重要です。長期的には母親が自身の問題に向き合い依存症から脱し，親としての機能を回復していくことが子どもにとっても母親にとっても最良でしょう。

　ギャンブル依存症患者は，ギャンブルで勝った時にもたらされる相当な恍惚感，愉悦感が強化される「勝ちの相」，負けた分を一気に取り戻そうと更なる不利益を被る危険性を理解していながらも，一獲千金を狙い一度のギャンブルに更に大きな金額をつぎ込むようになる「負けの相」，自分の支払能力を超えてもギャンブルを続け多額の債務を抱え人間関係が破綻する「自暴自棄の相」，そして，返済できないと知りながらも，借金を返すための大穴を狙い借金を繰り返していくが，その頃にはもはや大穴ではとうてい返済できないほど債務は大きくなっているため，やがてはこれという目的はなく稀に訪れる勝ちの快感をひたすら求めてギャンブルを続ける「希望のない相」という段階的経過を辿ることが多いと言われています。

　自暴自棄の相にある時期にはうつ状態を呈することが多く希死念慮を伴うこともしばしばあります。

　このケースで母親は依存症及びうつ状態に対する治療に取り組み始めていますが，依存症の治療は長く厳しく，いつまたギャンブルに戻ってしまう危険性と隣り合わせです。

　長男に母親との面会願望があるのなら，長男との面会交流を治療継続の動機づけやその強化因子として位置づけることができるでしょう。

　また長男との面会交流を禁じられた場合は，うつ状態にある母親の自殺の危険性を高める可能性があるということにも周囲の人は留意しなけ

204　第5章　設　例

ればなりません。長男にとって，母親の自殺は非常にショックな出来事となるので，長男が面会交流を強く拒否しているのでなければ，ギャンブル依存症であることだけを理由に面会交流を禁じるべきではないでしょう。母親の治療の段階を見極め，問題行動が生じないよう注意する必要はありますが，どのような方法であれば面会交流を実施することができるか関係者が考えていく必要があるでしょう。

設例5 双極性障害と婚姻費用・離婚・財産分与

関係する心の問題●気分障害（うつ病，双極性障害）

関係図

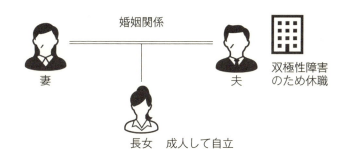

事案の概要

1 夫の双極性障害の発症

　夫は銀行員，妻は会社員である。結婚30年目で，子どもは成人し，家を出て自立している。

　夫は大学卒業後，銀行に就職し真面目に仕事をし，昇進も順調であった。しかし，平成10年頃から（40歳頃），管理職として仕事のストレスが増え，過労も重なり，双極性障害と診断を受け，心療内科に通院を始めるようになった。平成17年頃（47歳頃）夫の親族に不幸があった後，うつ症状が悪化した。夫は夜なかなか寝付くことができず，常に憂うつな気分で，疲れやすく，何に対しても気力がわかなくなった。仕事でも集中力を欠くようになり，仕事を続けることが困難になった。医師のすすめもあり，夫は，6か月間病気休暇をとったが，病状が安定せず，うつ状態と躁状態を繰り返し，そのまま3年間休職をした。復職後は1年半程度働いたが，再度休職をしている。

206　第5章　設　例

2 ｜妻の就労

　妻は，子どもが幼いころは専業主婦として家事育児に従事していた。夫が心療内科に通い始めてからは，通院に付添いもしていた。夫が休職することになり，毎月の生活が厳しくなり始めたため，平成19年頃からパートで働き始め，家事等もしていた。

　妻は，夫が通院を始めてから，薬を飲むことを忘れないように気をつかったり，栄養バランスを考えた食事を準備したり，なるべく朝日を浴びたり，身体を動かすように夫に助言をしたりもしていた。しかし，夫は妻が夫のために何かをしようとしても，「うるさい」と言ったり，無視をするため，妻は，次第に何も言わないようになった。

3 ｜夫の浪費・借金等

　夫は，もともとは堅実な性格で，貯金も計画的にしていたが，平成17年の休職中から夜間眠れないと言って，一人で台所やリビングで過ごして夜中に物音を立てることも多かった。妻は，夫が夜中に起きて物音を立てるために，眠れないこともしばしばあった。夫は，昼間は寝て過ごしていることが多く，家事はほとんどすることはなかった。

　また，夫は，休職中に投機的な取引をするようになり，数十万円単位で取引をしたりするようにもなった。さらに，ネットショッピングで大量の買い物をして，家にはスポーツ用品や，調理器具，衣類などが散乱することもあった。

　夫は，平成17年からの3年間の休職中に買い物や投機的取引により，1000万円ほどあった金融資産を全部使ってしまった。さらに，600万円ほどの借金も作った。夫は借金の返済に困り，平成23年夏頃から妻に生活費を渡さなくなった。

4 ｜別居の開始

　妻は，夫が夫婦の将来のための老後資金を無断で費消し，さらに多額の借

金を作ったこと等について失望し，夫と一緒に生活をしていくことに疲れ果て，平成23年秋頃に家を出て別居を開始した。

なお，夫には父親から相続したマンションがあり，夫婦で住んでいたが，別居後は夫が単身で住んでいる。長女はたまに夫の家に行き，夫の様子をみていたが，妻は別居後夫に会いにいくことはなかった。

別居から2年後の平成25年に，妻は離婚調停を申し立てたが，夫は期日に出席せず不成立となった。その後，妻は離婚訴訟を提起した。

時系列

昭和58年　結婚

昭和60年　長女誕生

平成10年　夫双極性障害発症

平成17年　夫休職

平成17年　妻パートを始める

平成20年　夫復職

平成21年　夫休職

平成23年　別居

　　　　　妻が弁護士に夫との離婚について相談

平成25年　妻から夫に対して夫婦関係調整（離婚）調停申立て

平成26年　妻が夫に対して離婚訴訟を提起

　　　　　夫が弁護士に相談

心の問題と本事案の分析

1 │ うつ病性障害

うつの患者は，100万人を超えるといわれています（厚生労働省が実施している患者調査では2008年には104.1万人となっています）。

ただ，ひとことに「うつ」といっても，そのタイプはさまざまなようです。大きく分けると，うつだけがみられるタイプの単極性と，躁とうつの両方がみられるタイプの双極性障害に分けられます。

うつの症状は，生活リズムの変調（不眠，過眠等）や体調不良（食欲低下，体重減少，便通の異常等），エネルギーの低下（疲れやすさや，億劫感，仕事の効率が上がらない等），ネガティブな感情（不安，恐れ，孤独感，罪悪感，敵意，イライラ）の増加及びうつ病性の認知の歪み，ポジティブな感情（歓び，幸福感，自信，関心，意欲，熱意）が減る等です。また，希死念慮も高い頻度でみられます。

気分障害は，薬（抗うつ薬）で治すのが基本であり，治療をきちんとすれば多くが半年から1年以内に改善するといわれてきました。

うつの原因は，一概にいえず，何も契機がないまま起こる場合もありますが，多様なストレス状況が契機になるようです。悲しいことや苦しいことがあった，不慮の出来事があったということが発病の契機になることもありますし，例えば昇進したことによって精神的・肉体的に加重な負担がかかって発病するケースもあります。良いことでも悪いことでも環境の変化がうつの契機になることが多いようです。

では，配偶者がうつになった場合，夫婦の関係はどうなるでしょうか。これだけうつの患者数が多いのですから，夫婦の一方（もしくは両方）がうつになるという場合も決して珍しくないでしょうし，多くの場合は投薬治療などを続けて，うつを克服していくと思われます。

もっとも，離婚について相談を受ける場合，配偶者がうつ病もしくはうつ状態にあるという場合も少なからずあります。夫がうつになり，仕事に行か

ず日中寝込んでいて家事育児の負担に加えて仕事もしなければならず妻が限界に達する，夫の抑うつ気分がひどく一緒にいて妻も具合が悪くなる，夫が死にたいと言い台所の包丁を持ち出し怖くて妻が子どもを連れて実家に逃げる等々です。何らかの精神的な疾患とともにうつ病も併発しているという場合もあります。

　もともとの夫婦関係は円満で，あるきっかけで配偶者がうつになってしまった場合，他方配偶者も治療のために長年協力しているケースも多くあります。

　うつになることは誰に責任があるわけでもありませんし，当然そのこと自体が離婚原因になるわけでもありません。ただ，うつの症状によっては，婚姻生活を継続していくことが困難になる場合もあり，結果的に離婚原因があると認定される場合もあります。また，財産分与や婚姻費用の算定においても，うつへの配慮が必要になってくる場合もあります。

　うつ病やうつ状態にある当事者は，離婚調停や訴訟によりさらにうつの症状が強くなる場合もあります。また，思考の整理ができなかったり，適切な判断ができなくなるという場合もあります。そもそも，うつの症状が出ている期間は，判断力が低下し現実検討能力も損なわれています。うつ病やうつ状態にある方の代理人になる場合には，本人の判断能力が低下しているとの認識を持っておくことも重要です。調停手続や訴訟手続においても，本人の状況を説明して，裁判所や反対当事者に対しても一定の配慮を求めるように働きかけていくことも必要と思われます。

2 ┃ 双極性障害

　躁とうつの両方がみられるタイプを双極性障害といいます。

　躁になると活動的になり性格も明るく声も大きくなったり，創造的で生産的になりエネルギッシュになるようです。ほとんど眠らずに活動をしたり，無謀な計画を実行したりして周囲を驚かすことも多いようです。しかし，それも長続きせず次第に気分が落ち込み身体も重くなり，うつに移行していくのが双極性障害の典型です。

210　第5章　設例

　双極性障害にはⅠ型とⅡ型があります。双極性Ⅰ型障害は躁とうつがみられるタイプで躁状態の方が問題になることが多いです。双極性Ⅱ型障害は軽躁とうつがみられる場合で，本人の自覚的苦痛や生活の支障が大きいのはうつ状態の時です。

　双極性障害と単極性のうつは治療方法が異なります。しかし，双極性Ⅱ型障害は躁状態の存在を医師が認識できず，「単極性うつ」との診断の下に加療をし，その際抗うつ薬による躁転で，双極性障害であることが判明する場合もあります。

　本事案では，夫は過労や親族の不幸などが重なり，うつ病になり，休職や復職を繰り返しました。夫は休職中に，買い物等や投機的取引をして貯金を減らし，この時は躁状態であったものと思われます。躁状態の時は，常識を逸脱した言動をとったり，乱費も多くなったりするため，これまで築いてきた人間関係や社会的信用，仕事や家庭といった人生の基盤が大きく損なわれてしまうことがあります。

Q & A

Q1　夫から婚姻費用をもらうことはできますか。

妻からの質問

　私はパートをしています。夫は休職中ですが，毎月私の給料よりも多い休業手当をもらっています。離婚まで夫に婚姻費用を請求したいと思いますが認められるでしょうか。算定においては，夫の収入は現在の失業手当と従前の給与のどちらで算定されますか。夫が仕事を辞めてしまった場合，請求はできませんか。

設例5　双極性障害と婚姻費用・離婚・財産分与　*211*

　夫の収入は現在受給している休業手当の金額で算定されるでしょう。収入がない場合請求は難しいでしょう。

妻側弁護士の解説

　休職中であるとしても，夫に定期的な手当がある場合には婚姻費用は認められると思います。その際の基礎となる夫の収入ですが，休職前の給与水準で算定されるのは困難です。夫は病気のために休職して休業手当しか得られないため，現実に夫が得ている金額が基準になるでしょう。

　働くことができるのに働いていない場合には，賃金センサス（厚生労働省が毎年調査している「賃金構造基本統計調査」）等を利用して収入を算定する場合があります。しかし，病気のために働くことができず収入がない場合は，賃金センサス等で収入を算定することはなく，稼働能力はないものとして判断され，婚姻費用の請求はできないでしょう。

　夫と離婚をすることができますか。

妻からの質問

　夫は双極性障害の影響からか，夫婦の老後資金であった金融資産を費消し，さらに多額の借金もするようになりました。私は，夫が双極性障害になった後も夫を支えてきましたし，家計のために働いてもきました。私が夫に規則正しい生活をするように忠告をしても聞く耳を持たず，浪費を繰り返し，昼間はほとんど寝て過ごしています。もはや夫との生活は限界で，夫婦として生活していけません。夫には，相続した家がありますし，年金もあります。しかし，夫は，離婚には絶対反対と言っています。

　夫と離婚をすることはできますか。

配偶者の言動によっては離婚が認められる場合もあるでしょう。

妻側弁護士の解説

　離婚を求める際に，夫の行為が「婚姻を継続することが困難な事由」にあたるということを裁判所に認めてもらう必要があります。具体的には，夫の浪費や昼夜逆転の生活などから婚姻生活を継続していくことは困難であるということを主張立証していく必要があります。特に浪費については，夫婦の収入や資産からみて多額である場合，婚姻継続が困難であるという方向に傾くものと思われます。

　他方，配偶者の問題行動は配偶者の双極性障害に起因するものであるとして，配偶者に非があるとは言い難い面もあります。また，破綻の認定においては配偶者の病気に対してどのくらい配慮をしてきたのかもポイントになってきます。精神的，肉体的，経済的に配偶者に対して一定の配慮をしてきたという場合は，破綻の認定に傾くと考えられます。

　妻は，夫が双極性障害になってから就労をして生活費を稼ぎ，通院に付き添ったり，日常生活でもうつ病の改善のために努力をしてきたということですから，この点は評価されると思います。

　また，離婚後の夫の生活についても裁判所は関心を持つと思います。財産分与をした後に夫にはどのくらい資産が残るか，住む家はあるか，年金の金額，治療のための支援策はあるか否かなどです。離婚後に夫が精神的，肉体的，経済的にあまりに苛酷な状況におかれるような場合には，結論的に破綻の認定にはならない可能性もありえます。

夫からの質問

　私は銀行員として真面目に仕事を頑張ってきましたが，過労や職場環境のストレスからか次第に夜眠ることができなくなり，食欲や意欲の低下が生じました。親族の不幸も私に多大なストレスを与え，うつが悪化してしまいました。それでも病気休暇や休職を経て，復職をし，家族のために頑張ろうとしてきました。休職中の手当から妻に生活費を渡してもいました。昼間は寝

ていて家事はほとんどしませんでしたが、それらはうつの影響です。また、金融資産を減少させてしまったり、借金もしましたが、これは躁状態になった時の行動であり、これも病気の影響です。妻を傷つけるつもりはありませんでした。私は双極性障害が完治しておらず、今後も通院と投薬が必要です。離婚になると、ますます双極性障害がひどくなってしまうと思います。離婚はしたくありませんが、どうしたらよいでしょうか。

A2-2 離婚が認められる可能性があるという前提で、今後の生活を考えていく必要があるかもしれません。

夫側弁護士の解説

　双極性障害の影響から日常生活に支障があり、夫婦の協力義務を果たせないことは非とはいえず、やむを得ないことであると思います。ただ、休職中に金融資産を1000万円以上費消し、借金を数百万円作ったということは、たとえ双極性障害の影響であったとしても妻にとっては婚姻を継続しがたい事情であるという判断に傾く可能性が高いものと思われます。

　もっとも、夫の資産減少行為や、昼夜逆転の生活等について双極性障害の影響が多分にあると思われますので、離婚を拒否する主張をする場合、夫の双極性障害の程度、今後の治療の必要性、回復の見通しなどを診断書や医師の話を踏まえて主張立証していく必要があるでしょう。また、病気療養中であっても、できる範囲で同居中に夫婦の協力扶助義務を尽くしてきたということを主張していくことも必要でしょう。夫が休職中も給与から生活費を支払ってきたということは、破綻の認定に際して夫にとって有利な事情とはいえます。

　裁判所は諸般の事情を総合的に判断して破綻の認定をしますが、配偶者が病気等で回復が難しいという場合であっても、他方配偶者がこれまで病気の回復のために精神的、肉体的、経済的に努力をしてきたという場合には、これ以上配偶者に努力を強いることはできないと考える傾向にあるようです。

　双極性障害も含め、病気にり患したということは配偶者のどちらの責任であるとも言い難く、疾患がありかつ離婚も求められるということは大変つら

いものです。しかし、離婚が認められることがありうるという前提で、今後双極性障害の回復のために適切な治療を受け、場合によっては行政や民間の福祉的サポートを受けるなどの方策を考えていく必要があるのではないでしょうか。

 夫に対する慰謝料請求は認められますか。

妻からの質問

夫は夫婦の住宅購入資金や老後資金として貯めた金融資産を全部使い切ってしまいました。また、浪費を繰り返し借金も作りました。さらに双極性障害に向き合おうとせず、私の忠告を耳にせずに、頭ごなしに私を怒ったりしてきました。私は、夫に慰謝料を請求したいと思いますが、認められますか。

 病気の影響が考えられる場合は難しいでしょう。

妻側弁護士の解説

夫婦の資産状況からみても1000万円の金融資産を数年で使い切ってしまったということは大変精神的苦痛の大きいことであったと思います。それ以外にも、投機的取引により浪費をしていたことや、数百万円の借金も作ったということ等も追い打ちをかける出来事だったと思います。

ただ、夫の言動は双極性障の影響もあったといえ、また夫は休職中の手当を生活費にあてていたということですから、慰謝料が発生するほどの夫婦の協力扶助義務違反があったとは言い難いと裁判所は判断するのではないかと思われます。

ただ、夫の浪費により夫婦の資産をすべて使い切ってしまい基準時には財産分与としては分けるものはないというような場合は、慰謝料が発生する可能性もありうるでしょう。

財産分与の判断において夫の病気は影響がありますか。

妻からの質問

私は夫が双極性障害になった後，働き始めました。私が働き始めた後に私名義の資産の増加には夫の協力はないといえます。私名義の預金も財産分与の対象になりますか。また，夫が双極性障害で加療中ということは財産分与において何か影響がありますか。

 裁判官の裁量によります。

妻側弁護士の解説

清算的財産分与は，夫婦が同居中に協力して築いた資産を分けるものです。財産分与の基準時の資産を2分の1で分ける場合がほとんどです。ただ，具体的な金額は，一切の事情を踏まえて裁判官の裁量により決められます。

夫の協力扶助義務がないため妻名義の資産は財産分与の対象にはならない旨主張していますが，夫も休職中の手当から生活費を負担していたのですから，妻名義の資産が財産分与の対象にはならないという判断にはなりにくいでしょう。もしも夫の休職中の手当がなければ，妻名義の資産はもっと目減りしていたといえます。

夫が双極性障害で加療中ということで分与に関して影響があるかについてですが，双方の取得する財産がどのくらいになるかにもよります。夫の離婚後の生活を踏まえて，場合によっては，資産形成への寄与割合を調整したり，裁判官の裁量により分与額の調整がなされることもありうるでしょう。

設例 6 うつ病・強迫性障害と離婚・親権・面会交流・財産分与

関係する心の問題 ● うつ病，産後うつ，強迫性障害

関係図

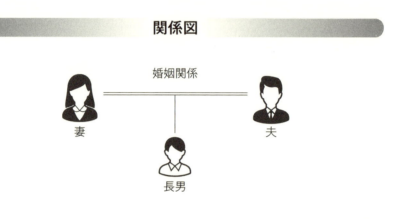

事案の概要

1 妻の産後うつの発症

　夫は会社員，妻は専業主婦で，結婚10年目である。夫婦の間には，平成18年に生まれた小学生の長男がいる。妻は，結婚後会社員として就労をしていたが，長男の出産を機に退職をして，専業主婦になった。

　夫の仕事は出張も多いため，家事育児はほとんど妻が行っていた。妻は出産後，体調がなかなか回復せず，慢性的な睡眠不足で，気力も減退し，倦怠感や疲労感を感じやすくなった。妻の抑うつ状態が続き，体力的に家事や育児に困難を抱えるようになったため，妻の実家の母が手伝いに来たり，妻が長男を連れて実家で1〜2週間ほど過ごすこともあった。

2 妻の強迫性障害

　妻は，以前から几帳面な性格でやや潔癖の傾向があったが，長男を出産後，

潔癖傾向が酷くなっていった。

　例えば，他人を家に上がらせるときは床に新聞紙を敷く，冷蔵庫の取っ手にティッシュペーパーを巻き付ける，ごみ箱や洗濯機にぶつかったら足を洗う，入浴後少しでも外に出たら改めて体を洗い着替えをする，ビニール袋を足に履くほか何でもビニール袋に入れる等であった。また，夫や長男にも過度の清潔を求めて，夫が帰宅後すぐに長男に触らせない，夫の下着は別に洗濯をする，長男を頻繁に着替えさせる等々家族にも清潔であることを要求した。

　他方，夫は金銭的にルーズなところがあり，生活費を妻に渡すのが遅くなったり，光熱費の支払を滞らせたり，口座に残金がないため引落しができないなど無責任な行動も多かった。さらに，妻に対してその場しのぎの嘘をつくことも多かった。妻は夫のルーズな言動に不満をつのらせ，イライラすることも増えていった。

3 ┃ 一時的別居と再同居

　妻は，心療内科を受診したところ，強迫性障害，うつ病と診断され，通院と投薬治療を開始した。このような妻の診断を受けて双方の両親を含めて家族会議が行われ，妻は1年程度長男を連れて実家で過ごすことになった。

　平成22年4月，妻の体調は完全に回復はしていないものの，長男が幼稚園に入学することを契機に再び夫婦は同居を開始した。妻は通院と投薬治療を継続した。

　しかし，ささいなことで夫婦喧嘩が絶えず，夫婦仲は改善しなかった。妻は，第三者に対しては物腰も柔らかく言葉使いも丁寧であるが，喧嘩の際には，夫に対して，「死ね」「馬鹿」「てめえ」「ふざけんじゃねえ」「汚ねえ」「会社をやめさせてやる」などと口汚い言葉を使うこともあり，深夜まで喧嘩が続き，夫は翌日の仕事に支障が生じることもあった。妻は，夫に対して物を投げつけたりすることもあった。

　妻の不潔恐怖も続き，家の中で夫や長男はビクビクして生活をする状況が続いた。夫は，妻の度を過ぎた要求や暴言等に耐えかねて一時的に実家に避

218　第5章　設　例

難し，実家から仕事に通うこともあった。妻の言動があまりに酷いため，夫は喧嘩の際のやり取りを録音するようになった。

　他方で，同居再開後も，夫と妻は長男を連れて遊園地や動物園，学校行事などに一緒に出かけることもあった。

4 ┃ 別居

　平成22年12月，夫がリビングでごみ箱を倒してしまったが，妻が過剰に反応することを恐れてごみ箱を倒していないと嘘をついたところ，妻が嘘をついたことに激怒し，大喧嘩になった。この大喧嘩を契機に，夫はそのまま家を出て別居を開始し，夫の実家で暮らしている。妻は，別居開始後しばらくは長男と一緒に自宅マンションで暮らし夫がローンと生活費を負担していたが，現在は長男を実家近くの小学校に転校させ，実家で両親の援助を受けながら暮らしている。

　平成23年3月に夫は妻に対して離婚調停を申し立てた。調停不成立になったため，夫は平成24年4月に離婚訴訟を提起した。

時系列

平成14年　結婚

平成18年　長男誕生

平成20年　妻強迫性障害，うつ病と診断
　　　　　　妻長男を連れて実家に戻る

平成22年　同居再開

平成22年　別居

平成23年　夫が弁護士に夫との離婚について相談
　　　　　　夫から妻に対して離婚調停申立て

平成24年　夫が妻に対して離婚訴訟を提起
　　　　　　妻が弁護士に相談

設例6　うつ病・強迫性障害と離婚・親権・面会交流・財産分与　　**219**

心の問題と本事案の分析

1 気分障害

　設例5では，働き盛りの男性が双極性障害になり，離婚紛争の際には子ども
は成人していたケースでしたが，本設例は専業主婦の女性がうつ病（単極
性）になり未成熟子がいるケースです。

　女性も仕事を持つようになり，仕事上のストレスを男性並みに抱えること
もありますし，仕事の有無にかかわらず出産，育児，介護などの負担や，出
産や更年期などによるホルモンバランスの変化，病気，不慮の出来事などに
よって，うつ病を発症する場合もあります。

　また，うつ病にもさまざまなタイプがありますが，易疲労（通常より疲れ
やすいこと）や，身体の不調，憂うつ気分が長く続く場合，育児にも支障が
生じてくることが考えられます。

　うつ状態になると被害的な認知をする傾向があり攻撃的になる方もいるよ
うです。常にイライラして配偶者にあたるというような場合もあります。

　配偶者がうつ病になったというだけでは離婚原因になりませんし，むしろ
配偶者がうつ病で収入や資産がない場合には，離婚が認められるハードルは
高くなるかもしれません。もっとも，他方配偶者がうつ病の配偶者に対して
かなり手厚く病気克服のために協力しておりこれ以上の努力を強いるのは酷
と思われる場合や，うつ病の配偶者の言動が客観的に婚姻関係を継続するの
が困難な状況にあるといえるような場合には，離婚が認められる場合もあり
ます。

　本事案の妻は，出産後から憂うつな気分が続き，うつ病に罹患していたと
思われます。また，不潔恐怖症になり強迫性障害とも診断されました。妻は，
夫に対してのイライラがつのり，夫に対する暴言も激しくなり，ついに夫が
家を出て別居をし，離婚調停，離婚訴訟へと進んでいきました。妻の夫への
言動は病気の影響であるといえますが，客観的には夫もかなり不自由や忍耐
を強いられているものといえます。

220　第5章　設　例

　なお，うつ病の方にとって，配偶者から離婚を求められるということは大変ショックなことであり，症状が悪化してしまうという可能性も高いものです。

　重度のうつ病の場合には，協議をすることや調停期日に出席できない場合が多いでしょう。また，調停に出席できたとしても，うつの症状が出ている期間は，判断力が低下し現実検討能力も損なわれています。調停委員の話している内容を理解することが困難，思考を整理できない，適切な判断ができない，相手に伝わるように話すことができない等，調停での話合いが困難になる場合もあります。

　当事者がうつ病である場合，離婚協議，離婚調停，離婚訴訟の進め方にも留意が必要になるでしょう。

2 ┃ 強迫性障害

　度を越した不潔恐怖が生じると手を洗わずにはいられない，他人が触ったものに触れられない，汚れた衣服はすぐに洗わなければ気が済まない等々，強迫的に洗浄をする症状を認めるようになり強迫性障害と診断される場合があります。不潔恐怖（洗浄強迫）でなくても，電気や水道ガスなどを止めたか何度も確認しないと外出できない（確認強迫）などの強迫症状もあります。

　強迫性障害では，その原因や発症にかかわる要因は特定されていないといわれています。対人関係や仕事上のストレス，妊娠・出産などの出来事が発症の契機になることが多いといわれます。もともと完璧主義の傾向にある人が，妊娠・出産を契機に発症するという場合もあります。

　強迫性障害の家族は，しばしば患者と同様の洗浄や確認をすることを強いられ，不自由な生活に陥っている場合もあります。意のままに家族が振る舞わない場合に，時に有形力の行使に至ってしまうこともありえます。このように，配偶者や子どもが巻き込まれてしまうと，配偶者や子どもの心身に大きな負担が生じ，家庭生活が破たんへ追い込まれる場合もあります。

　本事案の妻は，もともと潔癖な面があり産後うつに育児負担が重なり，不潔恐怖症となり，医療機関を受診したところうつ病，強迫性障害と診断され

設例6　うつ病・強迫性障害と離婚・親権・面会交流・財産分与　**221**

ました。妻は，ささいなことでも不潔と感じるため，夫や長男に対しても過度の清潔さを求めていました。うつ病や強迫性障害は，病気であり妻の責任ではないといえますが，妻の言動により夫や長男はかなり不自由な生活を強いられているため，婚姻生活の継続は難しくなってしまいました。

Q & A

Q1　妻と離婚をすることができますか。

夫からの質問

　妻は，交際中から少々潔癖なところが見受けられましたが，「きれい好きな人だな」程度にしか考えていませんでした。結婚をして一緒に暮らすようになると妻は私が脱いだものや洗濯に関して細かくなり，私もうるさく感じるようになりました。

　さらに妻が出産をした後は潔癖の程度はかなり酷くなり，異常に感じられるほどでした。私を汚れもののように扱い，子どもに対しても極度の清潔を強いていました。妻は私や子どもの言動が妻の意に沿わないと，怒りだし，ヒステリックになって私や子どもを怒鳴らり散らし，子どもの前で暴言や時には暴力的にもなります。私は，夜中まで妻のヒステリーに付き合ったり，妻から「馬鹿」「汚ねえ」「会社をやめさせてやる」などの暴言も受け，妻との生活はもはや限界です。妻の暴言や暴力的な言動は録音してあります。別居の際もあまりの妻の剣幕に私は一人で逃げるほかありませんでした。妻は子どもの前でも暴言や暴力的な言動をとるので，子どもにも悪影響が生じています。一刻も早く妻と離婚をしたいと思います。

　妻と離婚をすることはできますか。

妻の客観的な言動から，婚姻関係は破たんしていると認定される可能性はあります。

夫側弁護士の解説

　妻は専業主婦でかつ強迫性障害とうつ病で通院治療中であり，長男もまだ小学生ということですので，一般論として，離婚になると妻はかなり大変な状況に置かれることが予想されます。また，妻の強迫性障害とうつ病の発症は，もともとの潔癖傾向もあったとはいえ，産後の体調面の回復が遅れ，睡眠不足などの影響もあり，妻の責任であるともいえません。また夫にも金銭的にルーズな面があったようで，夫の言動も妻にとってはストレスが大きかったと考えられます。

　ただ，病気の影響とはいえ，録音を聞く限り，妻が夫に求める潔癖の程度や夫への暴言，暴力的言動は婚姻生活を継続していくのはかなり困難なレベルであるともいえます。長男も母親の潔癖の被害を受けているようです。

　また，病気が判明してから，妻はいったん実家で暮らして静養し，その期間は強迫行為は減少したようですが，再び夫と暮らし始めた後は症状は改善せず，夫に対する言動も激しくなってきたので，婚姻関係の修復も難しいという判断になる可能性が高いと思います。

　もっとも，妻が専業主婦であり病気の治療中でもあるので，離婚後の妻の生活が苛酷にならないような配慮も求められます。別居時の共有財産を分けるだけではなく，プラスアルファの経済的給付も必要になる可能性があります。

　また，離婚調停を開始しても，妻は離婚に応じる可能性は低いことが予想されます。離婚訴訟になった場合，妻の夫や長男への言動が酷く，婚姻を継続することが困難であるということを録音や陳述書などで立証していく必要があります。

妻からの質問

　私は，出産後，睡眠不足や体調がなかなか回復しないことから，精神的に不安定になり不潔恐怖を感じるようになりました。長男が生まれてから想像

以上に育児が大変でした。また、夫は、金銭的にルーズで生活費を渡そうとしなかったり、月の半ばにようやくその月の生活費を渡すことも多くありました。さらに、光熱費の支払を滞らせる、引落口座に残金がなく口座引落しができないなどの酷い仕打ちをしてきました。夫のルーズな面が私を苛立たせ、結果的に私の体調の回復を遅らせ、精神的な不安定さを助長させていたと思います。

　私は、不潔恐怖を感じてしまうため、夫や子どもに対しても注意は多かったかもしれません。ただ、自分で自分がコントロールできないのです。心療内科で通院や投薬治療を受けはじめ、抑うつ気分は解消されてきましたが、抗うつ薬の影響からか、イライラすることが多くなり、夫と喧嘩になるとつい攻撃的な言動になってしまいます。ネットで調べてみると、抗うつ薬の副作用として攻撃的になる場合もあると書いてありました。

　夫が出ていった日に大喧嘩になったことは事実ですが、夫はごみ箱を倒したのに倒していないと嘘をついたのです。体調の悪い私と長男を置いて自分だけ実家に戻って、許されるのですか。私は、離婚は絶対にしたくありません。もし、離婚になるとしても原因は夫のルーズさにありますし、夫婦としての協力を放棄したのは夫です。離婚が認められないようにするにはどうしたらよいですか。

 妻の客観的な言動から、婚姻関係は破たんしていると認定される可能性はあります。

妻側弁護士の解説

　産後の体調の回復がなかなかできない中、育児も重なり精神的に不安定になる女性も相当程度います。分娩・出産に伴う死亡よりも産後うつによる死亡（自殺）の方が多いともいわれており、産後うつは出産をした本人やその家族にとって看過できない問題で、適切な治療が必要です。強迫性障害、うつ状態という診断を受けて通院治療を続けざるを得なくなったことを妻に帰責することはできないと思います。

　もっとも、妻の夫への言動の程度によっては、婚姻生活の修復は難しいと

224　第5章　設例

判断される可能性もあります。特に，いったん妻と長男が実家に戻り，半年間静養をした後，再度夫と同居を開始した後も，夫に対するイライラは解消されず，暴言や暴力的な言動もあったというのですから，夫と婚姻生活を継続していくのは難しいと裁判所は判断するかもしれません。

　夫の金銭的なルーズさについては，程度にもよりますが，そのこと自体が破たんの原因になったとは言い難く，夫を有責配偶者とすることは難しいでしょう。また，一人で家を出て別居をしたことについて，その後に生活費も支払ってきているので，「悪意の遺棄」と認定されることも難しいでしょう。

　離婚意思が全くないのですから，離婚調停で離婚に応じることはできないのでしょうが，夫が離婚訴訟を提起してきたら，状況によっては離婚が認められる場合もあるという前提のもと，予備的に養育費や財産分与や年金分割を求めることなどを検討した方がよいかもしれません。

Q2　親権はどうなりますか。

夫からの質問

　私は，長男を妻のもとに置いて家を出ていきました。妻は出産後，精神的に不安定になり，強迫性障害とうつ病と診断を受けて，育児に困難を抱えています。長男に対しても過度の清潔を求め，長男にも怒鳴っていました。また，私に対しては暴言や，時には暴力を振るってきました。妻は，現在実家にいますが，心療内科への通院や投薬治療は続いています。妻が今後長男を育てていくことは困難だと思います。

　他方，私は仕事が忙しいですが，実家に住んで実家の両親に育児を手伝ってもらう予定です。私が長男の親権をとることはできるでしょうか。もしくは，親権者は私で，監護者は妻となることもありますか。

設例6　うつ病・強迫性障害と離婚・親権・面会交流・財産分与　**225**

 諸事情を考慮して決定されます。親権者と監護者の分属は例外的です。

夫側弁護士の解説

　妻が，現在も通院や投薬治療を続けており精神的に不安定である場合，親権者としての適格性が問題になります。親権者の判断においては，監護能力があることが重要な考慮事情になるため，妻の心身の健康については裁判所も高い関心を持つと思います。親権が争いになる場合には，家庭裁判所の調査官が当事者双方の面接調査や，子どもとの面接，監護補助者との面接，家庭訪問，学校訪問などを行います（家庭裁判所調査官による事実の調査（34頁参照））。妻の状態によっては，妻の監護能力に問題があるとして，親権者が夫になる可能性もあります。

　他方，妻の心身の健康は万全ではないものの，実家の両親などのサポート体制がしっかりしており，別居後の子どもの心身の状況にも問題がなく，母子の情緒的な結びつきが強いといった場合には，妻に親権・監護権が認められる場合もあります。親権者・監護者の判断は諸事情の総合判断になります。

　なお，親権者と監護者の分属については，離婚後に紛争が再燃する可能性が高いため，裁判所は分属には慎重で通常は認められません。

 妻は私が家に戻るまで子どもと面会をさせないと言っています。私は子どもに会う手段はありますか。

夫からの質問

　妻は，私が一緒に暮らすまで長男に会わせないと言っています。私は妻と一緒に暮らすつもりはありません。長男は私になついていましたし，現在の長男の様子が心配です。長男に定期的に会いたいです。私が長男と会うにはどうしたらよいでしょうか。ただ，長男に会う際には，妻とは直接連絡をとることはしたくないですし，妻に立ち会ってももらいたくありません。どう

したらよいでしょうか。

 面会交流調停の申立てを検討しましょう。

夫側弁護士の解説

　父子の同居時の関係は良好であり，長男が父親と会うことによって長男の福祉に反することはないといえます。むしろ，長男の心身の成長のためには，父親との定期的な交流が必要だと思います。裁判所も，面会交流の申立てを却下することはないでしょう。

　もっとも，面会交流を継続していくためには，同居親との信頼関係や協力関係も大事になってきます。妻は，子どものためというよりも，勝手に出ていった夫が許せないと感情的になっていると思われます。強行的に面会を実施しようとすると，妻が感情的になり，ひいては一緒に暮らしている長男にも悪影響が及んでしまう可能性があります。

　面会交流においては，妻や長男の様子を考慮して，無理のない範囲で徐々に拡大していく方が，結果的に継続した面会交流ができるかもしれません。妻と直接連絡や顔を合わせるのが困難な場合には，妻の親族に協力をしてもらったり，場合によっては面会交流援助の第三者機関に相談するのがよいと思います。

 財産分与において妻の病気は考慮されますか。

夫からの質問

　私は，共有財産を清算することについては構いません。妻に病気があり就労もしていないことから，財産分与において，清算以外に経済的な負担をしなければならなくなりますか。妻は実家にいて家賃もかからず，実家の両親も妻に相応の援助はしていると思いますが，このような事情は考慮されますか。

裁判官の裁量により扶養的財産分与が命じられる場合もあります。

夫側弁護士の解説

　妻は，強迫性障害とうつ病で通院を継続しているので，近い将来に就労をして収入を得られる可能性は低いでしょう。また，仕事をしていない期間も長いため病気がよくなったとしても，十分な収入が得られる見通しは低いといえます。また，もし妻が親権者になる場合には，未成熟子を監護することになるので，さらに要扶養性があるとの判断に傾くと思われます。

　もっとも，扶養的財産分与は清算的財産分与があっても，なお離婚後の生活に困難が伴う場合に認められる補充的なものと考えられています。そこで，まずは清算的財産分与がいくらになるかが，問題になります。その上で，妻が要扶養状態にあるか，夫の扶養能力（資力）などが勘案されます。場合によっては，養育費とは別に一定期間の定期金給付が命じられる場合もありえます。

　財産分与は，裁判官がさまざまな事情を勘案して，裁量により決まりますので，扶養的な財産分与が必要かどうかの判断においては，妻が実家にいて両親から経済的な援助を期待できるといった事情も考慮要素になるといえるでしょう。

関係する心の問題 ● **自閉性障害**

設例 7　子に障害がある場合の離婚・親権・財産分与・養育費（離婚請求される側に子がいる場合）

関係図

事案の概要

1 ｜長女の誕生

　夫と妻は，平成10年に婚姻した夫婦である。夫婦の間には，平成15年に長女が誕生した。夫はサラリーマンで，妻はパートをしていたが，出産後は専業主婦になった。

　長女は，3歳頃に自閉性障害と診断され，小学校から自閉性障害の子どものための学級がある私立小学校に通い始めた。小学校低学年の頃には，長女の通学を考慮して夫がローンを組んでマンションを購入して転居をした。長女は，現在，同じ系列の私立中学校の3年生である。

2 ｜父母の子に対する対応

　夫は，長女の学校の保護者会や学校行事にも妻と一緒に参加するなどしていたが，日常生活において長女の育児はほとんど妻が行っていた。また，長

女が私立小学校に通うようになったためにお金がかかるようになったが，夫は自分の趣味や交友関係などにかけるお金を減らそうとしないため，妻がパートをして長女の学費の一部を負担するようになった。

3 ┃ 夫の単身赴任と調停・別居

平成23年に，夫は単身赴任をした。それをきっかけに次第に妻や長女を避けるようになった。妻は，長女のことで相談したくても夫となかなか連絡がとれないことや，学校に対する連絡事項など夫に対応してほしいことがあっても夫が折り返しの連絡をしてこないことに不満を募らせるようになった。妻は夫と連絡がとれないため，夫の職場に家庭内のことについて連絡をするようになった。

夫は，単身赴任が終わって同居中の平成24年に，夫婦関係調整（離婚）調停を申し立てた。平成25年に当面の間別居し，夫が婚姻費用として月9万円，妻子が住む自宅マンションのローン等と私立中学校の授業料を負担する内容の別居調停が成立した。調停成立の1か月後，夫は単身自宅を出て別居を開始した。

夫は，別居後，弁護士に委任して平成26年に再度離婚調停を申し立てたが，不成立になり，離婚訴訟を提起した。妻も，弁護士に離婚訴訟の代理人を委任した。

4 ┃ 長女の問題行動

長女は父親が家を出てから，学校でも担任教諭の気をひくために問題行動を起こすようになった。また，自分の要求が通らない場合には，しばしばパニックを起こして，暴れたり（制止しようとして母が負傷することもある），物を壊す，家を飛び出すなどの問題行動がある。日常生活においては，こだわりの強さ，コミュニケーション能力の低さ，整理整頓ができない，集中力がないなどの特徴がある。就寝が遅くなりがちであり，学校にも遅刻することが度々ある。

夫は，長女の親権は妻と主張するが，妻による監護が難しいならば自分が

230 第5章 設 例

親権者となり実家の母の補助を受けて監護もすると主張している。しかし実際には，長女を引き取ることに積極的ではない。夫と長女は断続的に面会交流をしているが，長女が面会を求めても夫が拒否することは多く，そのたびに長女はパニックを起こして暴れるなどの問題が生じている。

時系列

平成 10 年　結婚

平成 15 年　長女誕生

平成 22 年　マンション購入

平成 23 年　夫単身赴任

平成 24 年　同居再開

　　　　　　夫が夫婦関係調整（離婚）調停申立て

平成 25 年　別居調停成立，別居開始

平成 26 年　夫が夫婦関係調整（離婚）調停申立て

　　　　　　夫が弁護士に相談

平成 26 年　夫が離婚訴訟提起

　　　　　　妻が弁護士に相談

設例7　子に障害がある場合の離婚・親権・財産分与・養育費
（離婚請求される側に子がいる場合）　*231*

心の問題と本事案の分析

1 自閉性障害の子と夫婦関係

本事案においては，長女が3歳の頃に自閉性障害であると診断されました。自閉性障害には三つの基本的な特徴があるといわれています。一つ目は人との関わり方がわからないというような社会性の障害，二つ目は言葉の発達の遅れや自分の気持ちをうまく伝えられないなどコミュニケーション能力の障害，三つ目は活動や興味に強いこだわりがあるなどの障害です。

本事案の長女は，自閉性障害の三つの特徴があてはまります。

夫と妻は長女が小学校中学年くらいまでは比較的協力関係にあったようです。

妻は，長女に障害があるとわかってからは，長女の将来を案じる気持ちが強くありました。長女の幸福のためには，親は自分を犠牲にしても最大限のサポートをするべきであるという考えがありました。

そのため，夫に対して長女の障害への理解が足りない，サポートが足りないと不満を述べることも多くありました。

本事案のように，障害のある子どもをもつ夫婦の間では，夫婦の子どもの障害に対する理解度の差や，子どもの障害に向き合う温度差の違いが次第に大きくなり，何らかのきっかけや時間の経過とともに，その差が修復困難なほどになってしまうケースもあるようです。

2 自閉性障害の子への離婚の影響

本事案の長女は，人との関わり方やコミュニケーションの障害のほか，整理整頓ができない，集中力がない，身支度が緩慢である，寝つきが遅い等の特徴があります。また，ADHD（注意欠陥多動性障害）も合併していると思われます。

自閉性障害は，障害の程度や年齢に見合った適切な療育，周囲の理解や支援によって，生活適応能力を高めることができるといわれています。他方，

変化への適応や順応が困難なため、安定した生活環境、人間関係が必要であるといえます。

父母の別居や離婚は、健常児にとっても大変な衝撃ですが、自閉性障害児にとってはなおさら衝撃が大きく、そのショックにより問題行動や感情のコントロールに問題が生じ、症状が悪化するおそれがあります。

別居や離婚が避けられないとしても、離婚後も子どもが適切な療育を受けられる環境を整え、父母双方が子どもの気持ちに寄り添っていく姿勢が望まれます。

夫婦が離婚をしても親子の関係は続きます。障害のある子どもの場合は、成人をしてからも親の子どもへのサポートが必要になることが多くあります。調停や訴訟においても、父母が対立するのではなく、離婚後も子どもの将来を見守る両親としての協力体制を維持することや、子どもの理解者として監護親を中心として協力体制が築き上げられるように父母がともに話し合う姿勢をもつことを促すことも重要です。

Q&A

 夫からの離婚請求は認められますか。

夫からの質問

妻は、長女の障害への対応に執心するあまり、私の言動に過剰に反応して、私を非難したり、ないがしろにしています。妻は精神的に不安定になることも多く、私に連絡がとれないなどと言って私の職場にも長女のことや家庭内のことについて何度も連絡をしてきました。このようなストレスから私は適応障害と診断されています。長女に自閉性障害があることは分かっていますが、私は妻と婚姻生活を続けていく意思はなく、今後も婚姻関係の修復は不可能です。離婚は認められるでしょうか。

破綻の認定には子どもの障害も考慮要素になります。

夫側弁護士の解説

1　破綻の認定

　本事案では，民法770条1項5号の「その他婚姻を継続しがたい重大な事由」が認められるかが問題になります。これは，婚姻関係が破綻して回復の見込みがないことを意味します。一般的には，婚姻期間の長さにもよりますが，別居期間が5年程度になると，仮に未成年の子どもがいても破綻と認定される確率も高くなってきますし，配偶者に婚姻関係を破壊するような言動がある場合には破綻が認められる確率は高くなります。近年は，破綻の認定も緩やかになってきており，離婚は認容されやすくなっているともいわれています。

　ただ，未成熟子を監護中の配偶者からの離婚請求に比して，子どもを監護中の配偶者に対する離婚請求の方が認められにくいといわれています。特に，子どもに障害があるケースでは，健常児のケースよりも破綻の認定はなおさら慎重にされるでしょう。

2　破綻の立証

　本事案では，婚姻が「回復の見込みのない程度に破綻」しているかについては，別居期間の長さも判断材料になりますが，妻が夫の会社に連絡をしてきた頻度，態様が問題にされるでしょう。その際，夫としては客観的な証拠によって妻の問題行動を立証していく必要があります。例えば，会社にFAXやメールを送ってきたのならば，当該書面やメールをプリントアウトしたもの，電話であれば電話の録音やその反訳，電話の回数についての記録などの証拠が必要になってくると思います。

　妻は子どものために，やむなく連絡をとってきたと主張してくると思われますが，夫にも会社内での立場がありますので，妻の行動が常軌を逸し，夫の会社での立場が著しく悪くなるなどの問題が生じているような場合には，破綻の認定に傾くと思われます。ただ，このあたりの判断は，妻がそのよう

な言動をとった理由，子どもの障害の程度，子どもの意思，夫側の落ち度の有無等諸般の事情を考慮して総合的に判断され，個々の裁判官の価値判断にもよってくるといえるでしょう。

3 離婚後の妻子の生活

　妻の問題行動の立証も必要ですが，夫に親権者になる意思がない場合，離婚後の妻子の生活についても考える必要があります。特に障害のある子どもについては，妻の就労も制限されがちですので，経済的な困難が予想されます。破綻の認定には直結しないかもしれませんが，夫の婚姻費用の履行状況，離婚後の長女との関わりや経済的な負担の程度なども破綻の認定の考慮要素になる可能性があります。

　また，離婚をしても長女の父親であることに変わりはないのですから，離婚後の長女との接触の頻度，長女のケアも十分に考える必要があるといえます。また，長女の学校の授業料の負担の有無や，自宅マンションに住みたいという母子の要求がある場合には，それに対する対処法も考えておく必要があります。

妻からの質問

　夫は，単身赴任が始まった頃から連絡がとれなくなったりして，長女を放置しています。そこで私はやむなく夫の会社に連絡をしました。夫は，長女よりも自分の人生を優先しようとしています。最近は長女との面会もめっきり減りました。長女は父親の不在に心を痛めており，離婚になってしまうと，長女の障害はますますひどくなると思います。自宅マンションから出ることは考えられませんし，肉体的・精神的・経済的に私一人では長女を支えていくことはできません。夫の離婚請求は認められてしまうのでしょうか。

妻の行為が婚姻関係を破綻させるものではないこと，離婚となった場合に母子が困難な状況に置かれることを主張立証する必要があります。

設例7　子に障害がある場合の離婚・親権・財産分与・養育費
（離婚請求される側に子がいる場合）　**235**

妻側弁護士の解説

1　破綻の主張への反論

　妻が会社に連絡をしたことについて夫は婚姻関係を破綻させる行為であると主張しているので，このことについて妻は反論をする必要があります。客観的な行為自体は認めざるを得ないでしょうが，その時に妻が置かれていた状況，長女の状況，夫の態度等から妻の行為は婚姻関係を破綻させるものではないということを主張していく必要があります。

2　子の障害の立証

　また，離婚になってしまった場合に母子が置かれる状況を説明して，離婚が認容されないように主張立証をしていく必要があります。

　長女の障害の程度については，療育手帳や，医療機関の検査結果，主治医の診断書や意見書，障害者手帳，愛の手帳及びその診断書（申請時），学校の通知表，陳述書などによって立証します。

　また，自閉性障害の子どもの一般的な特徴や，長女個人の特徴についても，具体的に裁判官に分かってもらう必要があります。長女に問題行動がある場合には，その内容についても具体的に主張する必要があります。仮に妻が，長女の行為によって負傷した場合には，その診断書や写真，物を壊した場合にはその写真，警察を呼んだときは警察が保管している110番処理簿等の取寄せもした方がよいでしょう。

3　予備的附帯処分の申立て

　離婚が認容されそうな場合には，予備的に財産分与や年金分割，養育費の請求の申立てを検討していく必要が出てくる場合もあります。

> **Q2** 離婚が認められる場合，親権者について裁判所はどのように判断しますか。

夫からの質問

　離婚をした場合，親権者は妻の方がよいと思います。別居後，妻が長女を

監護していますし、私の下から長女は今の学校に通うことはできません。親権者について裁判所はどのように判断しますか。

 子どもの福祉に最も沿う形で判断されます。

夫側弁護士の解説

1 親権者の指定が争点になる場合

　夫が親権を求めておらず、仮に離婚になった場合に親権者になることを妻も望んでいる場合、親権者の指定についてはあまり争点にならない可能性は高いでしょう。もっとも、妻の監護環境に問題があったり、妻の健康状態に問題があるような場合には、父母のいずれが親権者になるか争点になる場合もあります。

　また、本事案と異なり、父母のいずれも親権者になることを希望している場合や、逆に父母のいずれも親権者になることを希望していないような場合もあります。このような場合には、親権者の指定が争点になるといえます。

　障害のある子どもを一人で育てていくことは、肉体的・精神的・経済的に困難を伴います。子どもへの愛情は十分あっても、現実の生活の大変さに押しつぶされそうになり、保護者が心身に不調を抱えてしまうケースもまま見受けられます。離婚が避けられない場合、親権者の指定については、子どもの最善の利益を考えて慎重に判断されるべきであるといえるでしょう。

2 親権者指定の判断

　親権者の指定については、一般的に、父母の監護能力、監護実績、監護態勢、子どもとの情緒的結びつき、父母の心身の健康状態、監護補助者の有無、面会交流の許容性、子どもの環境の変化への適応性、子どもの意思などを総合して判断をすることになります。

　自閉性障害の子どもの場合、環境の変化への適応力が低いといわれているため、一般的には子どもの環境はなるべく変えない方がよいという判断に傾くと思います。子どもが学校や地域社会に親和している場合は特に、子どもの環境を変えないことが子の福祉に沿うといえます。また、監護親が孤立を

することのないよう，監護補助者や学校，医療，福祉等周囲のサポート体制も重要です。

監護している側の監護能力や監護態勢，監護補助者の援助の有無などの点からみて子どもの現状に問題がないならば，現状が優先される可能性が高いといえるでしょう。

本事案においては，長女が小学校から通っている学校に親和していること，妻が主たる監護者であること，母子の情緒的結びつきが強いこと，夫の監護実績は乏しいこと等から，仮に離婚になる場合には親権者は妻とされる可能性が高いと思われます。

ただ，仮に親権者が妻になったとしても，長女の養育を妻一人に任せてしまうことは妻の負担も大き過ぎますし，定期的な面会交流を通じて夫も長女のケアを継続していく必要があると思います。いずれが親権者になるとしても，子どもの将来を見守る両親としての協力体制を維持していくことは欠かせません。

3　子の陳述聴取

なお，法律的には満15歳以上の子の場合，親権者の指定について子の陳述を聴取しなければならないとされますが（人事訴訟法32条4項，家事事件手続法152条2項，169条），自閉性障害の子ども等の場合，意思表明をする能力に問題がある場合もあるので，陳述の聴取の要否，陳述聴取の方法等を検討する必要があると思われます。

 仮に離婚になった場合，財産分与において長女の障害は考慮されますか。

妻からの質問

同居中に夫婦で築いた財産はそれほどありません。ただ，夫はサラリーマンとして今後も継続的，安定的に収入を得ることはできます。他方，私は長女の養育のために働く時間に制限がありますし，相場の養育費だけでは暮ら

していくことは困難です。財産分与において長女の障害や私の収入が低いことなどは考慮されますか。離婚をしたら，私は住宅ローンを払う能力はないため，自宅マンションから出て行かなければなりませんか。

 扶養的財産分与が考慮される場合もあります。

妻側弁護士の解説

1　財産分与の審理

　夫から離婚と親権者の指定のみを求めた場合，離婚訴訟において財産分与は審理の対象にはなりません。妻の方から予備的財産分与請求の申立てをして初めて審理の対象になります。

　財産分与においては，裁判所は，まず清算的財産分与（夫婦が同居中に築いた財産を清算すること）の金額がいくらになるかを判断します。清算的財産分与はある程度形式的になされ，基準時（通常は別居時）の財産を2分の1の割合で分けるという場合がほとんどです。

2　扶養的財産分与

　長女の障害のために，妻が就労をすることができない，妻の就労が制限されるため収入が低いという事情がある場合に扶養的財産分与が考慮されるか問題になります。扶養的財産分与は清算的財産分与や慰謝料があっても，なお生活に困る場合に認められる補充的なものであるといわれているため，妻の要扶養状態，夫の扶養能力も加味して判断されます。

　妻の要扶養状態の判断において，障害のある子どもを監護しているという事情も重要な要素になるといえるでしょう。

3　離婚後の住居

　扶養的財産分与の金額については，裁判官の裁量によります。支払方法としては一時金として支払われる場合や定期金として支払われる場合いずれも考えられます。また，従前の住居に一定期間（例えば，子どもが学校を卒業するまで等）利用権（賃借権や使用借権）を設定するという方法もありえます。

　自閉性障害のある子どもの場合は，なるべく環境を変えずに安定した生活

設例7　子に障害がある場合の離婚・親権・財産分与・養育費
（離婚請求される側に子がいる場合）

を送る方がよいので、離婚になった場合の住居は大きな問題になります。

夫名義の自宅不動産に別居中の妻子が居住しており、夫がローンを支払い続けているような場合に、夫はローンの負担が重いため、自宅不動産の売却を望むケースが見受けられます。この場合、妻子は自宅不動産に住み続けることを望むわけですが、収入がないため自宅不動産のローンを引き継ぐことはできないという問題が生じます。

離婚が避けられない場合、扶養的財産分与によって、一定期間妻子が無償で居住することができるような方策がとられることが望ましいといえますが、夫の経済的な負担とのバランスもあるので、必ずしもこのような解決がなされるとはいえません。離婚後の妻子の居住の問題は難問です。

Q4　養育費について、長女の障害による費用加算は認められますか。
また、長女は成人しても自立はできないと思います。成人をしてからも養育費をもらえますか。

▎妻からの質問

長女は、医療費や私立学校の学費などが今後もかかります。養育費の算定においては、このような長女にとって必要な費用も加算してもらえますか。夫が療育や私立学校への入学を承諾したかどうかによって異なりますか。長女は、高校を卒業した後も一人で自立をしていくことは困難です。その場合、成人してからも養育費はもらえますか。

A4　算定表の中で考慮されていない医療費や教育費は加算される場合があります。養育費の終期が成人以降になる場合もあります。

240　第5章　設例

妻側弁護士の解説

1　特別出費

　障害により標準的な算定方式において考慮されていない医療費や教育費がかかるような場合，それらの費用が養育費に加算されるかが問題になります。養育費の加算については，①子どもにとって必要なものか（必要性），②義務者の承諾の有無が問題になります。

　一般的に，子どもにとって必要でかつ義務者の承諾がある場合には，養育費の加算は認められるでしょう。

　また，子どもにとって必要な医療費や教育費については，仮に義務者の明白な承諾がないとしても，双方の収入に応じて按分するなどして加算を認めた事例もあります（障害児につき，医療介護費を夫婦の基礎収入割合で按分した額を養育費に加算し，算定表よりも高くする案を調停委員会が提示して調停がまとまった事例（平成20年8月東京家庭裁判所調停（ケース研究304・123）））。

2　公的援助

　なお，心身に障害のある子どもを養育する親や，離婚して一人で子どもを育てるひとり親家庭に対しては，国や地方公共団体から金銭的な援助があります（国の児童扶養手当，国の特別児童扶養手当，東京都の児童育成手当，東京都の心身障碍者福祉手当等）。

　離婚後に親権者となる側は，公的な援助についても確認をしておくとよいでしょう。なお，公的援助を受けるには，受ける側の所得に制限がある場合が多く，養育費も所得に加算されるケースがあるので，注意をする必要があります。

3　養育費の終期

　養育費の終期は，原則として子どもが成人するまでと考えられています。しかし，成人したとしても，身体的・精神的・経済的に成熟しておらず，就労が期待できずに，第三者による扶養を受ける必要がある子は「未成熟子」にあたるとして，父母は扶養義務を負います（持病や障害がある成人した子が法律上の未成熟子であるとした例・東京高決昭46・3・15判タ271・379）。

　自閉性障害等の障害のある子どもは，高等学校を卒業して，企業の障害者

設例7　子に障害がある場合の離婚・親権・財産分与・養育費
（離婚請求される側に子がいる場合）　*241*

枠で就労したり，作業所で就労をすることがありますが，自立して生活を営めるほどの収入を得ることが困難な場合が多いようです。

　子どもの稼働能力の有無や，独立して生活を営める状態にあるか否かに基づいて「未成熟子」にあたるかが判断され，「未成熟子」にあたる場合は，親は子が成人しても養育費の負担義務を負うといえます。

　ただ，養育費の終期については将来子どもがどのような生活をしているか，父母の生活や就労状況等不確定要素が多くありますので，終期をはっきり決めることができない場合もあります。そのような場合には，父母が子どもが成人してからも責任を持つという約束条項を入れることもあります（例：「当事者双方は，子が満20歳に達した以降も，双方同等の責任があることを認め，お互いの状況に応じて，その都度相談し，生涯にわたり責任を分かち合うことを約束する。」（「障がいのある子を持つ親の家事調停」ケース研究326・147））。

4　子どもからの扶養料請求

　養育費や扶養料の請求の方法としては，親権者から非親権者に対する養育費請求（民法766条）のほか，成年に達した子どもから父母に対する扶養料請求（民法877条1項）をすることもできます。

医師からひとこと

●自閉性障害を持つ子どもの支援者

　家庭（両親・夫婦）の機能が損なわれており生活環境がどの程度であれ変化することが避けられない場合，自閉性障害を持つ子どもの精神状態が不安定になることは想像に難くありません。子どもの福祉を最優先するのであれば，法的手続や相談を進める一方で，家族以外の支援者（担当医，精神保健福祉士，学校，教師）に状況を伝え連携を深めておくことが重要であると考えられます。

関係する心の問題 ● 広汎性発達障害

設例 8 子に広汎性発達障害がある場合の離婚・親権・面会交流（離婚請求する側に子がいる場合）

関係図

事案の概要

1 夫婦の状況

　夫と妻は，平成10年に婚姻した夫婦である。夫婦の間には，平成12年に長女が誕生した。夫は，平成13年に都内に自宅マンションを購入して，住宅ローンを組んだ。

　妻は出産を機に正社員の仕事を辞めて専業主婦になった。夫は会社員（営業職）であり，毎日遅くまで働いたり，飲み歩いたりして，終電やタクシーで帰ってくることも，しばしばであった。夫は，土日も出勤するか，ゴルフに出かけることが多く，家事育児は専ら妻が行っている。

　妻は，気が弱いところがあり，自分にやや高圧的に接する夫を少し怖いと思っていた。もっとも，周囲からはいい旦那さんと褒められることも多く，嫌なことがあっても自分さえ我慢すれば結婚生活が上手くいくと考えていた。

　夫は，自分に自信がなく，外ではいい顔をしてストレスを溜めるところが

あり，妻に対し，愚痴や不満を言ってしまうことが多かった。夫は，妻には世間知らずなところがあると感じており，自分が何事も仕切ることで結婚生活が上手くいくと考えていた。

2 家計の状況

夫の収入は夫が管理し，妻には結婚当初より，毎月決まった額の生活費を渡して，その中でやりくりすることを求めた。夫は，住宅ローンの早期完済を目指し，ボーナスのほとんどを繰上げ弁済に充てていた。

妻は，出産後，生活費が足りない月が出てくるようになり，夫に対し，何度か生活費の増額を求めた。しかし，夫は，住宅費（住宅ローン）も，水道光熱費も夫の口座から引き落とされており，たまに外食する際も夫が支払いをしているのに，なぜ生活費が足りないのか分からなかった。そのため，夫は，妻に対し，「何で足りないの？　家計簿つけてないの？　俺が稼いだお金なんだから，ちゃんとやりくりしろよ」などと言い，妻も反論できなかったため，生活費を増額することはなかった。

そのため，妻は，生活費の足りない分を独身時代に貯めた貯金から補い，平成15年ころからは，長女を保育園に預けてパート職員として働き始め，足りない生活費を自分で補充するようになった。

夫は，仕事が忙しく余裕がない時期などは，妻に対し「家に居たくないから，育児が嫌だから，子どもを保育園に預けて働きに出ているんだろ」などの嫌味を言ってしまうことがあった。

3 長女の問題行動

長女は，幼いころより感情の起伏が激しく，少し育てにくいところがあった。

長女は，平成19年4月に小学校に入学したが，学校に馴染めず，同級生とトラブルになったり，登校を渋ったりするなど，問題行動を起こすようになった。長女には，次のような特性が認められた。

244　第5章　設例

- 見通しを立てることが苦手。
- こだわりが強く，決められた通り完璧に物事を進めないと気が済まない。
- 想像力が弱く，予測のつかない事態への応用力に乏しい。
- 感情のコントロールが難しい。

　そのため，長女は，日常生活でささいなことでパニックになったり，不安やストレスを感じやすかった。長女は，知的な問題はなかったが，学校の勉強が分からなかったり，宿題がうまくできなかったりすると，パニックになることがあった。例えば，長女は，家で漢字の書き取りの宿題をしていてうまく書けないと「もういやだ！」「お母さんが机を揺らしたからだ！」「もうお母さんがやって！」と大声で泣き叫び，感情のコントロールができるなくなることがあった。そのため，妻は，長女に宿題をさせるのも一苦労であった。

　また，長女は，ストレスを抱えると，妻に対し暴言を吐いたり，暴力を振るったりするようになり，妻と長女が，家の中で揉み合いの喧嘩になることもあった。長女は，気持ちが落ち着くと，暴言や暴力を後悔し，妻に対し，「ごめんね」と手紙を書くこともしばしばであった。

4 ┃ 長女の診断

　妻は，子育てに悩み，夫に相談したこともあったが，あまり取り合ってもらえなかったので，小学校，教育センター，病院などに相談するようになった。長女は，平成19年9月，医師より「特定不能の広汎性発達障害」との診断を受けた。以後，長女は，心療内科に通院し，服薬などの治療を受けている。

　妻は，医師より，長女の症状には，生まれ持った要因と，育った環境の要因の両方の影響が考えられ，夫の妻に対するやや高圧的な態度も，長女の認知のゆがみに影響を与えている可能性があるとの示唆を受けた。

　夫は，子育ては専業主婦である妻の責任であり，長女の問題行動は妻の育て方が悪いことが原因であると考えている。夫は，妻に対し，「俺の前では，

長女は，そんな態度をとらないから，お前の育て方が悪いんだ。お前の責任なんだから，お前がどうにかしろ」と言い，夫は，妻と長女が大声で喧嘩をしていると，たまに「うるさい！」と怒鳴りつけることがあった。妻は，育児について，夫に相談しなくなり，長女が通院していることや，「特定不能の広汎性発達障害」と診断されたことも黙っていた。

5 | 別居

　以上の経緯により，夫婦仲は次第に冷めていき，夫と妻は，ほとんど会話をしなくなった。平成21年1月のある日，妻と長女が，家の中で言い合いをしていると，夫が突然「いい加減にしろ！」と言って怒り出し，妻を平手で数回殴った。妻は，夫から暴力を受けたことをきっかけに，家を出ることを決意し，平成21年3月，妻は長女を連れて家を出て，それ以後，夫婦は別居している。

6 | 調停の経緯

　妻は，別居後，弁護士に委任して，夫婦関係調整（離婚）調停を申し立てた。夫は，弁護士に委任して，長女との面会交流調停を申し立てた。調停には，家庭裁判所調査官（以下，「調査官」といいます）が同席し，長女と面談して面会交流に関する意向を調査することとなった。

　長女の主治医からは，長女の面接調査につき，概ね次のような意見が出されている。

- 長女は，知的能力が高く，会話はスムーズなため，発達障害を理解していない人が見れば，どこに問題があるか分からないであろう。
- 長女は，自分の気持ちや意思に関係ない質問には，すらすら答えられるが，自分の内面を言語化して答えなければならない質問にはうまく答えられない。
- 長女は，早く終わらせようとして，答えにくい質問に「分からない」とか「うん」などと短絡的に答えてしまうことがあり，意思が非常に分かりにくい。

246 第5章 設 例

- 面接調査が，その後の治療に悪影響を及ぼすことはあまり考えられない。ただ，調査官との面談時の緊張が，後日，不安感，母親への暴力，暴言，登校渋りなどの形で現れることが予想され，母親がその対応に苦慮するかもしれない。

時系列

平成 10 年	婚姻
平成 12 年	長女，誕生
平成 19 年 4 月	長女，小学校入学
平成 19 年 9 月	長女，広汎性発達障害との診断を受ける
平成 21 年 1 月	夫，妻を平手打ちする
平成 21 年 3 月	別居
	妻が弁護士に相談
	夫が弁護士に相談

設例8　子に広汎性発達障害がある場合の離婚・親権・面会交流
　　　　（離婚請求する側に子がいる場合）

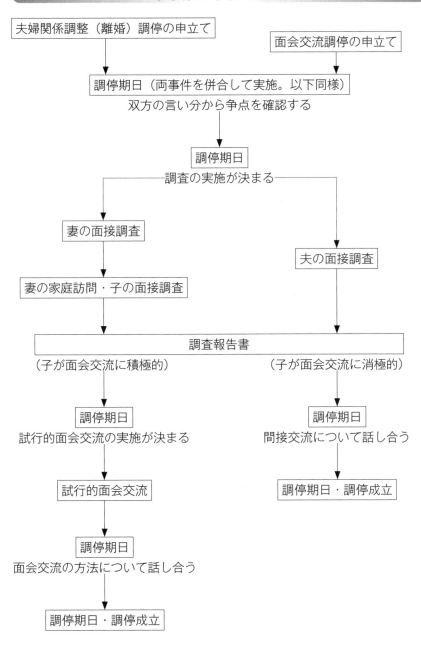

248　第5章　設　例

心の問題と本事案の分析

1 ┃ 発達障害の子と夫婦関係

　離婚相談の際に,「子どもが発達障害と診断されている」「子どもが発達障害かもしれない」と当事者が訴える事案に接することがあります。

　まず, 大前提として, 発達障害の子を持つ両親が, 必ず離婚に至るわけではありません。本事案も, 夫婦の様々な価値観の違い, 生活のすれ違いなどが原因で, 夫婦仲が悪化していますので, 子が発達障害であることと, 夫婦が離婚に至ったことは, 直接の関係はありません。

　ただ, 発達障害の子を抱える家庭に, 多くの負荷がかかることは事実で, その負荷に耐えられなかった夫婦が, やがて破綻してしまうことはあるかもしれません。例えば, 妻が, 一人で育児に悩み, 誰にも相談できず, 心身共に疲弊してしまう。妻が, 子に過保護に接するあまり, 夫との軋轢が生じてしまう。夫の発達障害への無理解が, 妻を深く傷つけて, 夫婦の信頼関係を壊してしまう。夫が, 自分の子が発達障害であると受け入れられず, 家庭との距離を置いてしまう。こういった夫婦それぞれの行動の結果が, 夫婦関係の悪化に繋がることがあるだろうと推察されます。

　ただし, 離婚は, 子の問題ではなく, 親である夫婦の問題です。離婚問題において, 子は被害者であるので, 離婚による子への影響が最小限になるよう, 親同士がきちんと話合いをすることが求められます。

　また, 発達障害の子を抱えて生活していく親（多くの場合は母親）は, 将来に大きな不安を抱えているので, 本件の妻側の代理人には, その不安に寄り添うような事件対応が求められます。

2 ┃ 発達障害の子と面会交流

　本事案では, 子が面会交流に積極的な場合と, 消極的な場合の二つの場合を想定し, 後述のとおり解説しています。

　もっとも, 発達障害の子は, 非日常的なこと, 見通しが立たないことが苦

設例8　子に広汎性発達障害がある場合の離婚・親権・面会交流
（離婚請求する側に子がいる場合）　　**249**

手なので，別居して一緒に暮らさなくなった親（別居親）との交流には，消
極的になる場合が多いように感じます。しかし，発達障害をもつ子だからと
いって，必ずしも面会交流ができないわけではありません。両親が子の特性
に配慮し，子にストレスのない楽しい面会交流がどうやったら実現できるか
を考えてみましょう。

　広汎性発達障害を抱えた子の面会交流では，例えば次のような点において
配慮することができるのではないかといわれています（参考：「広汎性発達障
害を抱えた子又は当事者の面会交流調停—調停で配慮できること—」ケース研究
302・143）。同じ障害でも，子の特性はさまざまなので，どのような点が面
会交流実施の阻害要因になるかを確認しながら話合いを進めていくことが必
要です。

① 「変化」に弱いことへの配慮

　　馴染みのないところに出かけて特別なことをするよりも，以前に過ごし
　たことがある場所や，普段の日常生活の中に別居親が自然に参加する方法，
　子の好きな活動を取り入れた内容を検討してみましょう。
② 「突然」に弱いことへの配慮

　　日程や具体的なスケジュールを事前に伝えておきましょう。急な予定変
　更は，パニックになってしまう子がいますので，注意が必要です。耳から
　の情報（言葉）より目からの情報（文字や絵）が伝わりやすいので，カレ
　ンダーに丸をつける，当日のスケジュール表を書いて渡しておくなどの工
　夫も検討してみましょう。

　監護親側としては，離婚を決意するに至っているぐらいですから，別居親
には現在の生活環境に入り込んでもらいたくないという気持ちがあるかもし
れません。しかし，子がスムーズに面会交流できるよう，普段よく行ってい
る児童館や公園で遊んだり，学校行事や習い事の発表などに別居親が立ち会
えたりできないか，積極的に検討してみましょう。また，子の特性を一番よ
く理解できているのは，ともに日常生活を送っている監護親でしょうから，

子がどんな物や遊びなどに興味があるのか，別居親に伝えて，子の好きな活動を取り入れた面会交流ができるよう協力しましょう。

他方，別居親側としては，発達障害とはどういうものなのかを理解し，一般的に行われているような面会交流方法に固執せず，子の特性に合わせた面会交流の実施に協力していくことが必要です。また，子の現在の生活環境で面会交流ができれば，スムーズな面会交流が実現できる可能性が高くなります。監護親や子の現在の生活環境について詮索したり，突然，現在の生活環境に現れたりすることは，監護親や子の拒否感情を高め，子の現在の生活環境での面会交流実施が難しくなる恐れが高いです。子のことは何でも知りたいと思うかもしれませんが，そのような態度が，結果として面会交流の実施の阻害要因になってしまっては本末転倒なので，自重しましょう。

子が会いたくないと心から思っている場合にまで，面会交流を強制するべきではありませんが，両親が協力し合って，子の特性に応じた円滑な面会交流を実現することができれば，子本人が社会に適応する自信を深めるきっかけになるかもしれません。両親が，それぞれの要望を通すことに固執せず，子の特性にあった解決法を選択することが望まれます。

Q & A

 別居する時に気をつけた方がよいことはありますか。

妻からの質問

夫の同意なく，長女を連れて出て行っていいのか心配です。長女には，別居や離婚のことを何と説明すればいいでしょうか。夫に連れ戻されたくないので，別居後の住所は知られたくありません。ほかにも別居前に準備しておいた方がいいことがあれば教えてください。

別居はお子さんの生活環境を変えてしまうので、しっかり準備して行いましょう。

妻側弁護士の解説

1 相手方の同意のない別居

　夫婦で話し合い、双方の合意に基づいて別居を開始するのが望ましいのはもちろんのことですが、本事案では、夫とは会話がなくなり、暴力を受けるまでに事態が切迫していますので、夫に事前に了承を得ずに家を出ることになってもやむをえないといえます。

2 相手方の同意のない子を連れての別居

　父母は、子の共同親権者であるので、他方の親権者に無断で子を連れて家を出ることは、違法な連れ去り行為にあたる場合があります。もっとも、子の主たる監護者が、子を連れて別居することは、違法な連れ去り行為には該当しません。本事案の場合、長女の主たる監護者は妻といえるので、夫の同意なく長女を連れて出て行くことは問題ありません。

　ただし、後述のとおり、夫から監護者指定・子の引渡しの審判を申し立てられる可能性があります。その場合、審判手続の中で、妻が主たる監護者であることを主張立証しなければなりません。証拠として、母子手帳、育児日記、保育園や幼稚園、小学校との連絡帳など、従前の監護の様子が分かる資料があると望ましいので、別居時にそれらの資料を持って出るのが望ましいです。

3 子への説明

　別居や離婚をどのように受け止めるかは、子によって異なり、一概には言えません。一般的に、子は両親に仲良くしてほしいと思っていることが多く、別居で傷つくこともありますが、発達障害をもつ子の場合は、定型発達の子の心の動きとは違うことがありますので、注意して様子を見ることが必要です。いずれにしろ、別居は、両親の問題であり、長女のせいではないことを、きちんと説明しましょう。

　別居後は、別居前の生活に戻りたい、家族みんなで住みたいと言う子もい

れば，父母が喧嘩している様子を見なくて済むようになり，別居してよかったと言う子もいます。どう感じるかは，子によって異なりますが，何の説明もなく新生活が始まるのは子を不安にさせますので，乳幼児でない限りは，言葉できちんと説明するのがよいでしょう。また，友達など周囲の人になんと説明していいか分からなくて困る子もいますので，そのような場合は一緒に説明の仕方を考えてあげることも必要です。

　本事案では，長女は特定不能の広汎性発達障害と診断されています。発達障害の特徴として，環境の変化に適応するのが難しいというものがあります。転校を伴う別居の場合，新しい学校に馴染めず，不登校になる危険がありますので，長女の様子をよく見て，新しい学校には事情をよく説明しておくことが必要です。可能であれば登下校に付き添ったり，長女がどうしても休みたい時は学校を休ませるなど，できる限り長女のペースに合わせましょう。

4　別居後の住所の秘匿

　相談者の場合，別居前に夫から暴力を受けていますので，DV の被害者として別居後に住所を秘匿することは可能ですが，100％隠せる保証はありません。住所を秘匿した状態でも，夫婦関係調整の申立ては受け付けてもらえますが，裁判所に対しては，連絡先を知らせておく必要があります。弁護士が手続代理人として就いている場合は，弁護士の事務所を連絡先とすることもできます。

5　別居時に準備しておくべきもの

　別居後は，別居前の自宅に戻ることは基本的にできませんので，できる限り，必要な物は持って出ましょう。別居後に，夫に対し，荷物の引渡しを求めることもできますが，夫が任意に応じない場合に法的手段をとることが難しく，荷物を引き取ることを諦めなければならない場合もあるからです。

　生命や身体に危険が迫っている場合は，荷物のことは考えず，一日も早く避難するべきですが，そのような場合でなければ，通帳，印鑑，キャッシュカード，パスポートなどの貴重品，母子手帳は最低限，持って出た方がよいでしょう。日用品は買い直すことはできますが，子どもの写真など思い出の品は代わりがありませんので，できる限り持って出た方がよいと思います。

設例8　子に広汎性発達障害がある場合の離婚・親権・面会交流
（離婚請求する側に子がいる場合）　253

　また，本書では詳しく取り扱いませんが，婚姻費用，養育費，財産分与，慰謝料を請求する場合に備えて，それらの証拠を集めてから別居するのも望ましいです。

　親権者はどのように決まりますか。面会交流の調停では，どんなことに気をつければいいですか。

妻からの質問

　夫婦関係調整（離婚）調停を申し立てたところ，夫からは，長女の親権者には自分がなるべきだと主張されています。また，夫から，長女に会わせてほしいと言われ，面会交流調停を起こされました。
　私は，発達障害への理解に乏しい夫に，子どもを会わせるのが不安です。長女に，「お父さんが会いたいと言っているけど，どうする？」と聞いてみましたが，長女は「会いたくない」と言っています。長女が会いたくないと言っているのに，会わせなければいけないのですか。私は，離婚した場合は，長女の親権者になりたいのですが，面会を拒否していても親権を獲得できますか。このまま面会を拒否し続けたら，会わせるよう強制されますか。

　親権者はさまざまな要素を総合考慮して決まります。面会交流については，子の「会いたくない」という言葉の裏に，どんな気持ちがあるか慎重に考えましょう。

妻側弁護士の解説

1　子の「会いたくない」は本当か

　子に対し，別居親に会いたいか尋ねると，「会いたくない」と言うケースはよくあります。しかし，子から「会いたくない」という言葉が出る理由はさまざまです。一般的には，本当に別居親のことが嫌で会いたくないと思っている場合もあれば，本当は別居親のことは好きで会いたいけれど監護親に遠慮して正直に言えない場合もあります。また，別居親のことは嫌いではな

いけれど，別居後の生活が落ち着いており，会ってしまうことで別居前の生活に連れ戻されるのではないかという不安を抱えている場合もあれば，監護親と一緒に別居したことが別居親への裏切りのように感じてしまい，罪悪感から会うのが気まずいと感じている場合もあります。このように，子の「会いたくない」という言葉の背景には，様々な感情があります。子が低年齢であるほど，気持ちをうまく言語化できないために「会いたくない」という言葉で表出していることも考えられます。子の「会いたくない」という言葉を直ちに鵜呑みにするのではなく，その背後にどんな気持ちがあるのかをよく考えてください。

　ただし，発達障害を持つ子の場合，人の立場に立って，その人の気持ちを推し測るということが困難なことが多いため，監護親に遠慮して正直に言えないということは比較的考えにくく，「会いたくない」という言葉が出た場合は，本心から言っている可能性もあるので，無理に面会交流を実施すると，子からの強い反発があるかもしれません。会いたくない段階で，無理やり面会交流を実施することは，子から別居親への悪感情をより高めてしまい，より会いたくないと思ってしまうという悪循環に陥る可能性があるので，無理やり実施することは避けた方がよいでしょう。

2　親権者指定と面会交流

　親権者を決める際には，従前の監護状況，現在の監護状況，連れ去りの違法性，面会交流への許容性などを総合考慮して判断します。別居親との面会交流に積極的であるかは，親権者を決定する際の重要な判断要素の一つですが，それだけで決まるわけではありません。

3　面会交流と強制執行

　面会交流調停は，不成立となった場合，審判に移行します。例えば「相手方は，申立人が長女と月1回程度，面会交流することを許さなければならない」などと審判が出された場合，面会交流を実施しなければなりません。審判の定め方によっては，間接強制が認められる場合もあります。間接強制とは，面会交流を実施しないことについて，監護親から別居親に対し，一定の金銭を支払うよう裁判所が命じる手続のことです。例えば，「面会交流を1

設例8　子に広汎性発達障害がある場合の離婚・親権・面会交流
（離婚請求する側に子がいる場合）

回実施しないことにつき，別居親に対し，5万円払え」などと命令され，実施しなければ，どんどん支払う金額が増えていきますので，間接的に面会交流の実施が強制されます。

　仮に間接強制ができない場合であっても，審判で決められた面会交流を実施しなかった場合は，そのことが債務不履行又は不法行為となり，損害賠償請求をされる場合があります。

夫からの質問

　妻は「長女が会いたくないと言っている」と言いますが，長女は私にとても懐いていたので，妻が嘘をついているか，妻が私の悪口を長女に吹き込んでいるのだと思います。

　私は，離婚するのであれば，長女の親権者になりたいのですが，妻のところに長女がいる状態で親権を獲得できますか。妻は，しょっちゅう長女と喧嘩ばかりしていて，今思えば虐待だったんじゃないかと思うような叱り方をしていたこともあった気がします。私の両親，つまり長女からみたら祖父母が，私と同居して長女の面倒をみてもいいと言ってくれているので，私が長女を引き取って育てることも可能です。現時点で，長女の引渡しを求めることができますか。

　もし，親権を獲得できなかったとしても，面会交流は絶対にしたいのですが，どうしたらいいですか。

親権者を決める前に，監護者指定と子の引渡しの審判を求める方法があります。面会交流の実現には，監護親の協力が必要不可欠なので，闘争的になるのは得策ではありません。

夫側弁護士の解説

1　別居している子の親権を獲得できるか

　長女が妻のもとにいる状態で，親権を獲得するのは難しいでしょう。話合いで，親権者を父，監護権者を母として，親権と監護権を分属させる方法もないわけではありませんが，おそらく妻が応じないでしょうし，裁判所も認

256　第5章　設　例

めないでしょう。分属は紛争を長期化させる要因になりますので，お勧めできません。

2　監護者指定・子の引渡し

現時点で，長女の引渡しを求めるためには，監護者指定と子の引渡しの審判という手続を申し立てる方法があります。その手続の中で，夫が長女の監護者と指定されれば，裁判所が，妻に対し，長女を引き渡すよう命じてくれます。

監護者として指定されるためには，夫が従前，長女の主たる監護者であったことを立証しなければなりませんが，本件の場合，家事育児をもっぱら妻に任せていた経緯がありますので，夫が主たる監護者であったと認定される見込みは非常に低いです。

もっとも，主たる監護者が妻であったとしても，虐待があった場合など，従前の監護状況に問題があったといえる場合は，従前の監護状況が不適切だとして，夫が監護者と指定される余地もないわけではありません。ただ，事情を聞く限りでは，虐待があったといえるか疑問ですし，立証手段もないようです。

そのため，監護者指定と子の引渡しの審判を申し立てるのは，本事案では得策ではないでしょう。

3　面会交流の実現に向けて別居親が気をつけるべきこと

面会交流の実現のために，面会交流調停を申し立てましょう。夫婦関係調整調停と併合してもらえば，離婚と面会交流の問題について，並行して話し合うことができます。

面会交流の実現のためには，監護親の協力が必要不可欠です。勝手に長女を連れて別居した妻に対し，どうして自分が譲歩しなければならないのかという気持ちになるのはよく分かります。しかし，闘争的になっても何もいいことはありません。まずは，長女との交流を実現することに注力しましょう。

本事案では，妻が，長女に発達障害があると主張しています。同居中に妻から，長女に発達障害があると聞かされていなかったため，夫としては信じられない気持ちだと思います。子が発達障害だからといって，面会交流の実

設例8 子に広汎性発達障害がある場合の離婚・親権・面会交流
（離婚請求する側に子がいる場合） **257**

施が直ちに否定されるわけではありません。また，離婚問題に晒された子は非常に傷ついていますので，面会交流の実施により，さらに子を傷つけることがないよう配慮すべきなのは，子に特段，障害がない場合でも当然のことです。

　要するに，長女に負担なく面会交流を実施していくためにはどうしたらよいか，監護親の意見や裁判所のアドバイスを参考にしながらしっかり考えていくことが大切です。

　調査官調査では，どんなことに気をつければよいでしょうか。

妻からの質問

　夫から面会交流調停が申し立てられて，調査官調査を受けることになりました。今度，調査官が自宅に家庭訪問に来て，その際，長女と面談するそうなのですが，具体的にどんなことを行うのですか。長女には事前に何と説明したらいいですか。

　長女は発達障害なので，調査官には長女の特性を踏まえて面談に臨んでほしいです。また，長女は，男性に対して苦手意識があるので，調査は女性調査官に行ってほしいです。このような要望はしてもいいのでしょうか。

　長女の特性を調査官に伝えて，配慮した形での調査をお願いしましょう。

妻側弁護士の解説
1　調査官調査とは

　調査官は，裁判官の調査命令を受けて，専門的知見に基づき，子の監護状況の調査，子の意向調査などを行います。具体的には，当事者（両親）との面談，子との面談，監護補助者との面談，家庭訪問，保育園など第三者への聞き取りなどを行います。調査の実施前に，当事者から陳述書や資料（母子

258　第5章　設例

手帳，保育園との連絡ノートなど）を出す場合もあります。

　調査の範囲は，裁判官の調査命令により定まります。調査後，調査官は「調査報告書」という書面を裁判官に提出します。調査報告書には，調査結果と調査官の意見が記載されています。調査報告書は，当事者も閲覧・謄写して読むことができます。

2　子の面談調査

　どのような手順で行うかは，ケースバイケースですが，子が低年齢の場合は家庭訪問時に行うことが多いです。小学校高学年くらいからは，子が裁判所に出向いて裁判所の調査室で面談することもあります。

　調査官は，一般的には，日常生活や学校のことなど，話しやすい話題から入って，子の理解度や，どの程度，自分の考えを言語化することができるかを判断しながら，両親の紛争についての認識や，面会交流への意向に関する質問に移っていくことが多いです。子の発育状況に応じて，絵を描いてもらったり，簡単な心理テストを行ったりすることもあります。

3　長女への説明

　長女は，小学3年生であり，ある程度，世の中のことを分かってきている年齢なので，今の状況をかみ砕いて正直に説明するのが一番よいでしょう。発達障害の特性によっては，言葉（耳からの情報）だけでなく，文字や絵（目からの情報）を用いて説明した方が，理解がしやすいかもしれません。

　調査官から，どのように子どもに説明する予定であるか事前に確認されることがありますので，どのように伝えたらいいか分からない場合は，調査官に相談してアドバイスをもらうのも有用です。調査官から，事前に子ども向けの説明文や，調査の手順を書いたパンフレットが渡されることもあります。そういった資料も活用しながら，長女が家庭訪問当日の見通しを事前に立てられるようにしましょう。

4　調査への要望

　調査は，裁判所の職権で行うものですので，当事者の希望により調査内容や調査のやり方が決まるわけではありません。しかし，当事者が不安を抱えたままでは，円滑な調査の実施は困難ですので，長女が安心して調査官と面

設例8　子に広汎性発達障害がある場合の離婚・親権・面会交流
　　　　（離婚請求する側に子がいる場合）

談できるよう，不安に思っている点は，調査官に相談してみるのがいいでしょう。

　長女の特性を踏まえて面談に臨んでもらうために，主治医から意見書をもらったり，調査官との面談又は電話で主治医から意見を述べてもらったりするのがよいかもしれません。また，調査官室には，男性調査官と女性調査官の両方がいるところが多いので，女性調査官に調査を担当してもらうよう要望すれば，対応してもらえる可能性があります。

　どこまで要望に応じてもらえるかは，担当裁判官と担当調査官の判断によりますが，要望を伝えること自体はまったく問題ありません。不安なまま調査に応じるよりは，きちんと要望を伝えて検討してもらった方がよいでしょう。

Q4-1　（子が面会交流に積極的なケース）
面会交流を実施する際は，どんなことに気をつければよいですか。

［妻からの質問］

　長女と調査官の面談調査の結果，長女が面会交流に消極的ではないことが分かったので，面会交流を実施する方向で話合いを進めています。とはいえ，私は，長女が夫に会うことで，日常生活や治療に支障がないか心配ですし，夫が長女の特性に配慮してくれるかも心配です。いきなり月何回，何時間と決めるのではなく，試しに会わせてみて，それから条件面を考えていくことはできないでしょうか。どうなるか予測がつかなくて，特に1回目の実施がとても不安です。

　試行的面会交流を1回又は複数回実施してみて，それから条件面を話し合っていくことも有用です。

260　第5章　設例

妻側弁護士の解説

1　試行的面会交流

　面会交流の具体的条件を定める前に，試行的に面会交流を実施してみることがあります。特に最初の1回が当事者にとって大きなハードルになることが多いので，1回目は，代理人が立ち会うこともあります。

　事案によっては，裁判所の児童室（おもちゃなどが備え付けられており，室外から，室内の様子をカメラやマジックミラーで観察することができるようになっている）で，試行的面会交流を実施してもらえる場合もあります。

　試行的面会交流では，どのような面会交流の方法が長女にとって楽しいか，負担になるかを確認しましょう。現在の長女の生活状況や特性について夫と情報共有し，夫に対し適切な対応を求めるとともに，長女が好きな物や遊びなどを夫に伝えて，長女が楽しめる面会交流を実施できるよう工夫しましょう。

　発達障害のある子は，「変化」に弱いことが多いので，慣れ親しんだ場所で面会交流が行えるとよいでしょう。また，「突然」にも弱いことが多いので，当日のスケジュールを事前に説明すること，急なスケジュール変更が生じにくい方法を選ぶこと（例えば天候に左右されない屋内での面会交流にするなど）などの配慮が有効であると考えられます。

2　面会交流で監護親が一般的に気をつけるべきこと

　家庭裁判所では「面会交流のしおり」というパンフレットを配布しています。同パンフレットには，監護親が気をつけるべきこととして，①子の様子を相手に伝えるようにする，②過去の夫婦の争いや相手の悪口を子に言わないようにする，③子が「会いたくない」と言うときはその理由をよく聞いてみる，④子が面会交流に出かけるときは笑顔で送り出す，⑤子が帰ってきたら笑顔で温かく迎えてあげる，などの点が挙げられています。

夫からの質問

　調査官調査の結果，面会交流を実施する方向で話し合うことになりました。長女に会うのは久しぶりで緊張します。妻は，長女が発達障害だと主張していますが，私は未だに信じられません。とはいえ，医師の診断書や意見書も

出ているようなので，なるべく配慮しなければならないことは理解しています。長女に会う際には，どんなことに気をつければいいですか。

長女が，お父さんと会って楽しかった，また会いたいと思えるような雰囲気を作ってあげることが大切です。

夫側弁護士の解説

1 試行的面会交流

　面会交流の具体的条件を定める前に，試行的に面会交流を実施してすることも有用です。試しに1回実施してみると，当事者も子も何となくイメージをつかめるため，面会交流の継続的な実施に向けての話合いが前進する可能性があります。別居親としては，面会交流の短い時間に，何とか子の気を引きたくて焦ってしまうかもしれませんが，長く続けていくことを目標に，子がのびのびと遊べる雰囲気を作ってあげることが重要です。

　また，本件では，子が発達障害との診断を受けていますので，まず発達障害についての一般的な知識を身につけるとともに，長女の特性について妻と情報共有して，面会交流に臨みましょう。夫が，発達障害や長女の特性を理解せず，面会交流中に長女へ不適切な対応をしてしまった場合，長女を傷つけてしまうかもしれません。そして，せっかく「会いたい」と思ってくれている長女の気持ちが，「会いたくない」に変わってしまうと，次の面会交流の実施へ繋がらなくなってしまいます。きちんと知識を身に付けて長女の特性を理解すれば，長女への適切な対応ができ，また，面会交流に送り出す妻に安心感を与えることもできると思います。

　発達障害のある子は，「変化」に弱いことが多いため，慣れ親しんだ場所で面会交流が行うことが望ましく，できれば今よく遊びにいっている場所で実施できるとよいのですが，監護親が今の生活に介入されるのではないかと警戒するかもしれません。こちらは，現在の生活について詮索するつもりがないことをきちんと伝えて，そう感じさせるような態度も慎むようにしましょう。監護親も，別居親も，最初は互いに疑心暗鬼になりがちですが，こればかりは，回数を重ねて信頼関係を築いていくしかありません。

また，発達障害のある子は「突然」にも弱いことが多いため，急なスケジュール変更が生じないように配慮するとよいでしょう。面会交流中に，臨機応変に過ごし方を変えたいと思うかもしれませんが，長女に関しては，パニックを起こさせる原因になるかもしれませんので，多少窮屈に感じるかもしれませんが，事前に決めたスケジュールを守るようにしましょう。

2　面会交流で別居親が一般的に気をつけるべきこと

家庭裁判所では「面会交流のしおり」というパンフレットを配布しています。同パンフレットには，別居親が気をつけるべきこととして，①面会交流の日にちや時間，場所などは，子の体調，生活のペース，スケジュールに合わせる，②あらかじめ決めている面会交流の約束後を守る，③子がのびのびと過ごせるようにする，④高価な贈り物や行き過ぎたサービスをしない，⑤監護親に相談せず子と約束をしない，などの点が挙げられています。

Q 4-2　（子が面会交流に消極的なケース）
間接交流とは，どういうものですか。

妻からの質問

長女と調査官の面談調査の結果，長女が「両親が喧嘩していた時のことを思い出すのがつらいので，今はお父さんに会いたくないです。会う代わりに写真を送るのはいいです」との意見を述べたことなど，さまざまな事情を考慮した結果，当面，直接交流の実施は難しいということになりました。調査官からは，間接交流の実施を勧められています。間接交流とはどういうものですか。

A 4-2　間接交流とは，例えば，お子さんの写真を別居親に送ったり，別居親からの手紙をお子さんに渡したりして，間接的にお子さんと別居親が交流する方法です。

設例 8　子に広汎性発達障害がある場合の離婚・親権・面会交流
（離婚請求する側に子がいる場合）　**263**

妻側弁護士の解説

　間接交流とは，直接，子と会う以外の方法で，間接的に子との交流を行う方法です。具体的には，子と別居親が手紙のやり取りをする方法や，監護親が別居親に，子の様子を伝える手紙や子の写真，通知表，子の描いた絵や図画工作の作品を送るなどにより，子の日々の成長の様子を伝える方法があります。

　別居親が，子の成長を感じる機会があれば，養育費を支払う動機づけにもなりますので，監護親もどういう交流方法であれば続けていけそうか，前向きに検討してみましょう。

医師からひとこと

●子が精神症状として表現する家族の機能不全

　親が子の落ち着きのなさや感情不安定を訴え，受診するケースでは，その背景にある家庭の問題（DV，養育者のアルコール問題，虐待，ネグレクトなど）が語られない，あるいは隠されているという場合も多いです。

　そのため，それまでに特に大きな問題のなかった子が，急に問題行動を起こすようになる，感情が不安定になり落ち着きがなくなる，学業成績が低下する等の状況に陥った場合には，精神疾患や精神障害を疑う前に，まず家庭内にその原因となりうる変化や問題がないか，しっかり情報を収集，把握する姿勢が必要です。

　また，いったん精神疾患や精神障害の診断がついた子についても，原因となり得る問題がないか，情報収集や確認をする視点が重要です。背景にある問題を医師が把握できず，肝要な情報が不足したために，誤った診断を下してしまうケースも珍しくないからです。

設例 9　子ども虐待と親権・監護権

関係する心の問題 ● パーソナリティ障害，発達障害等

関係図

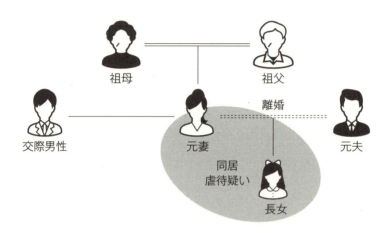

事案の概要

1 婚姻の経緯

　元夫と元妻は，友人の紹介で知り合い，平成22年に元妻の妊娠を機に結婚した。

　結婚当時，元夫と元妻のどちらも20歳で，経済力もなく，元妻の実家近くのアパートに住み，育児から家計までかなりの部分を元妻の両親に頼ってきた。

　もともと，元妻は気分屋で奔放なところがあり，高校を中退し，家族にも暴言や暴力を用い，親の財布からお金を盗む，行先を告げず家出するなどの行動もあった。金遣いも荒く，服飾品や交際に一度に何十万円も使うときも

あった。

　長女が生まれても，元妻は独身時代と変わらない生活パターンを続け，長女を祖父母に預けたまま，自分は友人たちと遊びにいき，遊ぶお金を稼ぐために夜の仕事に出るなどしていた。怒ると長女に怒鳴ったり手を上げたりもしてきた。

　元夫と元妻の間にも喧嘩が絶えず，元夫は平成26年頃から別居してしまい，平成27年には離婚となった。

2 ｜離婚後の生活

　離婚後，元妻は実家近くのアパートに住み続け，長女を保育園に預けて仕事に出るようになった。保育園からのお迎えは基本的に祖父母が行い，元妻は仕事帰りに実家に立ち寄り長女とともにアパートに帰宅するという生活となった。元夫と長女の面会交流は不定期ではあるが続いている。

　離婚後，元妻の長女に対する叱り方が悪化した。長女がおもちゃを散らかした，食べ物を残した，なかなか寝ないというささいなこと一つ一つが元妻による激しい叱責の原因となった。「産まなきゃ良かった」「お前は何をやってもダメだ」「死ね」等の暴言を長女に吐いたり，叩いたり蹴ったり，長女が大切にしている物を捨てたりした。長女はおろおろし，「ごめんなさい」が口ぐせになっており，食が細く，頻繁に嘔吐することがあり，円形脱毛症が出たこともある。

　長女が風邪を引いても，元妻は自分のスケジュールが乱れるということで不機嫌になり，自分のパートや趣味の外出を優先させてなかなか病院に連れていかないので，祖父母が連れていっていた。元妻の怒鳴り声や長女の泣き声が絶えないこと，長女が玄関から閉め出されたり長女の荷物が窓から放り出されたりすることなどで近所でも有名になっていた。

3 ｜直近の状況

　長女が小学校に入学した頃から，元妻は副業を始めたと称して夜に出かける頻度が多くなり，祖父母が仕事の内容や予定を聞いてもはぐらかすか不機

266　第5章　設　例

嫌になるのであった。ある日，祖母は長女から，元妻が長女とアパートに帰宅した後，長女をアパートに置いて「買い物をしてくるから一人でお風呂に入って，先に寝ていてね」と出かけてしまい，いつも2時間ほど帰って来ないという話を聞いた。祖母は不審に思い，気をつけて元妻の行動を観察し，共通の知人等から元妻に関する情報を得るなどしたところ，元妻が複数の男性と交際していることが発覚した。さらに長女の話から，ときに元妻が交際相手と会うときに長女を同伴したり，性的な行為を長女の前で行ったりしていることが判明した。

　祖父母は元妻に対し，仕事に行くといって男性と交際しているのではないかと問い質した。すると元妻は開き直り，再婚したい相手がいると言い始め，一人の男性と公然とデートするようになり，長女を連れて夜遅くまで出かけたり，その男性を自宅アパートに連れ込んだりするようになった。その男性の職業等もはっきりせず，海外投資の仲介をしているというような話であった。

　そのうち，長女が普段にもまして食欲が失せ，暗い表情をしていることに気づいた祖母が，心配事があるのかと長女に尋ねたところ，長女は祖母に対し，その男性と元妻が長女を連れて海外に移住するといった計画をしていることを打ち明けた。しかし長女は，その計画は祖父母には内緒にしておくよう元妻から固く口留めされているとのことであり，長女から聞いたことを元妻には絶対に言わないでほしいと泣きながら祖母に懇願した。

　困り果てた祖父母は児童相談所やスクールカウンセラーに相談し，長女と担当者が面接したところ，ママは怖い，ママの付き合っている男の人も怖い，祖父母と暮らしたいとの意見であった。また，祖父後が長女の実父と連絡を取ったところ，実父も長女のことは心配しており，子育てに協力したい気持ちがあるとのことだった。

　それで祖父母は，弁護士に相談に行った。

時系列

平成 22 年　元夫と元妻が結婚，長女誕生

平成 26 年　元夫と元妻が別居

平成 27 年　元夫と元妻が離婚

平成 29 年　元妻の両親が弁護士に相談

第5章 設 例

心の問題と本事案の分析

1 子ども虐待のリスク要因

　子ども虐待が発生する背景事情は複雑であり，決して簡単には説明できない問題ですが，幾つかのリスク要因があるとは指摘されています。

　一つには，虐待をしてしまう親自身が，愛情を受けて育っていない，虐待やDVに晒されて育ったという世代間連鎖の問題が挙げられます。未婚や夫婦間不和のため望まない妊娠であったことや，経済的困難，家族の病気などのストレスが，虐待に結びつく要因となる場合もあります。子ども虐待をしてしまう親に，過度に依存心が強い，衝動的・攻撃的である，共感性が乏しい，物事を被害的に受けとめやすいなど，何らかのパーソナリティ障害，発達障害又は精神障害の疑いがあることもあります。その他，産後うつとなり子どもを抱いてベランダから飛び降りようとしてしまったとか，親自身がまだ年齢が低く，精神的にも未熟で自分が世話を必要とするような状態であり，子どもをうまく世話できないといった例もあります。

　虐待がいったん発生しても，周囲のサポート等で解消に向かうケースもありますが，虐待が深刻化してしまう事例では，複数のリスク要因が絡み合い，外部の目が届かないところでエスカレートしてしまうようです。

2 虐待を受けた子どもたちの症状

　虐待による影響には大きく分けて身体的な影響と心理的な影響があります。虐待による身体的な損傷は比較的分かりやすく，後遺症やときには死亡という深刻な結果に至ることもありますが，心理的ダメージはより深刻で，その子が大人になっても，また次の世代までも影響が及ぶことがあります。

　身体的影響としては，外傷等のほか，身体発達の遅れや低身長が現れることがあります。これは食物を与えない等のネグレクトだけでなく，親から精神的に無視・疎外されるといった精神的虐待，愛情欠乏によっても生じます。また，虐待を受けた子どもたちは，脳にダメージを受けているという研究結

果が報告されています。

心理的影響としては，愛着障害（親密な関係を持たない，逆に誰彼なくベタベタする），多動，反抗挑戦性障害，行為障害（非行），PTSD，解離性障害，気分障害，摂食障害，薬物等への依存，性的逸脱，自傷癖など，数えきれないほどの症状に結びつく可能性が指摘されています。

虐待の多くは子どもが生まれて間もない頃から始まるといわれています。乳幼児期は，その後の長い人生の発達を推し進める基礎となる「人に対する基本的信頼感」を打ち立てる重要な時期です。虐待を受ける子どもは，この時期に形成されるべき親子の愛着が健全に形成できません。愛着は通常，子どもにとって最も親密な養育者との間に形成され，子どもは成長につれて外界に探索行動に出るようになると愛着形成の対象を安全基地として，不安になるとそこに戻って来て安心して力を得，また探索行動に出ていくことができます。この愛着形成は，子どもがその後の人生で他者との関係を築くための基礎，感情を自律的にコントロールするための基盤，反社会的な行動を抑止する基盤，トラウマからの防波堤になるといわれています。しかし親が乳幼児期に子どもの必要に応えなかったり，過干渉と無視の間を行ったり来たりしていると，愛着形成が阻害される結果，自尊心が持てない，他者との関係を築けない，感情がコントロールできない，反社会的行動への歯止めがない，傷つきやすくトラウマを抱えやすいといった影響が出ることになります。つまり子どもが成人し親から離れた後も生涯にわたり人生に影響を及ぼし続けることになります。

また，虐待があると，トラウマ体験に慢性的に曝されることになります。その結果，解離，フラッシュバックによる衝動的暴力等の症状が出る可能性が高まるといわれています。

発達障害との関連では，発達障害がある子どもは虐待を受けやすく，かつトラウマを抱えやすいこと，あるいはもともとは子どもが発達障害ではなくても，虐待による愛着障害やトラウマにより発達障害類似の症状を生じることもあることが指摘されています。

他方，親から虐待を受けていても，重篤な後遺症を抱えず健全な社会人に

270　第5章　設　例

成長した実例もあり，そのような例では子どもにとって信頼できた大人の存在が親以外にあったことが観察されています。

医師からひとこと

●虐待を見抜く―「何かおかしい」という直感

　子どものトラウマ反応は子の発達段階によっても現れ方に違いがあります。

　また話すことを加害者によって禁止されていたり，子ども自身が否認することすらあるため，身体的虐待によって明瞭な身体外傷がある場合を除けば性的虐待，心理的虐待，ネグレクトなどによるトラウマは見逃されやすいものです。

　子どものトラウマは何らかの行動上の変化として現れることが多いものです。トラウマを抱えた子どもの行動評価のため，次のような指標があります。

- 子どもストレス反応調査　Parent Report of The Child's Reaction To Stress, Kenneth E Fletcher, Ph. D（日本語／改訂訳　田中研，富永良喜，森茂起）
- 子ども虐待評価チェックリスト　厚生労働省雇用均等・児童家庭局総務課「虐待通告のあった児童の安全確認の手引き」別添2（45頁）（平成22年9月30日雇児総発0930第2号）

　「何かおかしい」という直感は子どもの示す行動や表情に由来しているため，その直感を受けた場合には，慎重で細心の観察や，詳細な情報収集を心がけてください。

　またトラウマの事実が隠蔽されたまま，子どもの示す行動上の変化が行為障害，感情障害，発達障害と診断される場合が多いことも念頭に置く必要があります。

　トラウマを抱えた子どもの多くは，そのトラウマを「秘密」もしくは

設例9　子ども虐待と親権・監護権　　271

「他言してはならないもの」と感じており，それを語るときには罪悪感や恥辱感を抱くものです。子どもが言葉でトラウマを語った場合にはそれに驚かず，言語化したことを労い，しっかり受けとめてもらえたという安心感を与えられるような対応をしてください。

Q & A

 実母から祖父母に親権又は監護権を移すことはありますか。

祖父母からの質問

　私たちは孫が児童相談所から施設に入れられることや，娘が警察沙汰になることを望んでいるわけではありません。ただ孫が平穏に生活できるよう，私たちの手元で守ってあげられるようにしたいのです。私たちが孫と養子縁組をして親権者になればよいと聞き，娘に「再婚するのであれば，長女は私たちと養子縁組をして私たちが育てるようにしてはどうか」と持ち掛けたのですが，「私から子どもを取り上げる気か。長女は私と彼とで育てる。お前らは口出しするな」と断られてしまい，その後は私たちに警戒して距離を置くようになってしまいました。他に何か方法はありませんか。

 虐待の程度等にもよりますが，法的手段としては親権停止審判などが考えられます。母子への影響を考えて慎重に選択しましょう。

祖父母側弁護士の解説

1　子ども虐待に対する法的対応

　一般的に，子ども虐待に対する法的対応としては，①刑事処分，②児童福

272　第5章　設　例

祉法・児童虐待防止法に基づく一時保護等，③民法上の親権・監護権に関する手続等が考えられます（第2章第2「子ども虐待」参照）。

2　虐待を立証する証拠

　虐待を受けているお子さんを保護するにあたり，虐待の事実を証明するための資料としては，次のようなものが考えられます。

- 虐待状況の録画・録音，受傷等の写真
- 受傷，発育遅滞等の診断書，カルテの記載内容，レントゲン写真
- 近隣者，子が通う園・学校の関係者などからの陳述書・事情聴取書等
- 児童相談所や警察署の記録
- 子ども本人からの陳述書・事情聴取書等

　なお，虐待を受けた可能性のある子どもから事情を聞くにあたっては，子どものトラウマ等に配慮しつつ，子どもの理解力・記憶力・表現力の程度を考慮しながら事実を正確に把握するため，専門的で特別な配慮が必要となります。

3　本件での対応

　祖父母の立場からして，母への刑事処分や，子が施設に入れられるような手続を望まれないのは当然でしょう。

　また，養子縁組について母と話し合ってみたものの，断られてしまったとのことです。

　他の選択肢としては，親権喪失又は親権停止の審判を申し立てることが考えられます。ただ親権喪失は性的虐待や激しい暴力が継続してきた場合等にしか発動されませんので，本件には適用されないでしょう。親権停止であれば，母の行動とそれが子に与えている影響に関する証拠の内容や，今後の母の対応次第では，認められる可能性もあるかもしれませんが，それでもハードルが高いものと思われます。なお，もし親権停止が認められるなら，その期間中は祖父又は祖母が未成年後見人となり子の監護と財産管理を行うことになります。

　なお，親権は母のままで，監護権だけ祖父母に認めてもらえないものか，と思われるかもしれませんが，残念ながら近年の判例では祖父母には監護者

指定の申立権が認められないとされています（東京高決平20・1・30家月60・8・59）。ただし，仮に子の親権者として母より父が相応しいと認められる事情があり，祖父母が子の父と連携を取ることができるような状況であれば，親権者変更の手続をとった上で，父から委託を受けて平日日中の監護等を祖父母が行うことも可能かもしれません。

　虐待の程度によりますが，親権停止等の強い法的手段で母子を分離する緊急性まではないと仮に判断される場合，母と直接の話合いは難しいものの第三者を交えれば話合いが成り立ちそうなのであれば，家庭裁判所の調停等を利用することも考えられます。児童相談所，児童家庭支援センターなどの地元の福祉機関にフォローをお願いすることも一つの選択肢です。

　いずれにしても，母が子を連れて交際相手とともに海外へ逃亡するなどという事態に至っては元も子もありません。一方で，調停等の強制力のない方法では母が真面目に取り合おうとしない可能性が高く，ひとまず親権停止等を申し立てた上で話合いを目指すという方法も考えられます。結局のところ，母は祖父母に生活を大幅に依存しており，子連れで海外生活を送る目途も現実には立たないものと思われますが，万が一のことがあってはいけませんので，取る手続・タイミング・方法については関係諸機関と相談しつつ慎重に選択しましょう。

　また，仮に親権停止・親権者変更等の審判がなされた，又は調停で何らかの合意が成立したとしても，それは一時的な通過点にすぎず，今後の長い親子関係をどのように構築し，いかに子の健全な成長を支援するかという課題はずっと続きます。祖父母をはじめ，実父，学校，福祉機関などが広く子のセーフティーネットとなれる生活環境を維持できると望ましいものと思われます。

元妻からの質問

　私の親は堅苦しい考え方の人たちで，私とは性格が合わず，昔から何かと私のすることに口出ししてきました。最近では私の交際相手が気に入らないのか，長女を私から奪おうとして，児童相談所や私の元夫とこそこそと連絡を取って何か画策しているようです。親が心配するような問題は一切なく，

長女は私のことが大好きですし，私の交際相手にもなついています。私の交際相手が海外で仕事をするので，私と長女を連れて行ってくれる話が進んでおり，長女も楽しみにしているところです。こんなタイミングで虐待をでっち上げられて非常に迷惑なのですが，私と長女を守る手段はありますか。

どの手続でも保護者・親権者の意見を聞く機会が設けられますので，監護の実情を正直に伝えつつ，長女にとって最善の生活を全員で考えましょう。

元妻側弁護士の解説

1 児童相談所による手続

　祖父母が児童相談所に相談に行っているとのことであれば，もしかすると，児童相談所から実情を尋ねる連絡が入るかもしれません。虐待を疑われていると思うと心外であり，調査など拒否したくなるかもしれませんが，拒否すると逆に「何か後ろめたいことがあるのか」と疑念を増やすことになりますので，調査には誠実に対応することが望ましいと考えられます。

　児童相談所が，調査の結果，虐待が深刻であり親子分離を必要とする程度であると判断するケースでは，一時保護がなされる可能性があります。この判断に不服がある保護者は，行政不服審査法に基づく不服申立てや処分の取消しを求める行政訴訟といった制度を利用することもできます。

　基本的に，どのような形であれ児童相談所の関与を受けた場合は，心外に感じるとしても，できるだけ協力するよう心掛けましょう。その職務に携わる方々は，個性は様々ですが，子どもの福祉のために活動する立場にあり，子の最善を願うことは親と共通です。不必要に対立を深めるよりも，安心し信頼してもらうことを目指すほうが賢明でしょう。

2 家庭裁判所での手続

　祖父母から，親権喪失又は親権停止が申し立てられることも考えられます。元夫の意向によっては，親権者変更の申立てという形が取られる可能性もあるでしょう。あるいは親族関係調整調停という方法が取られることも考えられます。

どの手続でも，裁判所において，当事者双方の意見を公平に聞く機会が設けられます。特に親子問題に関しては，子どもが自分だけでは生きていけない存在であること，親が子にとって本来かけがえのない存在であることの両面を考え，慎重な考慮がなされます。ですから，裁判所からの呼出についても，無視したりはせず，きちんと対応しましょう。

3　祖父母や元夫との関係

今は育児方針を巡って祖父母と意見が対立している状態ですが，長期的には，長女を育てるにあたり物心両面で祖父母の援助を得られることは心強いものです。再婚も海外移住も，もちろん元妻の自由ですし，長女にプラスとなる可能性も十分にあります。一方で，祖父母と長女の関係を断絶するような行動は，長女にとってプラスになるとは考えにくいものです。孫や娘の身の上に大きな変化が生じることを不安に思う祖父母の心情にも一定の理解を示し，お互いによく話を聞いて，先の取決めができるとよいのではないでしょうか。

元夫に関しても，これまで面会交流を続けて来られたことは長女にとって良いことだったと思います。それを越えて長女を引き取ろうとされると腹立たしく思うかもしれませんが，離婚後も元夫に長女を思う気持ちが保たれていることを前向きに捉え，今後の長女の教育・進路選択等にも協力が得られるよう，絆を保っておくことは有益と考えられます。

そうしたことを視野に入れて，今後の対応をしていきましょう。

　実父への親権者変更は認められますか。

元夫からの質問

元妻の両親から連絡を受け，実情を知りました。

私も長女のことは大事です。離婚時には私も親権を希望したのですが，元妻が絶対に譲らないことは分かっていたので，諦めて家を出ました。

その後，私は小さい会社ではありますが結婚当時と同じ会社に継続して勤務を続け，月3万円ですが長女の養育費を送金し続けてきました。面会交流は，元妻の気分次第という感じで安定しないのですが，年3～4回は会わせてもらっています。

長女が素性の知れない男性と海外で生活するなど認められません。そうでなくても元妻自身が長女に不適切な養育を行っているのですから，このままではよくないと思います。

元妻の両親のことは信頼しています。これまでも監護の大半はご両親が担ってこられたのですから，その環境を維持できると長女にとって最善だと思います。元妻が再婚するのは自由ですが，長女の親権者又は監護者は私にしてもらい，私が元妻の両親と協力して監護を分担することはできないでしょうか。

これまでの成育歴や今後の監護の見込みなどに基づいて，子にとって最善の方策が選択されます。いずれにしても父子の関係を維持するよう努力しましょう。

元夫側弁護士の解説

1 親権者変更の判断基準

離婚時にいったん定めた親権者又は監護者を変更するには，それ相応の事情変更があったことが求められます。虐待の事実が認められるケースであれば，事情変更の要件も認められるでしょう。

また，新たに親権者又は監護者となる側の親に養育環境が整っていること，その親と子との関係，子の意思なども考慮されます。それらの条件が整って初めて親権者変更又は監護者指定が認められます。

激しい虐待のため監護親から子を引き離す必要性があるようなケースであれば，別居親と子の交流がそれまで途絶えがちだったような場合でも，子が施設にいる間に面会を重ねたり監護環境を整えたりして，別居親が子どもを引き取るようにすることもありえます。

設例9　子ども虐待と親権・監護権　**277**

2　本件での見通し

　母の虐待行為がどの程度のものか，母・父がそれぞれ今後どのような監護方針を有しているか，子と母・父それぞれとの関係，子の意思など，事情を総合考慮して父母のどちらが親権者となることが子の福祉に沿うかが判断されることになります。

　これまで母が子にしてきた扱いについて祖父母や子本人から少し聞くだけでも，子の心がじゅうぶん傷ついていることが容易に想像されますので，父として親権者変更等を希望するのも自然なことです。ただ，虐待の程度について今のところ親権者変更等が確実に認められるといえるほどの証拠がなく，子の「母は怖い，祖父母と暮らしたい」という発言も，母との分離を望むというよりは，母・祖父母と円満に暮らしたいという趣旨であると解釈する余地もあります。今後，母又は母の交際相手から受けた行為について子から他にどのような話が出てくるか，母がどのような監護方針を打ち出してくるか，子の真意が何にあるかによっても結論が違ってくるかもしれませんが，基本的に親権者変更等が認められるハードルは高いものと考えられます。

　子の親権者・監護者が誰になるとしても，別居親と子の絆を維持することも大切です。父としてこれまで養育費の支払と面会交流を続けて来られたことはとても良いことです。今後も別居親として子の養育に関わる立場となるようでしたら，いざというときのセーフティーネットであり続けてください。

◎**加害者の更生支援について**

　DVでも加害者更生プログラムがあるように，虐待親を支援するプログラムも一部の児童相談所や民間団体で実施されています。主にグループセッションの形を取ることが多いようです。加害者らが集まることで，自分と同じ立場の人たちの中で率直に心情を吐露しやすくなり，まずは安心感や居場所を持てるようです。

　DVや虐待の加害者とされる方々も，突然に公権力の介入を受け，家族とのそれまでの生活が崩壊し，プライドの傷つきや怒り，焦りや不安などを感じて公的機関や被害者の援助者に反発するなどの悪循環に陥る

場合が多いため，この安心感や居場所を持てるという感覚は，落ち着いて前を向いて問題に取り組む前提として有効となるようです。

そこでお互いに腹を割った話をしているうちに自分の認知や思考の歪みに徐々に気づけるなら，当初は否認していた加害行為を認めるようになることや，被害者の恐怖を多少なりとも想像できるようになることが観察されています。

そうすると，対処方法も，単に被害者との同居回復を執拗に求めるのではなく，現実的な関係性を新たに築くことに目を向けられたり，相手に変化を求めるのではなく自分が何をできるか・すべきかを考えられるようになったりする可能性があります。

支援プログラムの中には，怒りなどの「感情」の背後にある「思考」「認知」を見直し，相手を尊重する考え方，暴力でなく平和的に問題を解決する方法などを練習するものもあります。

変化することは決して簡単ではありませんが，真剣に変わりたいと悩んでおられる方はこのような支援プログラムを活用することもできるでしょう。

設例 10　男性からのストーカー行為

関係する心の問題●パーソナリティ障害

関係図

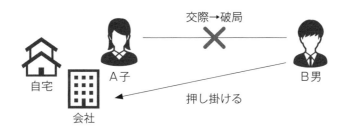

事案の概要

1 │ A子とB男の出会い

　A子とB男は，平成25年4月，大学の研究室で知り合った。B男は，美人で気立てのいいA子にすぐに好意を抱き，B男の猛アプローチが実って，A子とB男は，平成25年7月ころより，交際を開始した。A子とB男は，大学を卒業後，平成27年4月から，別々の会社で働いている。

2 │ 関係が悪化した経緯

　A子は，交際当初より，B男には自分の考えを曲げないところがあると思っていたが，反面，自分を引っ張っていってくれる男らしさがあると感じていた。特に，A子は，就職活動がなかなか上手くいかず，将来に不安を抱えていたため，B男に就職活動の相談に乗ってもらうことが多く，B男のことを頼もしく感じていた。

　しかし，A子とB男は，就職後，働き方や休日の過ごし方，お金の使い方，

280 第5章 設 例

結婚などに対する価値観の違いなどから，喧嘩をすることが増えていった。
B男は，喧嘩になると，A子が自分の考えに同意するまで，いかに自分の考
えが正しいかを延々と説明するため，A子が喧嘩を終わらせるためにB男の
考えに従う，という形になることが多かった。A子は，B男が上から目線で
思いやりがなく，価値観を押し付ける人間であると感じるようになり，B男
と付き合うのが次第に苦痛になっていった。

　そのため，A子から，B男に対し，「こんな状態が続くなら，もう別れた
い」などと，別れをほのめかすことも増えていった。A子が別れをほのめか
すと，B男が「好きだから別れたくない。悪いところは直すから」などと言
うため，いったん喧嘩はおさまるものの，数日後，再び同じような内容で喧
嘩となる，ということが繰り返された。

3 交際終了とつきまとい行為

　A子は，B男と付き合うことが心底嫌になり，B男に対し，平成27年10
月ころ，「あなたとは，もうやっていけません。別れましょう。さようなら」
とメールをし，交際を終了させた。

　これに対し，B男からは，何度も着信があり，A子が電話に出ないでいる
と，今度は，「何で電話に出ないんだ」「一方的でひどい」「好きだ。別れた
くない」「ちゃんと話し合おう」などのメールが何通も来るようになった。
A子は，B男の反応が怖くなり，着信拒否をし，メールアドレスも変更した。

　すると，今度は，B男は，A子の自宅マンションの1階で待ち伏せし，A
子に対し，「何で電話に出ないんだ。ちゃんと話し合おう」などと迫り，A
子が「話すことはない。帰って」と言っても，「ちゃんと話ができるまで帰
らない」と食い下がり，大声で押し問答となった。そのため，近隣住民が，
110番通報し，警察官が臨場してB男を説得したため，B男は，その日は帰
宅した。

　その後も，B男は，何度かA子の自宅マンションを訪れたため，A子は，
B男に気づかれないよう裏口からマンションに入るか，気づかれた場合は
110番通報して警察官に臨場してもらわなければならなかった。そのため，

設例10　男性からのストーカー行為　*281*

A子は，一人暮らしをしていた自宅マンションを引き払い，実家に戻ること
にした。

4 ┃ 会社への押し掛け

　実家に戻ってから，しばらく経ったころ，A子が，会社で仕事をしている
と，受付から内線があり，「B男さんという方から外線です」とのことで
あった。A子は，受付に不在であると伝えてほしいこと，今後B男から電話
があっても繋がないでほしいことをお願いした。

　すると，B男から，A子の会社のメールアドレス宛に，「ちゃんと話し合
いたいので連絡ください。連絡してもらえないのであれば，会社に行きます。
上司の方にも相談しなければなりません」などのメールが何通も来るように
なった。A子は，B男の行動に困惑し，事情を上司に相談して，会社のメー
ルアドレスを変更してもらうことにした。

　その後，A子が，会社から帰宅する際，たまたまA子から見せられた写真
でB男の顔を知っていた同僚から，ビルの入口でB男が待ち伏せしていると
聞かされた。A子は，怖くなり，ビルの裏口から出てB男に見つからないよ
うこっそりと帰宅した。その日から，B男が会社のビルの前で待ち伏せして
いることが何回か続いた。

5 ┃ 弁護士と警察への相談

　A子は，B男のストーカー行為に悩み，平成28年1月，弁護士に相談し，
B男に対し警告文を送ってもらった。また，A子は，警察にもB男にストー
カーされていると相談した。

6 ┃ B男の逮捕

　B男は，弁護士や警察から警告を受けた後，いったんはA子に対するス
トーカー行為を止めたものの，やはり我慢ができなくなり，平成28年2月，
A子の実家の前で，A子を待ち伏せした。そして，B男は，帰宅したA子と
言い合いになり，A子の顔面を手拳で1発殴り，ケガを負わせた。B男は，

282 第5章 設 例

その場でA子の父に取り押さえられ，110番通報により臨場した警察官に引き渡されて，逮捕された。B男は，弁護士に，A子との一連の経緯について相談した。

時系列

平成25年4月　　A子とB男が知り合う

平成25年7月　　A子とB男が交際を始める

平成27年4月　　A子とB男が就職する

平成27年10月　　A子がB男に別れを告げる

　　　　　　　　B男のつきまとい行為が始まる

平成28年1月　　A子が弁護士，警察に相談

平成28年2月　　B男がA子を殴り，逮捕される

　　　　　　　　B男が弁護士に相談

設例 10　男性からのストーカー行為　　***283***

心の問題と本事案の分析

1 ┃ パーソナリティ障害

　パーソナリティ障害は，DSM-IV では，「その人の属する文化から期待されるものから著しく偏り，広範でかつ柔軟性がなく，青年期又は成人期早期に始まり，長期にわたり安定しており，苦痛又は障害を引き起こす内的体験（＝ものの捉え方，認知）及び行動の持続的様式」と定義されています。

　すなわち，パーソナリティ障害とは，自分が悩む又は社会を悩ませるものの捉え方や考え方をもち，行動の偏りが持続的に存在し，しかもその程度が著しいため，社会生活に支障をきたしてしまう障害のことです。

　パーソナリティ障害の人は，考え方にひどく偏りがあり，かつ，相手を自分の考え方に合うよう操作しようとするため，対人関係で多くのトラブルを引き起こします。

2 ┃ ストーカーと自己愛性パーソナリティ障害

　ストーカー行為をしてしまう背景には，パーソナリティ障害や自閉症スペクトラム障害（広汎性発達障害）がある可能性があります。特に，別れた交際相手に執着するタイプのストーカーは，自己愛性パーソナリティ障害が疑われる可能性が高いです。

　自己愛性パーソナリティ障害は，自己愛についての障害で，等身大の自己を愛せず，過大に膨れ上がった自尊心を抱えており，自分の期待を満たさない人に対して怒りやすく，批判的，懲罰的となり，苛立ちを募らせ，親密な二者関係における問題では分別を失い，配慮と正義を主張するため，ストーカーになりやすいと考えられています。

　本事案でも，A子とB男は，A子がB男の考えに従い，B男を頼っている間は，関係が概ね良好であったようですが，A子とB男の価値観の違いが出てくると，途端に，関係が上手くいかなくなりました。そして，A子が，B男との関係を断とうとして以降のB男の振舞いや行動，警察や弁護士から警

告を受けた後も，A子との関係修復が可能だと考えるB男の心理からは，肥大化した自己愛が感じられ，自己愛性パーソナリティ障害が疑われます。

Q&A

 元彼が自宅や会社に来たり，電話やメールをしたりするのを止めさせたいです。

A子からの質問

　B男に，別れを告げたのですが，しつこく連絡してきて困っています。何度も携帯に電話やメールをしてくるので，着信拒否をして，メールアドレスを変えたのですが，すると今度は自宅の前で待ち伏せしたり，会社にまで電話やメールをしてきたり，会社の前でも待ち伏せされるようになりました。

　B男が自宅や会社に来たり，電話やメールをしたりするのを止めさせたいのですが，どんな法的手段がありますか。保護命令という制度があると聞いたことがあるのですが，私の場合でも利用できますか。

 ストーカー規制法の対象となる可能性がありますので，警察に相談してみましょう。

A子側弁護士の解説

1　ストーカー規制法

　ストーカー行為等の規制等に関する法律（以下，「ストーカー規制法」といいます）は，特定の者に対する恋愛感情を充足する目的で，つきまとい行為等をして，不安を覚えさせることを禁止しています（ストーカー規制法2条，3条）。

　B男が，A子に対し，復縁を求めて何度も電話やメールをする行為，自宅や会社で待ち伏せたり押し掛けたりする行為は，A子に不安を覚えさせるつきまとい等といえ（ストーカー規制法2条1項1号・5号），さらにそれが何

度も行われているので，B男の行為はストーカー行為にあたるといえます（ストーカー規制法2条3項）。

　B男のストーカー行為について，警察に相談すれば，警察からB男に対し，もう二度とつきまとわないよう警告してもらうことができるでしょう（ストーカー規制法4条）。

　さらに，B男のストーカー行為につき，告訴をすることもできます。告訴が受理されて，B男がストーカー規制法違反で公判請求されれば，B男に対し，1年以下の懲役又は100万円以下の罰金の刑罰が科される可能性があります（ストーカー規制法18条）。

2　保護命令の申立てはできない

　配偶者からの暴力の防止及び被害者の保護等に関する法律（以下，「DV防止法」といいます）は，配偶者からの暴力を受けた被害者の保護のための法律です。「配偶者」とは，法律婚，事実婚を問わず，夫婦の一方のことです（DV防止法1条3項）。恋人関係は含まれないので，A子とB男との関係にはDV防止法は適用されません。そのため，DV防止法に基づく保護命令の申立てはできません。

3　その他の方法

　その他の方法としては，B男に対し，つきまとい行為を止めるよう，配達証明付き内容証明郵便で，警告書を送ることもできます。本人名で送ることもできますし，弁護士を代理人として，弁護士名で送ることもできます。警告書には，今までされたつきまとい行為を挙げて，それを止めるよう求めるとともに，つきまとい行為を止めなければ法的手段をとるということも書いておくとよいでしょう。

　B男が，警告書を送ったにもかかわらず，つきまとい行為を止めない場合は，裁判所に対し，B男がつきまとい行為を止めるよう命ずる仮処分や判決を求めて，仮処分命令の申立てをしたり，民事訴訟を提起したりする方法もあります。

286　第5章　設例

 ストーカー行為があったことを証明するためには，どのような証拠を集めればいいでしょうか。

A子からの質問

警察にB男のことを相談し，警告を出してもらうか，告訴をすることを検討したいと思います。B男のストーカー行為があったことを警察に分かってもらうためには，どのような証拠を集めればいいでしょうか。

 B男からの着信履歴，メールの履歴及び内容，マンションや会社の防犯カメラの映像，110番通報記録などが証拠として考えられます。

A子側弁護士の解説

1　携帯電話

B男から何度も電話やメールがきたということなので，その着信履歴やメールの内容を警察に見せるのがいいでしょう。古い着信の記録が残っていない場合は，携帯電話会社から着信履歴を取り寄せることができます。

メールも古いものは消えてしまう恐れがありますので，画像として保存しておくことも重要です。

2　防犯カメラの映像

B男は，自宅や会社に押し掛けてきているので，防犯カメラの映像に映っているかもしれません。自宅の管理会社や，会社の警備に問合せをしましょう。防犯カメラの映像は，A子自身が任意に見せてもらうのは難しいと思いますので，警察が調べる前に消さないように頼んでおくといいでしょう。

3　110番通報の記録

B男が，自宅に押し掛けてきた際に，何度か110番通報していますので，その事実を警察に伝えて，通報の記録を見てもらいましょう。

4　その他

B男が会社で待ち伏せしていたことを知っている同僚や上司，実家に押し掛けたことを知っている両親の証言なども，証拠になりえますので，物証が

乏しい場合は，証言をお願いすることも有用です。

 示談についてはどう考えたらいいですか。

A子からの質問
　B男が，実家に押し掛けてきて言い合いになり，その際，B男に殴られてケガをしました。B男は，現在，ストーカー規制法違反と傷害の被疑事実で勾留されています。

　本日，B男の弁護人から連絡があり，B男と示談してストーカー規制法違反の告訴と，傷害の被害届を取り下げてほしいと言われています。示談金の支払いの提案もありました。

　B男に刑罰を受けてもらった方が，つきまとい行為の再発防止になるのではないでしょうか。それとも，示談をした方が，今後二度とB男につきまとわれないでしょうか。私は，B男のせいで，とても怖い思いをしたので，お金をいくら払ってもらっても許すことができません。

 今後一切近づかないという約束を示談書に入れるよう，弁護人に要請しましょう。

A子側弁護士の解説
1　示談をすべきか
　B男から受けた精神的苦痛を考えると，お金の問題じゃないという気持ちになることは，とてもよく分かります。

　ただ，B男は，前科がなく，一応，取調べで反省した様子を見せているようなので，今回の件に関しては，仮に公判請求されて懲役刑が科されたとしても，刑の執行が猶予される可能性が極めて高いです。裁判にかけることで，B男の反省を促すことはできるかもしれませんが，すぐ刑務所に入れられるわけではありません。

また，示談せずに，別途，B男に対し慰謝料請求等の民事裁判を起こすと，時間と費用がかかります。きちんと民事上の責任を果たさせることも，B男のつきまとい行為の再発防止のためには重要と考えられます。

2 示談の内容

示談書で，今後一切近づかないこと，違反した場合は違約金を支払うことなどを約束してもらいましょう。示談金の額も，B男に責任を果たさせるという意味では，もちろん大事ですが，接近しないことを約束させることができるかが重要です。

もし，B男が今後，A子に接近しないことを約束しない場合は，ストーカー行為が再発するかもしれませんので，示談は見送って，公判請求をしてもらった方がいいかもしれません。

B男からの質問

僕は，A子を殴るつもりは全くなかったのですが，A子があまりにも僕に対して過剰反応をするので，ついカッとなってしまい，手を挙げてしまいました。今はすごく反省しています。

僕は，A子のことになると，自分で自分の感情が抑えられなくなることがあります。実は，弁護士や警察から警告を受けて怖くなったこともあって，先日，心療内科を受診したのですが，パーソナリティ障害であるとの診断を受けました。パーソナリティ障害であることを理由に，今回の件で，刑罰を受けずに済んだり，減刑されたりしないでしょうか。

先生はA子との示談を勧めますが，A子にも非があるのに，お金を払うのが納得できません。ストーカーじゃないのに，ストーカーと言われて，犯罪者扱いされて，僕だって非常に傷つきました。それに，示談をしたら，もうA子とは会えなくなるのですか。僕は，A子の誤解をちゃんと解いて，もう一度やり直したいと思っているのですが，無理なのでしょうか。

示談ができれば，早期に釈放される可能性があります。逮捕勾留された事実を重く受け止めて，二度とA子とは接触しないようにしましょう。

設例 10　男性からのストーカー行為　***289***

B男側弁護士の解説

1　パーソナリティ障害と責任能力

　パーソナリティ障害であるからといって，今回の件で責任能力が否定される可能性は低いです。パーソナリティ障害は，人格の偏りにすぎず，責任能力を喪失したり，著しく減退したりすることは考えられないからです。

2　示談

　B男は，傷害とストーカー規制法違反の被疑事実で身柄拘束をされています。B男は，前科がなく，身元もしっかりしているので，公判請求されたからといって，直ちに実刑にならず執行猶予がつく可能性も十分あります。ただ，A子に対し，何度もストーカー行為をしてしまい，さらにはケガまで負わせているので，その辺りの犯情を重く捉えられたり，反省の情がないなど情状面が悪く受け止められたりすれば，実刑になることも考えられます。また，今のところは，逮捕勾留の事実は勤務先に知られていませんが，このまま身柄拘束が続けば，退職せざるをえなくなるかもしれません。ですから，示談を成立させて，早期に釈放されることが非常に重要です。

　示談を成立させるためには，示談金を用意することが必要です。A子に対し，いくら反省の情を述べたとしても，示談金なしに宥恕（罪を許してもらうこと）を得るのは難しいでしょう。B男にも言い分があることは分かりますが，いくらA子のことが好きだからといって，今回の一連の行為は行き過ぎです。やってしまったことを金銭的に償う必要はやはりあると思います。

　また，示談金の額ももちろんですが，何よりもまず二度とA子に接近しないことを約束する必要があります。A子の誤解を解いてもう一度やり直したいと言いますが，A子は，あなたをストーカーとして告訴しているので，そのような相手とやり直せる可能性は皆無です。好きだからといって，相手が嫌がっているのに，家や会社に押し掛けたり，何度も電話やメールをしたりしたのは非常に問題のある行為です。このような行為を続ければ，本当に刑務所に入ることになります。逮捕勾留された事実を重く受け止めて，A子には二度と近づかないと約束してください。

設例 11　関係する心の問題 ● パーソナリティ障害
女性からのストーカー行為

関係図

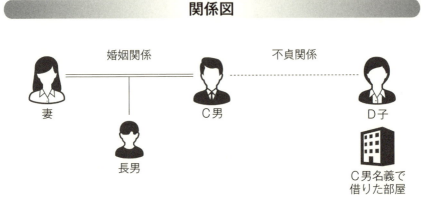

事案の概要

1 ｜ C男の家庭の状況

　C男は，現在，30代男性会社員である。C男は，平成19年11月に，友人の紹介で妻と知り合って交際を開始し，平成24年9月に結婚した。妻は，結婚を機に退職し，専業主婦となり，やがて妊娠して，平成26年6月に長男が生まれた。
　出産前は，C男と妻は，よく会話をする夫婦であり，C男は，聞き上手の妻が自分の話をよく聞いてくれて，笑ったり，一緒に悩んだりしてくれるところが好きであった。しかし，出産後は，C男は，育児に追われる妻に仕事の愚痴を言ったり，悩みを相談したりすることを遠慮するようになり，夫婦の会話の話題はもっぱら長男のことになっていったため，少し寂しく感じていた。また，妻が妊娠後は，自然と夫婦生活もなくなり，C男は不満に思っ

ていたが，忙しい妻に負担をかけてはいけないと我慢していた。

2 ｜ C男とD子の出会い

　C男の所属する部署に，平成28年4月，20代のD子が異動してきた。D子は，仕事はでき，取引先からの評判も悪くはなかったが，気分にむらがあり，社内では女性社員や同世代の男性社員としばしば衝突することがあった。C男は，元来，細かいことが気にならない性格であったためか，特にD子と衝突することはなく，D子は少し変わったところがあって面白いとすら感じていた。D子も，仕事で分からないことがあると，自分に対して優しく接してくれるC男に頼ることが増えていった。D子の扱いに困っていた上司から，C男は，D子の指導を任されるようになり，D子と一緒に仕事をする機会が増えていった。

　C男とD子は，D子の仕事の相談に乗るという名目で，二人で飲みにいく回数が増えていった。C男は，D子から頼られるのがうれしかったことに加え，早く家に帰っても，妻から家事や育児の頼まれごとをされるため，あまり早く帰りたくないと思っていたので，D子と飲みにいくことが楽しかった。D子は，いつも自分のことを気にかけてくれ，熱心に仕事を教えてくれるC男は，まさに理想の上司であると感じ，次第にC男に惹かれていった。

3 ｜ 不貞関係の開始

　D子は，C男に対し，平成28年5月，C男が好きだから付き合ってほしいと告白した。C男は，妻子がいることを理由に，D子の申出をいったんは断ったが，D子の「奥さんがいることは分かってる。私は2番目でいい。あなたに迷惑をかけるつもりはない」との言葉を真に受けたことや，D子のことは特に嫌いではなかったこと，長い間妻との夫婦関係がなかったことなどから，最終的には，D子の誘いに乗り，男女関係となり，交際をスタートさせた。

　D子は，C男が結婚しており，子どもがいることも分かっていたが，二人で飲みにいった際に，C男が妻の愚痴や子育ての不満をよく言っていたため，

292 第5章 設例

家庭は上手くいっていないと思っていた。そのため，自分との関係が深まれ
ば，C男は，妻とは別れて，自分と結婚してくれるだろうと考えていた。

4 │ C男名義で借りた部屋にD子が居住

　D子は，実家暮らしであったが，両親との折り合いが悪く，実家を出た
がっていた。そのため，D子は，C男に対し，平成28年7月，「一人暮らし
の部屋を借りたいのだけれど，借りようと思っている部屋が，少し家賃が高
いので，自分の収入では審査が通らないだろうから，C男さんに代わりに家
を借りてほしい。家賃はすべて自分が払うから迷惑をかけない」と言って，
名義を貸してくれるよう依頼した。C男は，D子は，それまで金銭面はきち
んとしていたこと，D子が一人暮らしを始めればホテルで会う必要がなくな
りホテル代の負担が減ることなどから，あまり深く考えずに，名義を貸すこ
とを了承した。そして，D子は，同月から，一人暮らしを開始した。

5 │ C男の詐言とD子の誤解

　C男は，D子と交際をスタートした後から，罪悪感のため，妻に以前にも
増して優しく接するようになり，長男の面倒も進んでみるようになったため，
夫婦関係はいっそう円満になっていった。

　一方，D子は，C男が話す妻や子育ての愚痴を最初は喜んで聞いていたが，
付き合い始めてしばらく経つと，C男が妻や子の話題を出すと不機嫌になる
ようになっていった。また，D子は，C男に対し，「実家の両親から，いい
人がいたら紹介するように言われている」「早く結婚して孫の顔を見せてほ
しいと言われた」「友達の結婚式にいったら幸せそうで，うらやましかった」
などと結婚願望をほのめかすようになり，次第に「奥さんとはいつ別れる
の？」とC男に聞くようになっていった。

　C男は，妻と別れるつもりは全くなかったが，D子との関係を続けたかっ
たことや，D子が最初に「2番目でいい」と言っていたため，そこまで本気
で結婚を望んでいないだろうと考えており，「今は子どもが小さいから無理
だけど，いずれは……」と言葉を濁しながら，適当にあしらっていた。一方，

設例 11 女性からのストーカー行為 **293**

D子は，C男の「いずれは」という言葉を信じ，それ以上C男に深く追及することはせず，少し我慢すればC男と結婚できるという思いを強くしていった。

6 別れ話によるD子の豹変

C男とD子の関係は，その後も続き，C男は，週に何度もD子の自宅に通って関係を結んでいた。しかし，C男は，D子が会うたびに「いつ奥さんと別れるの？」と離婚を迫るようになっていたため，次第に，D子と付き合うのが負担となっていった。また，C男は，いつも笑顔で自分に接してくれる妻に対し，罪悪感が増していき，D子との関係を早く解消しなければと思うようになっていった。

そのため，C男は，D子に対し，平成28年11月，D子の自宅を訪れた際に，別れ話を切り出した。すると，D子は，激しく動揺し，「別れたくない！」と言って激しく泣き，ベランダへ飛び出し，「別れるなら，今すぐここから飛び降りる！」と叫んだ。C男は，D子のあまりの豹変ぶりに驚き，D子に自殺されたら困るため，「分かった。別れないから，部屋に戻って」と懇願し，D子の気持ちが落ち着くまで，ずっとそばにいることとなった。そのため，その日のC男の帰宅は深夜となった。

その後も，C男は，何度かD子に別れを切り出したが，そのたびにD子が激高し，「あんたみたいな最低な男と関わったせいで私の人生がめちゃくちゃになった！」「私を捨てるなら，会社と奥さんに私たちの関係を暴露する！」と言い，時には包丁を持ち出して脅したり，自殺するふりをしたりするため，C男は，最後には「分かった。別れないから」と言ってしまっていた。そのような状態が数か月続き，C男は，心身ともに疲れ果ててしまった。

7 D子のつきまとい行為

C男は，密かに上司にD子とのトラブルを相談し，部署異動を願い出た。上司は，C男の意向を酌んでくれて，平成29年4月，C男は他部署へ異動することとなり，勤務先のビルも変わることになったので，仕事上のD子と

294 第5章 設 例

の接点はなくなった。そのため，C男は，D子との連絡を絶ち，自然に関係が消滅することを願った。

　ところが，D子は，C男が連絡を絶ってからも，C男に対し，何度も電話をし，メールを送り続けた。C男は，電話には出ず，メールには適当に返事をしていたが，D子からの着信とメールの多さに辟易し，着信拒否をして，メールアドレスも変更した。

　すると，D子は，平成29年5月の休日，C男宅を訪れ，インターフォンを何度も鳴らし，ドアを叩き，「いるのは分かってる！」「出てきて話をしなさいよ！」と何度も叫んだ。C男と妻は，D子の行動に驚き，110番通報をし，D子は臨場した警察官に説得され，その日は帰宅した。

8 ｜ 弁護士への相談

　D子の行動により，C男は，妻に不貞の事実が発覚し，妻は激怒したが，結局，離婚には至らなかった。C男と妻は，D子の行動に恐怖を感じたため，弁護士に相談し，妻から，D子に対し，不貞慰謝料請求を行うとともに，今後，C男につきまとわないよう求めることとした。また，C男は，警察にもD子にストーカーされていると相談した。

　D子は，C男の妻から，不貞慰謝料請求の通知が届き，警察からも警告を受けたため，弁護士に対応を相談した。

設例 11 女性からのストーカー行為 **295**

時系列

平成 19 年 11 月　　C 男と妻が交際スタート

平成 24 年 9 月　　　C 男と妻が結婚

平成 26 年 6 月　　　妻が長男を出産

平成 28 年 4 月　　　C 男と D 子が知り合う

平成 28 年 5 月　　　C 男と D 子が交際スタート

平成 28 年 11 月　　C 男が D 子に別れを告げる

平成 29 年 4 月　　　C 男が部署異動

平成 29 年 5 月　　　D 子が C 男宅を訪れる

　　　　　　　　　　C 男が弁護士，警察に相談

　　　　　　　　　　D 子が弁護士に相談

296 第5章 設 例

心の問題と本事案の分析

1 異性関係とパーソナリティ障害

設例 10 の事案は，自己愛性パーソナリティ障害が疑われる男性が，女性に対しストーカー行為を行った事案でしたが，本設例は，女性が，男性に対しストーカー行為を行った事案です。本事案の女性は，自己愛性パーソナリティ障害のほか，境界性パーソナリティ障害が疑われます。

DSM-IV で B 群に分類されているパーソナリティ障害のうち，境界性と自己愛性は，親密な対人関係，異性との関係で問題となってくることが多いです。また，自己愛性パーソナリティ障害と，境界性パーソナリティ障害は，心理学的病理構造に共通点が多く，鑑別するのが難しいといわれています。

2 境界性パーソナリティ障害

境界性パーソナリティ障害とは，依存的で，ささいなことで「見捨てられた」と感じやすい性格の偏りのことです。見捨てられるという不安にかられると，自傷行為をしたり，自殺のそぶりをしたりします。依存する対象を求めて，特定の人を過度に理想化し褒めたたえますが，ささいなきっかけで急に同じ人を非難し，こき下ろすため，対人関係でトラブルが生じやすく，長年にわたって親しくする友人がほとんどいないことが多いです。また，境界性パーソナリティ障害の人は，職場でも依存対象を求め，激しく不安定な対人関係に入り込んでいく傾向があり，仕事上のつき合いの人と性的な関係をもとうとすることがあります。

本事案の D 子は，C 男を理想の上司と慕い，C 男が既婚者にもかかわらず，男女関係という深いつながりを求めました。そして，C 男が別れを告げると，一転して C 男は最低な人間であると罵倒し，別れを阻止するために自殺をするふりをするなど，激しい行動に出ました。D 子は，別れた交際相手に執着するという点では，自己愛性パーソナリティ障害も疑われますが，「別れる＝捨てられる」ことへの過度な不安感や，見捨てられるのを阻止するために

自殺のそぶりをする点などは、境界性パーソナリティ障害が疑われます。

Q&A

不貞相手が自宅に押し掛けてきたため、妻に不貞が知られてしまいました。妻とは離婚しなければいけないのでしょうか。

C男からの質問

　D子が、自宅に押し掛けてきたため、妻にD子との関係を知られてしまいました。妻は、当然のことですが、激怒し、私とは離婚すると言っています。妻に対しては、本当に申し訳なく思っていますし、離婚を請求されるのもやむを得ないとは思います。

　ただ、今思えばD子の積極的なアプローチに流されて交際をスタートさせてしまったところがありますし、自分からD子に別れを切り出したのにD子の病的な豹変ぶりに交際をずるずる続けざるを得なかったので、自分も被害者のように思うのですが、その辺りの事情を酌んでもらって、離婚を阻止することはできないのでしょうか。

不貞行為は離婚原因となりますので、奥さんから離婚請求をされれば、裁判所で離婚が認められる可能性が高いです。

C男側弁護士の解説

　不貞行為とは、自由な意思に基づいて配偶者以外の者と性的関係を結ぶことをいいます（最判昭48・11・15民集27・10・1323）。不貞行為は、民法770条1項1号により、離婚原因とされています。

　D子の積極的なアプローチがあって、D子と不貞行為に及んでしまったとのことですが、結局は、何度もD子と会い、D子との不貞関係を続けています。そのため、自由な意思に基づいた行為といえますので、不貞行為にあた

らないという弁解は通りません。別れ話をしたのに，D子が病的に拒否し，なかなか別れられなかったことと，それまでにD子と不貞行為に及んだことは，まったく別の話であって，自由な意思が否定される事情にはならないでしょう。

　不貞行為をしたということになれば，裁判所で，奥さんの離婚請求は認められる可能性が極めて高いです。奥さんに許してもらわない限りは，離婚を阻止することは難しいでしょう。

 妻からD子への慰謝料請求は認められますか。D子からC男に対する婚約破棄を理由とする慰謝料請求は認められますか。

C男からの質問

　妻に誠心誠意，謝ったところ，とりあえず離婚はしないと言ってくれました。しかし，妻は，D子が家にまで押し掛けてきたことは許せないため，D子に慰謝料請求をしたいと言っています。そのため，先生には，妻の代理人として，D子に対し，慰謝料請求する旨の内容証明郵便を送っていただきました。

　すると，D子から，先生のもとに電話があり，D子が私に対し，婚約破棄を理由に慰謝料請求をしたいと言っていると聞きました。

　私は，結婚していることは最初からD子に伝えており，D子と結婚の約束をしたことなどありません。既婚者なのに，他の女性と婚約が成立するなんてことがありえるのでしょうか。

A2-1 妻から不貞相手への慰謝料請求は認められる可能性が高いでしょう。婚約の成立が認められる可能性は低いですが，離婚する気があるように装ってD子と交際を継続した点について不法行為が成立するかもしれません。

設例 11　女性からのストーカー行為　*299*

C男側弁護士の解説

1　不貞行為に関する慰謝料請求

妻は，D子に対し，民法 709 条に基づき慰謝料請求をすることができます（最判昭 54・3·30 民集 33・2・303）。

本件では，C男と妻は離婚には至っていないので，仮に訴訟になった場合，慰謝料額は低額に抑えられる可能性があります。ただ，不貞行為があっただけでなく，その後のD子のストーカー行為も問題がありますので，D子の行為の違法性が高いことを強調し，損害の程度が大きいことを主張しましょう。

ただし，不貞行為は，D子とC男の共同不法行為ですから，D子から，C男に対し，求償請求をすることができます。D子と話合いの上，慰謝料の支払いにつき合意する場合は，C男に対し求償請求をしないことも含めて合意できるといいでしょう。

2　婚約破棄に関する慰謝料請求

配偶者があることを知って将来その婚姻が解消した場合に，互いに婚姻すべき旨の予約は，無効であるとされています（大判大 9・5・28 民録 26・773）。重婚が民法 732 条で禁止されている以上，重婚的婚約も認めないというのが裁判所の考え方のようです。

C男は，D子に対し，既婚者であることを告げていたわけですから，婚約が成立したと認定される可能性は低いです。

ただし，妻子ある男性が，独身女性との間で不貞行為に及んだ事案において，貞操等の侵害を理由に，女性の男性に対する慰謝料請求を認めた判例や裁判例があります（名古屋高判昭 59・1・19 判タ 523・168，最判昭 44・9・26 民集 23・9・1727）。

C男は，D子に結婚願望があることを分かっていながら，いずれ奥さんと別れるかのように装って交際を続けていますので，この点が悪質であると裁判所に認定されれば，D子に対し慰謝料を払わなければいけないかもしれません。

D子からの質問

C男さんは，奥さんと離婚して，私と結婚すると何度も言っていました。

C男さんと奥さんの結婚生活は，私がC男さんと付き合うより前から壊れていて，私が壊したわけじゃないから，慰謝料を払う必要なんてないですよね。

私は，両親や友人，知人には，付き合っている人がいるとは言っていましたが，C男さんのことを紹介したことはありません。婚約指輪をもらったり，具体的に結婚や結婚式の日取りを決めたり，ということもありませんでした。ですが，これはC男さんがまだ奥さんと離婚できてなかったせいであって，結婚の約束はたしかにしていました。それに，C男さんは，私の家を借りてくれて，何度も家に来てくれていました。ですから，私とC男さんとの間には婚約が成立していると思います。急に別れるなんて言い出して，婚約を一方的に破棄されたのですから，婚約破棄で慰謝料を請求できますよね。

奥さんに対する慰謝料は支払わなければならないでしょう。C男に対する慰謝料請求は，婚約破棄を理由とするのは難しいですが，不法行為に基づき請求できる場合があります。

D子側弁護士の解説

1 不貞行為に関する慰謝料請求

たしかに，C男と妻との間の婚姻関係が，C男とD子の不貞行為の前に破綻していたという事情があれば，D子が妻に対し慰謝料支払義務を負うことはありません。D子は，C男から，妻とは上手くいっていないと聞かされていたそうなので，そのように思うのもやむを得ないとは思います。

しかし，C男は，妻と別居していたわけではなく，D子の家を訪ねることはあっても，結局は，自宅に戻っていたわけですから，これでC男と妻との間の婚姻関係が破綻していたと裁判所に認定してもらうことは困難です。別居の有無は，破綻を認定する上での重要な事実です。別居さえしていれば破綻していると認定されるわけではありませんが，別居していないのであれば，破綻を認定されることは，ほとんどありません。さらに，C男は，今，妻側についていますので，C男の口からも，妻との婚姻関係が破綻していたという話は出ないでしょうから，その意味でも破綻を立証することは困難でしょう。

ただ，本件では，Ｃ男と妻は，結局，離婚には至っておらず，婚姻関係を継続するようなので，不貞行為により妻が受けた精神的苦痛は，離婚に至ったケースよりも少ないといえます。そのため，婚姻関係が継続している点を強調して，支払額が少なくなるよう交渉していきましょう。

また，不貞行為は，Ｃ男とＤ子の二人で行ったことなので，二人は奥さんに対して連帯して責任を負うことになります。そのため，Ｄ子が奥さんに慰謝料を支払った場合は，Ｃ男に対し，支払った額のうちＣ男が負担すべき部分をＤ子に払うよう求償することも可能です。

2　婚約破棄に関する慰謝料請求

Ｄ子は，Ｃ男が既婚者であることを分かっていたのですから，いくらＣ男が将来，妻と離婚すると言っていたとしても，重婚が民法 732 条で禁止されている以上，婚約が成立していたと認定されるのは難しいでしょう。また，Ｄ子は，婚約指輪をもらったり，具体的に結婚や結婚式の日取りを決めたりということもなかったわけですから，そもそも婚約の事実を立証することも困難といえます。

ただし，Ｃ男が，近い将来，妻と別れるという嘘をつき，その嘘にＤ子が騙されて交際を継続してしまったという事情があれば，Ｃ男の行為が不法行為に該当し，慰謝料を請求できる可能性はあります。

もっとも，Ｄ子は，Ｃ男が既婚者であることは十分に理解した上で，Ｄ子の方から積極的に交際を求めた経緯があるため，Ｄ子にも相当の落ち度があるといえます。また，別れ話が出た後の，脅すような行為や，Ｃ男につきまとった行為も非常に問題です。そのため，慰謝料請求が認められないか，仮に認められたとしても少額になる可能性が高いです。

Q3 自分名義で借りている家に，不貞相手が住んでいます。不貞相手とは別れたので，もう関わりたくないのですが，どうしたらいいですか。

C男からの質問

D子から頼まれて，D子の一人暮らしの家を私の名前で借りてしまいました。賃貸人には，私が入居すると説明し，賃貸借契約も私が締結しました。賃貸人に対し，実際に住んでいるのはD子であることは言っていません。D子は，賃料を滞りなく支払っているようです。

私は，もうD子と関わりたくないので，賃借人の名義をD子に移したいと考えているのですが，可能でしょうか。もし，名義を移せないのであれば，D子には部屋を引き払ってもらいたいです。

もし，D子が，名義変更にも，引っ越しにも応じなかった場合，私はどうすればいいのでしょうか。

賃貸人から訴訟を起こされる可能性もありますので，D子さんと話し合って円満な解決を目指しましょう。

C男側弁護士の解説

1 D子との関係

D子に対し，現在の自宅に住み続けたいのか，引っ越してもかまわないのか，意向を確認してみましょう。そして，住み続けたいなら，名義変更に協力するよう求めましょう。ただ，D子は自分では審査が通らないと言っていたこと，両親との仲が悪く，他に賃貸借契約の保証人になってくれる人がいない可能性が高いことなどから，名義変更はできない可能性も高いです。その場合は，D子を説得して，新しい部屋か，実家に引っ越してもらうようにしましょう。

後述のとおり，訴訟になるリスクもありますので，D子の引っ越し代相当額を負担するなど，ある程度，費用をかけたとしても円満な解決を目指した方がいいでしょう。

2 賃貸人との関係

D子は，賃料を滞りなく支払っているということなので，保証人の目途さえつけば，賃借人の名義を移転できるかもしれません。賃貸人に対し，D子を賃借人にすることが可能か打診してみましょう。

設例 11　女性からのストーカー行為　**303**

　なお，Ｃ男は，賃貸借契約を結んだものの，実際はＤ子に部屋を使わせており，これについて賃貸人から許可をもらっていません。賃借人が，賃貸人の許可なく，第三者に物件を貸すことを無断転貸借といいます。無断転貸借は，民法612条1項で禁止されており，無断転貸借があった場合は民法612条2項により賃貸借契約を解除することができます。そのため，Ｃ男が，部屋をＤ子に使わせていることが賃貸人に知られた場合，賃貸借契約を解除される可能性があります。もし，解除された場合は，賃貸借契約が終了しますので，Ｄ子には部屋から立ち退いてもらうしかありません。

3　訴訟になる場合

　賃貸借契約が賃貸人から解除された場合や，名義変更ができず賃貸借契約を解約することになった場合などには，Ｄ子に部屋から立ち退いてもらう必要がありますが，Ｄ子が任意に立ち退いてくれない場合は，訴訟になることも考えられます。

　具体的には，Ｃ男からＤ子に対して建物明渡請求訴訟を起こす場合と，賃貸人から，Ｄ子に対し，建物明渡請求訴訟が起こされる場合があります。賃貸人から訴訟を起こされる場合は，実際に部屋を占有しているＤ子だけでなく，Ｃ男も，賃借人として，賃借した物件を賃貸人に返還する義務がありますので，Ｄ子とともに被告として訴えられる可能性があります。

医師からひとこと

●**境界性パーソナリティ障害と気分障害及びその他の精神障害**──

　境界性パーソナリティ障害は，本人の苦痛も強く，親密かつ本人にとって重要な対人関係において，より症状が顕在化するため比較的自覚しやすく自ら受診し医療につながることの多い治療可能性の高いパーソナリティ障害です。

　また境界性パーソナリティ障害は気分障害を合併する率が比較的高いといわれています。実際の臨床場面でも自称「境界性パーソナリティ障

害」の相談は珍しいものではありません。しかし，それらの方々の生活歴や現在進行形の問題を抱えた人間関係を詳細に伺うと，背景にそれぞれ大うつ病や躁病の診断基準は満たさないものの明らかな気分の変調や月経前のイライラや不安，うつ気分といった月経前緊張症の症状を認め，それらの症状が強いときに境界性パーソナリティ障害に特徴的な認知，感情的偏りが顕在化し，対人関係上の問題が生じる契機となっているケースも散見されます。このようなケースでは，背景化している精神障害に対する薬物療法のみでも現存している対人関係上の問題行動や，本人の感情の不安定さを大きく軽減することができる場合があります。

　このため当事者が専門医療にかかったことがない場合，関わる人々が受診を促す，もしくは当事者本人が自らの問題を自覚したり，認めたりできるような対応をすることは当事者とその家族にとって重要かつ有益と思われます。

設例 12　遺産分割

関係する心の問題 ● 老年期うつ病，ひきこもり

関係図

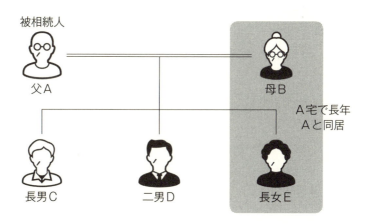

事案の概要

1 | 遺産

遺産は，居住用家屋1500万円，預金500万円である。

2 | 家族の生活歴と各相続人のパーソナリティ

(1)　被相続人：父A

　父Aは，60歳で会社を定年退職した後，70歳ころに認知症の症状が目立ち始め，当初は要介護2，75歳から要介護認定3になった。父Aは，80歳で死亡した。

(2)　相続人：母B（75歳）

306　第5章　設　例

　母Bは専業主婦で，ずっと父Aの介護をしてきた。生活資金は，もっぱ
ら父Aの年金であった。住居は，父A名義の自宅であり，家賃などは負担
していない。

　父Aが要介護2の間，母Bが自分で介護してきたが，父Aが75歳で要
介護3に切り替わる頃から，介護疲れもあり「老年期うつ病」の症状が出
てきて，父Aの介護は長女Eに任せるようになった。ただし，調停に参加
するにあたっての意思能力に問題はないと医師が診断している。

〈遺産分割調停で問題となる点〉

　①長男Cから，無償で父の家に居住していたことが特別受益になると指
　　摘されている。

　②母Bは，自分が最初の5年間，父Aの介護をしたことが特別寄与にな
　　ると主張している。

(3)　相続人：長男C（50歳）

　長男Cは，現在，無職である。高校中退後，今日まで職を転々としてき
たが，どれも長続きしない。昔から，反社会性パーソナリティの傾向があ
る。遵法意識を著しく欠き，他者の苦しみに非常に鈍感である。

〈遺産分割調停で問題となる点〉

　他の相続人から，以下の2点が特別受益になると指摘されている。

　①傷害の刑事事件を起こし，被害者に対する賠償金500万円を父Aに支
　　払ってもらったことがある。

　②無職の間，父Aから生活資金を総合計1000万円，援助してもらった。
　　ただし，一括してもらったのではなく，時々，お金を無心にきて，そ
　　の都度，渡した金額の合計額が最終的には1000万円になった。この
　　うち，5万円が100回，20万円が25回あった。

(4)　相続人：二男D（45歳）

　二男Dは，有名私立大学医学部卒で医師である。昔から学業には秀でて
いたが，自己像が誇大的で自己中心的であり，自己愛性パーソナリティの
傾向がある。二男Dは，周囲のアドバイスに耳を傾けない。また，妻がい
るが，妻からモラハラだとして離婚請求をされている。

設例 12　遺産分割　　*307*

〈遺産分割調停で問題となる点〉

　　　他の相続人からは，以下の2点が特別受益にあたると主張されている。

　　①医師になるにあたって，学費はすべて父Aが支出した。私立の医学部
　　　入学金は 500 万円，学費を含めると 3000 万円はくだらない。

　　②ドイツに海外留学した留学費用も父Aが負担している。

(5)　相続人：長女E（40 歳）

　　　長女Eは，夫の DV がひどく，シェルターに避難後，離婚した。10 年
前に子どもを連れて実家に帰り，両親と同居し生活をともにしてきた。当
初は，DV のショックからか，心身に不調をきたし家庭にひきこもったが，
5 年前から症状が回復し，母Bに代わって父Aの介護をした。仕事はせず，
両親と生計をともにし，さらに母子の日常生活に必要なお金はもらってい
たが，金額は，平均すると毎月 15 万円ほどだった。

〈遺産分割調停で問題となる点〉

　　　母Aを除く他の相続人から，以下の2点が特別受益になると指摘され
ている。

　　①実家に帰った後は，働いたことはなく，もっぱら，父Aの年金で生活
　　　してきた。また毎月お金の支給も受けていた。これは特別受益にあた
　　　る。

　　②家賃を払わず，母子で無料で父Aの家で居住していた。家賃相当額が
　　　特別受益にあたる。

　　　他方，長女Eは，自分が 5 年間，父Aの介護をしたことが特別寄与にな
ると主張している。

3 ｜各人の主張，分割希望

　当事者間で話合いがつかなかったため，自宅を追い出されることを懸念し
た母Bと長女Eが，X弁護士に依頼し，遺産分割調停を申し立てた。

(1)　母Bと長女Eは，次のような主張をした。

・従来通り母B・長女Eでここに居住したい。

・母Bの今後の医療費を考えると，預金 500 万円は，母Bか長女Eが相続

308 第5章 設 例

したい。

- 他の相続人は多額な特別受益がある一方，母B・長女Eには特別寄与があるので，他の相続人の具体的相続分はゼロである。

(2) 長男Cは，Y弁護士に依頼し，次のような主張をした。

- 自分には，家も資産もない。家・預金はすべて自分が取得する。
- 他の相続人は多額な特別受益があり，具体的相続分はゼロである。

(3) 二男Dは，Z弁護士に依頼し，次のような主張をした。

- 家は自分が取得し，自分が母を介護する。自分よりも劣った妹Eには母の介護など無理である。
- 他の相続人は多額な特別受益があり，母を除いて具体的相続分はゼロである。

時系列

昭和63年	二男Dが私立大学医学部に進学
	長男Cが傷害事件を起こす
平成17年	父Aが認知症で要介護2，長女Eが実家に居住開始
平成22年	父Aが要介護3へ，母Bが老年期うつ病の症状
平成27年	父A死亡
平成28年	母B，長女EがX弁護士に相談
	母B，長女Eが遺産分割調停を申し立てる
	長男CがY弁護士に相談
	次男DがZ弁護士に相談

心の問題と本事案の分析

1 | 遺産分割と老年期うつ病，住居確保の問題

　急速に高齢化が進む我が国で高齢者の精神疾患が問題になっています。平成 26 年の厚生労働省の統計によると，65 歳以上のうつ病（正確には気分障害）の患者数は，約 34 万人で，うつ病患者の約 30％が高齢者です。

　この老年期うつ病の契機となるものとして多いのが「喪失体験」，「環境の変化」，「身体的要因」であると指摘されています。「喪失体験」は，配偶者との死別などで，「環境の変化」は，典型例が定年退職ですが，子どもと同居するための引っ越し等も契機になるといわれています。また，「身体的要因」としては，認知症の初期（とくに脳卒中発作のあと）の際に，抑うつ状態が生ずることがあります。

　本件の場合，母Ｂは，配偶者である父Ａを亡くしており，大きな喪失体験をしています。これに加えて，長男Ｃが要求するように，母Ｂを永年住み慣れた家から退去させるとなれば，母Ｂのうつ病の症状は悪化すると予想されます。同様に，二男Ｄが希望するように，この 10 年間にわたり同居してきた長女Ｅを退去させ，自己愛性パーソナリティ傾向の強い二男Ｄと母Ｂが同居するようになれば，環境の激変に加え，二男Ｄから不適切な介護を受ける可能性が高く，これもまた母Ｂのうつ病の症状を悪化させると予想されます。

　このように，高齢者の方に，遺産分割のため永年住み慣れた家を退去させるのは，老年期うつ病の発症や悪化，認知症の発症や進行を招き，人道的観点から問題があります。本件遺産分割に関わる代理人弁護士や調停委員会は，こうした老年期うつ病の特性をふまえ，母Ｂに精神的負担がかからないよう，分割協議や調停を進行させる必要があります。

　具体的相続分の算定という作業を通じて高齢となっている相続人の住居を確保できれば幸いですが，具体的相続分を算定してもなお高齢者の居住を確保できないときは，他の相続人から使用貸借権を設定してもらう方法等で，高齢者の居住を確保するよう工夫する必要があります。

2 遺産分割とひきこもり

　遺産分割をしていると，社会活動ができず，家庭内に両親と同居したまま，ひきこもり状態となっている相続人に遭遇します。

　ひきこもりは，諸外国にもケースは散見されるものの，概ね日本特有の現象で，オックスフォード英語辞典には，Hikikomori という日本の単語がそのまま英語として掲載されているそうです。

　ひきこもりは，特定の疾患・障害の名称ではなく，状態像を表す言葉です。背景に精神障害，人格障害，心理社会的問題があるといわれています。背景にある精神障害の例としては，広汎性発達障害，強迫性障害を含む不安障害，身体表現性障害，適応障害，パーソナリティ障害，統合失調症などが挙げられますが，原因が完全に解明されているとはいえません。一方，仕事もせずに派手な生活をしている等，単なる怠け者ではないかと考えたくなるケースもないわけではありません。

　不登校の延長でひきこもりが持続する場合もあれば，学校を卒業して社会に出た後，すなわち大人になった後にひきこもりになる場合もあります。大人の「ひきこもり」の原因はいろいろとありますが，女性の場合は，離婚・転居などをきっかけにひきこもりになってしまう場合が多いようです。

　本件でも，長女Eは，夫からDVを受け，離婚して実家に帰還したことを契機として，ひきこもりになってしまいました。

3 遺産分割とその他のパーソナリティの問題

　遺産分割では，遺産の割り振りという作業を通じて，各相続人が，他の相続人のこれまでの生活歴を問題視することが多く，各相続人のパーソナリティやその偏り，障害が，紛争の背景にあると感じることがあります。

　遺産分割の依頼を受けた弁護士や調停委員会等は，「法律で財産を分けるだけの作業だ」と割り切らず，各相続人のパーソナリティ・精神状態に注意を払わないと，紛争がいたずらに長期化するばかりか，相続人の生活基盤を破壊しかねません。

設例 12 遺産分割

Q & A

 生活費の支給は特別受益になりますか。

二男Dからの質問

私は子どもの頃からあらゆることに向上心をもって取り組み，父母を喜ばせてきました。しかしながら兄と妹は昔からだらしないのです。兄は好き勝手に行動しては他人に迷惑をかけ，両親に尻拭いをさせていました。妹は親や兄らに甘えてばかりで自立心に欠けていました。そうしたそれぞれの無責任な態度が現状につながっているのです。

私と兄妹が同等の相続分となるなら著しく不平等です。兄妹が両親から出してもらった生活費は特別受益になるのではないですか。

 長男Cについては特別受益になり，長女Eについては特別受益にならないものと考えられます。

Z弁護士の解説

1 具体的相続分

遺産分割は，各人の相続分に応じて分割されます。各人の相続分は相続人が遺言で指定することもできますが（指定相続分），指定がないことも多いので法律で法定相続分を決めています。本件では，2000万円の遺産に対し，母Bの法定相続分は2分の1，子らの法定相続分は各6分の1です。

しかし，生前に被相続人から多額の経済的利益を得た相続人がいる場合や，遺産形成に貢献した相続人がいる場合でも，一律，法定相続分で分割するとすれば公平性に欠けます。

そこで，特別受益のある相続人は，その受益分を相続分から差し引いて計算し（民法903条），特別寄与のある相続人は，遺産に対し，その寄与分相当額を相続分に加えて取得できます（民法904条の2）。

こうして算定された相続分を具体的相続分といいます。

312　第5章　設　例

2　特別受益

　民法 903 条 1 項は，「共同相続人中に，被相続人から，遺贈を受け，又は婚姻若しくは養子縁組のため若しくは生計の資本として贈与を受けた者があるときは，被相続人が相続開始の時において有した財産の価額にその贈与の価額を加えたものを相続財産とみなし，前三条の規定により算定した相続分の中からその遺贈又は贈与の価額を控除した残額をもってその者の相続分とする」と規定しています。

　このうち，前段部分の「遺贈……又は婚姻若しくは養子縁組のため若しくは生計の資本として（の）贈与」に該当する金銭の授受が，特別受益となり，遺産の前渡しがあったものとして計算されます。

3　生計の資本としての贈与

　実務で問題になるのは，主に「生計の資本としての贈与」です。その金銭授受が「生計の資本」といえるかどうかが争点になります。

　まず，被相続人から相続人に金銭が支給されたとしても，その金額が小遣いのレベル，つまり，「短期間で費消されてしまう」程度の金額なら，「生計の資本」とはいえません。

　実務では，10 万円を基準とし，これを超えると「生計の資本の贈与」であり，これ以下は「小遣い」と判断する傾向があります。もちろん，被相続人の資産や生活水準，受益者側の状況等を総合的に判断する必要があり，数字だけでは判断できないケースもあります。

　それでは，個々の金銭授受は多額ではないが，長期間・継続的になされ，結果として多額になった場合はどうでしょうか。

　これについては，個々の金銭授受毎に扶養義務の範囲を超えたか否かで判断する場合と，総合計の一定金額以上を合計して合計額を特別受益と判断する場合があります。

4　本件での判断

(1)　金額面からの判断

　本件では，長男Ｃに対する 20 万円の金銭授受が合計 25 回あり，これは，「小遣い」とはいえません。他方，5 万円の少額の金銭授受は，「小遣い」

の範囲内といえるでしょう。また、長女Eは、母子の生活費として毎月15万円の支給を受けており、これも、やはり金額的には「小遣い」とはいえないでしょう。

(2) 「親族間の扶養的金銭援助の範囲」内といえるか

金額が「小遣い」とはいえないレベルでも、それが「親族間の扶養的金銭援助の範囲」内であれば特別受益とはなりません。

また、仮に扶養の対象となる相続人に、心の問題が疑われたとしても、その精神疾患・障害の「診断名」やひきこもりなどの「状態像」ではなく、自活能力や労働能力があったのかを中心に判断していくのが望ましいでしょう。

ア　長女Eについて

長女Eは、最初の5年間は「ひきこもり」で働けず、後の5年間は、要介護3の父Aを母Bに代わって介護していました。最初の5年間に関しては、長女Eに正常の労働能力があり、単なる「怠け」の結果だとすれば、これらの生活費支給は特別受益となります。しかし、長女Eの場合は、夫のDV自体や、DVに端を発する離婚、転居といった事情から、精神的に不調をきたし、就労が不可能な状態にありました。子ども（父Aから見たら孫）がいることも併せ考えれば、月15万円という金額は「親族間の扶養的金銭援助の範囲」内であり、特別受益とはいえないと判断できます。後半の5年間は、要介護3の父親を母に代わって介護していることを考えれば、やはり15万円は「親族間の扶養的金銭援助の範囲」内といえるでしょう。

イ　長男Cについて

長男Cは、職を転々とし、失業期間も長く、その間、父のところにきて、生活費をせびっていました。もし長男Cの反社会性パーソナリティ傾向が「障害」といえるレベルに達していた場合は、パーソナリティ障害という「精神障害」を抱えていたことになり、「親族間の扶養的金銭援助の範囲」内といえるでしょうか。反社会性パーソナリティ障害があったとしても、それは人格の偏りであり、自活能力や労働能力を否定

するものではありません。実際，長男Cは，職を転々とはしているものの，職を探して就職する能力はあるわけで，仕事が続かないのは精神疾患による症状ではなく，本人の人格の問題といえます。そのため，「親族間の扶養的金銭援助の範囲」を超えており，特別受益に該当すると判断できます。

 介護は特別寄与となりますか。

長女Eからの質問

私は父の認知症がひどくなってから，うつ病になって動けなくなった母に代わり，父の介護を引き受けました。子どもの世話と父の世話，母の手助けを私一人で行ってきました。介護をしていない兄たちにこの苦労は分からないと思います。私の介護は特別寄与として考慮してもらえませんか。

 対価を受けていない場合でないと特別寄与にはなりません。

X弁護士の解説

長女Eの主張は特別寄与のうち「療養看護型」といわれるタイプですが，このタイプは特別寄与の認定要件として無償性が要求されます。扶養義務の範囲を超えた「特別な」寄与であることが要求されるからです。

長女Eは，両親と同居し，無償で家に住み，毎月，15万円の金銭支給を受けてきましたので，無償性があるとはいえません。そのため，特別寄与にはならないと考えられます。

設例 12　遺産分割　315

　被相続人の家に無償で住んでいたことは特別受益になりますか。

母Bからの質問

　長男Cは，私が夫の家に長年無償で住んでいたことが，特別受益にあたるため，私が相続できる遺産はなく，家は長男Cがもらうと主張しています。これは特別受益となってしまうのでしょうか。

長女Eからの質問

　私は両親の介護を一手に引き受けていたのに，兄らは私のことを寄生虫呼ばわりし，私が親の家に10年間にわたり無償で住んでいたことが特別受益だとして，家賃相当額を計算して主張してきています。これは特別受益となってしまうのでしょうか。

　被相続人の家に無償で住むことは特別受益にあたりません。

X弁護士の解説

　特別受益とは，遺産の前渡しを遺産分割にあたって持ち戻し計算するもので，特別受益にあたるかは，「遺産の前渡しとしての生計の資本」に該当するかどうかによって判断されます。

　被相続人の家に無償で住むことは「遺産の前渡し」があったとはいえないため，特別受益にはあたりません。

　示談金を被相続人に支払ってもらったことは特別受益になりますか。

長男Cからの質問

　たしかに私は刑事事件を起こし，被害者に対する賠償金500万円を父に出してもらいました。このことについては父に頭が上がりません。弟妹から

は，これが特別受益にあたると主張されていますが，認められますか。

 示談金は生計の資本ではないので特別受益とはなりません。

Y弁護士の解説

　特別受益とは，遺産の前渡しを遺産分割にあたって持ち戻し計算するもので，特別受益にあたるかは，「遺産の前渡しとしての生計の資本」に該当するかどうかによって判断されます。

　刑事事件の賠償金は，生計の基礎として役立つような「生計の資本のための贈与」とはいえませんので，特別受益にはあたりません。

Q5　学費は特別受益になりますか。

長男Cからの質問

　二男Dは，自分だけが学業優秀であったとして私や妹のことを見下していますが，なんだかんだ言って私は高校卒業後に自分で安月給でも働き口を見つけ，自活してきました。その間，弟は，親に全部お金を出してもらって気楽な学生生活を送り，なんとドイツに留学までさせてもらったのです。

　今になってあんなに威張っていますが，実は親の最大のすねかじりだったのは弟です。私だけでなく妹も苦労してきたと思いますが，いちばん苦労していないのは弟です。それがきょうだいの中で特別に親からお金を出してもらったおかげなのですから，特別受益として考慮されるべきではないのですか。

 原則として学費は特別受益となりませんが，私立大学医学部の入学金だけは特別受益として扱われることがあります。

Y弁護士の解説

　親は子どもの特性に応じて教育を行う以上，学資は子に対する親の扶養義務の履行であり，生計の資本の「贈与」とは言い難いといえます。

　ただし，私立大学医学部の学費については，見解が分かれています。なお，入学金については，私立大学医学部の入学金は特別に高額であり，親の懇願で医学部に進学した，代々医師の家系だ，という特別な事情がないかぎり，これだけは特別受益に該当するというのが実務での扱いです。

〔参考：本件遺産分割の結論〕

1　具体的相続分の算定

(1)　特別受益，特別寄与の主張

　　裁判所では，下記のとおり認定されるでしょう。

- 長男Cについては，被相続人からの生活援助金500万円が特別受益にあたる。
- 二男Dについては，医学部入学金500万円が特別受益にあたる。
- 母B・長女Eについては，特別受益や寄与はない。

(2)　みなし相続財産

　　特別受益を持ち戻すと，みなし相続財産は合計3000万円となります。

　　〈計算〉

　　不動産1500万円＋預金500万円＋長男Cの生活援助金500万円＋二男Dの医学部入学金500万円＝3000万円

(3)　一応の相続分

　　各人の「一応の相続分」は，以下のとおりとなります。

　　母B　　　3000万円×2分の1＝1500万円

　　子ら　　　3000万円×6分の1＝各500万円

(4)　具体的相続分

　　しかし，長男Cは，生活援助金として500万円の「遺産の前渡し」を受けており，二男Dは医学部入学金として500万円の「遺産の前渡し」を受けています。そこで，各人の具体的相続分は，以下のとおりです。

　　母B　　　1500万円

318　第5章　設　例

　　長男C　　　　0円

　　二男D　　　　0円

　　長女E　　500万円

2　具体的な分割方法

　遺産分割としては，母Bが不動産を取得し，長女Eが預金を取得すること
になるでしょう。

医師からひとこと

●反社会性パーソナリティ障害と自己愛性パーソナリティ障害 ────

　反社会性パーソナリティ障害は，自尊心の強いタイプの自己愛性パー
ソナリティ障害の特徴を随伴しているのが典型的です。これは反社会性
人格パーソナリティ障害が自己愛人格に特別な「超自我」の病理を付加
した病態だからです。超自我とは，「自分はこうでなければならない」
というイメージのことで，幼少期からの親の躾を子どもが内在化するこ
とにより形成されます。親からの要求や禁止が内在化すると，子どもは，
自然と同じことを自らに要求し，禁止するようになります。そのため，
超自我は，良心，自己観察，理想形成の機能を持ちます。反社会的パー
ソナリティの形成には幼少期の親の甘やかしや，猫かわいがりが大きく
関与していると考えられます。超自我が，その人の属する社会が求める
一般的な水準よりも低くなってしまうのです。

　この超自我の病理のため，反社会的パーソナリティ障害者は罪責感や
良心の呵責を体験する能力を欠いています。反社会的パーソナリティ障
害の反社会的行動は，臨床的には攻撃的態度や，傷害，殺人など攻撃的
でサディスティックなタイプと，虚言，盗み，詐欺など受身的，搾取的
で寄生的なタイプと二つのタイプがあり，前者を呈する患者群は通常被
害妄想的な傾向を併せ持ちます。

　反社会的パーソナリティ障害者はいかなる他者とも非搾取的な関係を

築くことができません。また反社会性パーソナリティ障害者は時間が流れていく感覚に疎く，将来のことを計画するという意識を欠いており，現在の不快感を改善し，目的を即座に達成しようとするために反社会的行動をとるのです。

著者紹介

著者

森法律事務所
代表弁護士　森　公任
副代表弁護士　森元みのり
弁護士　西脇　理映
弁護士　舟橋　史恵

医事監修

精神保健指定医　酒田　素子

参考文献等

○髙橋三郎，大野裕，染矢俊幸訳『DSM-IV-TR　精神疾患の診断・統計マニュアル新訂版』医学書院

○山下格『精神医学ハンドブック　医学・保健・福祉の基礎知識（第7版）』（日本評論社）

○牛島定信『パーソナリティ障害とは何か』（講談社）

○原田誠一監修『強迫性障害のすべてがわかる本』（講談社）

○伊藤順一郎監修『統合失調症　正しい理解と治療法』（講談社）

○春日武彦『援助者必携　はじめての精神科（第2版）』（医学書院）

○松下正明編『精神医学キーワード辞典』（中山書店）

○外傷ストレス関連障害に関する研究会　金吉晴編『心的トラウマの理解とケア（第2版）』（じほう出版）

○福居顯二編『専門家のための精神科臨床リュミエール26　依存症・衝動制御障害の治療』（中山書店）

○ジェームス・F・マスターソン著　佐藤美奈子・成田善弘訳『パーソナリティ障害』（星和書店）

○エルザ・F・ロニングスタム編　佐野信也監訳『自己愛の障害―診断的，臨床的，経験的意義』（金剛出版）

○厚生労働省「知ることからはじめよう　みんなのメンタルヘルス総合サイト」http://www.mhlw.go.jp/kokoro/

心の問題と家族の法律相談
離婚・親権・面会交流・
DV・モラハラ・虐待・ストーカー

定価：本体3,000円（税別）

平成29年11月30日　初版発行

著　者	森	公	任
	森　元	み	のり
医事監修	酒　田	素	子
発行者	尾　中	哲	夫

発行所　日本加除出版株式会社

本　　社　郵便番号 171 - 8516
東京都豊島区南長崎3丁目16番6号
ＴＥＬ　（03）3953 - 5757（代表）
　　　　　（03）3952 - 5759（編集）
ＦＡＸ　（03）3953 - 5772
ＵＲＬ　http://www.kajo.co.jp/

営　業　部　郵便番号 171 - 8516
東京都豊島区南長崎3丁目16番6号
ＴＥＬ　（03）3953 - 5642
ＦＡＸ　（03）3953 - 2061

組版・印刷　㈱亨有堂印刷所　／　製本　牧製本印刷㈱

落丁本・乱丁本は本社でお取替えいたします。
© K. Mori, M. Morimoto 2017
Printed in Japan
ISBN978-4-8178-4444-6　C2032　¥3000E

JCOPY 〈出版者著作権管理機構　委託出版物〉
　本書を無断で複写複製（電子化を含む）することは，著作権法上の例外を除き，禁じられています。複写される場合は，そのつど事前に出版者著作権管理機構（JCOPY）の許諾を得てください。
　また本書を代行業者等の第三者に依頼してスキャンやデジタル化することは，たとえ個人や家庭内での利用であっても一切認められておりません。

〈JCOPY〉　ＨＰ：http://www.jcopy.or.jp/，e-mail：info@jcopy.or.jp
　　　　　電話：03-3513-6969，FAX：03-3513-6979

改訂 ストーカー
被害に悩むあなたにできること
リスクと法的対処

長谷川京子・山脇絵里子 著
2017年6月刊 A5判 236頁 本体1,800円+税 978-4-8178-4401-9

商品番号：40548
略　　号：ストカ

- ●「ストーカー」に関する法律の解説、法改正の経緯とポイント、警察・行政・学校等の今後の課題等、必要な情報をすべて詳解。
- ●2017年6月14日全面施行の改正ストーカー行為規制法に対応。

成年後見人のための
精神医学ハンドブック

五十嵐禎人 著
2017年2月刊 A5判 324頁 本体2,900円+税 978-4-8178-4371-5

商品番号：40664
略　　号：成医

- ●被後見人の自己決定支援を適切に行うために欠かせない医学的知識やコミュニケーションの取り方について、医師の立場から解説。
- ●成年後見に関する法制度の解説に加えて、判断能力の精神医学的評価方法や障害者権利条約等が要請する自己決定支援のあり方なども詳述。

改訂 Q&A
DV事件の実務
相談から保護命令・離婚事件まで

榊原富士子 監修　打越さく良 著
2015年1月刊 A5判 348頁 本体3,100円+税 978-4-8178-4207-7

商品番号：40461
略　　号：DV

- ●「総論解説」「Q&A実務解説」の二部構成で、押さえておきたい知識と対応時に注意し心がけたい点をカバー。
- ●「民事保全法による保護とDV防止法による保護命令の違い」など、実務で疑問を抱きやすい点については、比較表や図を用いた解説を展開。

日本加除出版
〒171-8516　東京都豊島区南長崎3丁目16番6号
TEL (03)3953-5642　FAX (03)3953-2061（営業部）
http://www.kajo.co.jp/